JN012313

Timothy
Tackett

WHEN
THE KING
TOOK
FLIGHT

王の逃亡

フランス革命を変えた夏

ティモシー・タケット

松浦義弘・正岡和恵 訳

白水社

王の逃亡——フランス革命を変えた夏

Japanese translation published by arrangement with Harvard University Press
through The English Agency (Japan) Ltd.

王の逃亡＊目次

装幀＝コバヤシタケシ　組版＝鈴木さゆみ

凡例

一、本書は、Timothy Tackett, *When the King Took Flight* (Harvard, 2003) の全訳である。

一、訳中の（ ）、［ ］、——は原著者によるものである。

一、原文中のイタリック体で記された箇所には、原則として強調点を付した。

一、訳者による補足および簡単な訳註は、すべて〔 〕を括って挿入した。

一、固有名詞は原音表記を原則としたが、慣行となっている表記を踏襲した場合もある。

日本語版への序文

一七九一年の夏至の日に起こったルイ一六世の未遂に終わったパリからの逃亡の物語は、たしかに、フランス革命全体を通じて最もよく語られるエピソードのひとつである。チュイルリ宮殿からの国王一家の真夜中の脱出、重い走りの大きな馬車でシャンパーニュとロレーヌを横断した逃亡の旅、ヴァレンヌでの捕捉、五日後のパリへの不名誉な帰還——これらすべてが、数え切れないほどの学術的な叙述や劇的なフィクションに素材を提供してきたのである。

このきわだってにぎやかな領域に、私はあえて参入したわけであるが、私はそのとき、主に二つの動機によって促されていた。ひとつは、革命からの国王の逃亡未遂という出来事を、それがフランス国民全体に与えたより広範な影響のなかで吟味することであった。たしかに、本書は逃亡そのものに関する驚くべき物語をけっしておろそかにはしていない。一般書という側面ももつ本書において、フランス革命の悲劇全体を象徴するかのような人間ドラマが展開する中心的な物語の最新版を、提供することは重要であった。実際、本書のためのリサーチをしているとき、私は文書館史料と刊行史料のすべてに目を通したが、そのいくつかは過去に一度も調査されたことのないものであった。だが私の目的は、つねに、国王一家と彼らを捕えた者たちという狭い世界を超えて、国王逃亡という現象を、フランス国民全体が経験したそのままに探求することであった。私はとりわけ、一七九一年の六月と七月に、国王の失踪と捕捉のニュースを最初に知らされたときの地元の反応を伝えている、王国各地の人々から国民議会へと寄せられた数百通の手紙のコレクションをよりどころにした。明らかに、国王の逃亡は感情を激しくゆさぶる出来事であった。だからこそ、証言をおこない、自分たちの経験について語りたいという差し迫った欲求が人々のあいだに生じたのだ。実に、数多くの共同体とクラブが五、六週にわたって何通もの手紙を書いたので、それらの手紙は移りゆく時間のそれぞれの瞬間の記録となり、世論の急速な浮き沈みを捉え、フランス革命のこの三度目の夏のためにあたかもふたたび陳情書が作成されたかのようであった。本書は、そのような証言に加えて、国立公文書館および地方の文書館が所有する多岐にわたる刊行史料や手稿史料にもとづき、ヴァレンヌ前夜――フランス革命の概説ではしばしばおろそかにされている時期――と、この衝撃的で突発的な出来事に続く数週間における、フランス社会のさまざまな構成員の声と心性をふたたび捉えることを目指している。

本書の執筆を促した第二の動機は、フランス革命における重要で革新的な出来事に直面したとき、男たちや女たちが社会的、政治的、文化的選択をいかにおこなうかという私の長期にわたる関心と結びついている。先行する著作において、私は、カトリック教会に属する約六万人の聖職者がこの時期にいかに向き合ったか、そしてとりわけ、国民議会が彼らに課した聖職者市民化法に宣誓したか否かを把握しようと試みた。[1] 次いで私は、一七八九年から一七九〇年までの国民議会の一三〇〇人あまりの議員たちを対象にして、彼らがいかにして「革命家になった」あるいは、場合によっては、反革命家になった――かに目を向けた。[2] ついで最近には、私は、一七八七年から一七九四年までの全期間へと射程を拡げ、何が革命家を暴力的にしたのか、そしてまさしく、何が彼らを反革命家を殺害するだけではなく、しばしば互いに攻撃し殺し合うようにさせたのかという問題そのものを扱った。[3] 実に、一七九五年には八二人もの国民公会議員――全体の一〇パーセント以上――が処刑されるか監獄で死ぬことになるということを、われわれは知っている。[4]

実際、フランス革命が発生して二世紀以上になる中で、フランス革命の急進化、ひいては暴力の政治文化の起源という問題ほど歴史家たちを魅了し悩ませてきたものはほとんどなかった。明らかに、この急進化の展開は、なんらかの前もって決定されたイデオロギーや一連のイデオロギーへの信奉に単純に帰せられるものではなく、はるかに複雑な要因が作用していた。[5] この急進化を理解するためには、私が論じたように、一七八七年から一七八八年にかけての「革命前」の時期に君主政そのものが発した、驚くほど革新的で「革命的」でさえあったさまざまな勅令も考慮しなければならない。全国三部会と国民議会に議席をもつ貴族の大多数が改革をおおむね拒否したこと。平民議員たちのあいだで、これらの並外れて有能な男たちの集団が話し、考えを分かち合い、互いに影響を与え合うにつれて、集団心理が急速に醸成されていったこと。さらに、フランス革命は持続的プロセスであり、その急進化は一七八九年の夏以降もずっと進展し続けたことは明らかであるように思える。急進化をいやおうなしに促したのは、さまざまな要因であった。王国の官僚組織がほぼ瓦解し法と秩序が崩壊したために権力の真空地帯が拡大していったこと、愛国派と反動派は、ほとんどの歴史家たちが考えていたよりもはるかに早くから、またはるかに整然と組織されていた――反動派とのあいだの確執が続いていたこと、さまざまな予期せぬ危機に対処する必要があったこと、などである。そうした危機のいくつかは、憲法制定議会がみずから下した判断の意図せぬ結果として生じた。聖職者市民化法がもたらした破滅的な影響とその後の聖職者に対する宣誓の強制は、その代表的な例である。だが、他の危機は、外部から彼らに突きつけられてきた。最も由々しいものは財政状況であった――また、それなくしては聖職者市民化法が可決されることはなかっただろう。だが、国際紛争の脅威も見過ごしてはならない。一七九〇年五月、イギリスとスペインという強国間のしのぎ合いによってにわかに始まった戦争への恐怖は、フランス軍の規律が急速に崩壊しつつあったためさらに不安をそそるものであると見えた。

啓蒙主義の思想やヴォルテールとルソーの思想が急進化のプロセスに一役買ったということも、人によってはありうるだろう。啓蒙思想家たちの言語が、幾人かの革命家たちの言説に、一七八九年よりも一七九〇年と一七九一年にめだっていることは明らかである。だが、どちらかと言えば、観念や言語におけるそのような変化は、事後的に、いわば、そうした観念が変化しつつある政治状況にとって妥当であり適用できるものであるという意識が高まっていくなかで生じたのである。

本書と他のところでも私が論じたように、初期の革命家たちのほとんどは、即断即行の男たち、激烈で情熱的でありながらも、実際的で、新しい法律や新しい憲法を打ち出すうえで妥協することもできる男たちであるという印象を与える。実際、彼らが作らんとした憲法が最終的にうまく機能したどうかは、けっして明らかではない。一八世紀以降の民主的な諸制度の歴史は、きわめて多様な制度的取り組みが成功する可能性を示してきた。フランス革命と恐怖政治が、啓蒙思想の言説とイデオロギーのなかに「台本として書き込まれていた」という見解は、まったく支持できないように思える。にもかかわらず、革命家たちがどうしても乗り越えることができなかったひとつの危機は、立憲君主政という観念そのものが君臨する君主ルイ一六世その人によって放棄されたことであった。

これから見ていくように、パリから逃亡しフランス革命を公然と否定するというルイ一六世の決断は、まず第一に、一七九三年から九四年にかけて用いられた弾圧技法の下稽古とも先例ともなるようなきわめて多様な緊急措置を生じさせた。強大な権限をもつ派遣議員の利用、第一世代の総動員体制、出版検閲の復活、(法に拘束されない逮捕権と捜査権をもつ)公安委員会の前身に当たる組織の創設、個人の行為には関わりなく「反革命容疑者」として無差別に逮捕したり監視したりすること。これらすべては、六月二一日以降の数週間に導入され、迫り来る戦争と反革命に対する恐怖によって、さらには左翼側の急進派が反乱を起こすのではないかという穏健派の恐怖によって、正当化された。

第二に、逃亡という国王の決断は、恐怖政治に特有の心理の初期の発現と密接に関連していた。たいていの歴史家たち、とりわけ修正主義的な歴史家たちは、フランス人の大多数が、フランス革命が始まって二年経った後でさえ、国王や君主政に対してなおも抱いていた根深い敬意と愛情をかならずしも評価してこなかった。こうした心理的文脈を考慮すると、国王がヴァレンヌの時期に国民を見捨てて裏切ったと判明したことは、深刻なトラウマとなる経験であり、人々を激しく動揺させるものであっただろう。何に頼ることができるのか、誰を信頼できるのかということについて、国民はもはや確信がもてなくなったのである。その後、一七九一年六月に実行されたルイを「解放する」ための大がかりで周到な陰謀が明るみに出るとともに、九月以降に「裏切り者の王」が王座にとどまることになったことは、「政治のパラノイア・スタイル」――アメリカ人史家リチャード・ホフスタッターが最初に導入した言葉を用いれば――がまさに出現してくるうえの主要な要素となっただろう。[6] フランスの政治エリートのほぼすべての者たちのあいだで陰謀への恐怖が永続的で激しい強迫観念と化すのは、国王が逃亡した後のことであった。実際、その年の秋から、革命家たちは、一枚岩的な「大きな陰謀」という考えにしだいにとり憑かれるようになる。この考えにおいては、すべての脅威が、ただひとつの源から指揮されているマスター・プランの一部とみなされたのである。[7]

明らかに、ヴァレンヌへの逃亡は、それだけで、フランス革命のその後の展開をすべて説明できるというものではない。説得力のある説明をしたいのであれば、ありとあらゆる種類の要因を考慮しなければならない。過大なストレスと不確実性の時期を生きた人々の集団心理から生じたものや、革命家たちにはほとんどどうすることもできない「状況」への反応であるものもあっただろう。革命指導者たちを分断するようになった熾烈な党派争いや、党派争いを激化させ暴力を正当化することを促した陰謀——現実のものであれ空想上のものであれ——への脅迫観念的な恐怖が出現しただけではない。戦争と反革命もまた、フランス革命の存続を脅かしたことはたしかである。幾人かの歴史家たちが近年強調しているように、革命と反革命——その理論と実践をフランス革命のまさに初めから発展させてきた反革命——とのあいだのダイナミックな相互作用を軽視することはできない。(8)

もちろん、すべての歴史は、ある程度まで、現代の歴史である。二〇〇一年の晩夏にニューヨークとワシントンで起こった同時多発テロというトラウマ的な出来事が、本書の最終稿を書いていた私の心に影響を及ぼさなかったと言えば、それは嘘になるだろう。一七九一年六月と二〇〇一年九月に起こったことの類似性は、少なくとも、きわめて興味深い。いずれのエピソードも、たったひとつの出来事が公衆の認識のかたちを劇的に造り直す力をもつことを例証したように思えた。いずれも、幾人かの指導者たち(その中には能力にも先見力にも欠けている者たちがいた)を、他者をめぐる疑念と悪魔化の狂乱へと、みずからが代表していると彼らが標榜する人権と平等な正義の原則の歪曲へと駆り立てたように思えた。より長期的に見れば、それはまた、きわめて危険でどのような結果になるか予測できない先制戦争を仕掛けることへと彼らを駆り立てることにもなった。とはいえ、私は、現在からはできるかぎり距離を置き、本書が扱う個人や社会集団のそれぞれの動機や世界観を、彼ら自身の視点から探求し理解しようと全力を尽くした。

最後に、本書が日本語に翻訳されることは、私にとっては格別の喜びである。一九八六年の夏に初めて日本に旅してから、その後何度も訪れることができた。私が訪問するたびに、日本のフランス革命研究者が温かく迎えてくださったが、その多くはフランスで独自の研究をおこなったことによって知られている方々であった。二〇〇七年には、専修大学で客員研究員として一ヶ月滞在する機会に恵まれた。多年にわたって私を受け入れ助けてくださったこれら日本の友人たちや同僚たちすべてに、この場を借りて深い感謝の意を伝えたい。[9]

王国を棄てた国王とその家族の逮捕
作者不明
カルナヴァレ博物館　撮影ジエ、PMVP

ヴァレンヌの町民と国民衛兵が町の上手のアーチ門の下で国王の馬車を阻止したところに、軽騎兵と竜騎兵が国王一家を守るためにやって来る。その晩の異なる時間に起こった出来事が、ひとつの場面として描かれている。

謝辞

フランスにおける最初の調査は、カリフォルニア大学学長フェローシップの援助によっておこなわれた。本書そのものはほぼ、私がノース・カロライナ州にある国立人文科学センターの研究員であったときに書かれた。このすばらしいセンターの温かい雰囲気とスタッフ全員の有能な助力によって、原稿を大いに書き進めることができた。この本を着想し、研究をおこない、執筆するうえで私を助けてくださった友人、同僚、文書館員、図書館員のすべての方々に感謝することは不可能であろう。だが私は、ジャック・センサー、ヘレン・チェナット、マライア・チェナット、デイヴィッド・ギャリオック、カーラ・ヘス、ジェフ・ホーン、マリリー・ジェイクス、デイヴィッド・ジョーダン、トマス・カイザー、ジョウ・B・マーガダント、テッド・マーガダント、ジェレミー・ポプキン、ジョイス・セルツァー、ドナルド・サザランド、ジーン・タケット、そしてカリフォルニア大学アーバイン校での私のフランス革命に関する学部生セミナーの受講生すべてに、特別の感謝の言葉を贈りたい。図版については、フィリップ・ドゥ・カルボニエール、アラン・シュヴァリエ、リュク・パシオンのご協力に感謝する。第六章、第七章、第八章については、初期段階の原稿が、一九九九年三月にフランス歴史研究年次集会で、二〇〇一年二月に社会科学高等研究院でのアンドレ・ビュルギエールとパトリス・ゲニフェイのセミナーで、二〇〇一年一〇月にメリーランド大学で開催された「暴力とフランス革命」に関する国際学会で、初めて発表された。最後に、索引を作成してくださったニコラス・タケットに感謝したい。

プロローグ

一七八九年の夏、西洋文明の歴史における転換点のひとつであると広くみなされている革命がフランスで始まった。その革命の起源は複雑であるが、ひとたび始まるや、革命は、宗教的寛容、法の前での公平な裁判、言論の自由、出版の自由、被統治者による政府の統制など、啓蒙思想の掲げる高遠な人道主義的理想とすみやかに結びつけられた。また、ほとんどの革命家たちは、非暴力的手段によって、すなわち、ある初期の指導者が言ったように「理性と正義と世論以外の力に訴えることなく」、政治的変革をもたらすことを何よりも目指していた[1]。これらの理想は、アメリカ合州国の建国の父たちが宣言したものと多くの点で似通っていたが、やがて「人間と市民の権利の宣言」として結実した。そしてこの宣言が、世界中で自由主義的改革の模範となったのである。

だが始まりは理想主義的であったにもかかわらず、一七八九年の革命は、ほんの数年のうちにまぎれもない「恐怖政治」へと変貌した。一七九三年の夏までには、恐怖と暴力を権力の道具として恒常的に用いる全体主義的でいちじるしく不寛容な体制が出現していた。令状なしの家宅捜索、起訴状なしの逮捕、自由な言論の抑圧。これらすべてが、フランスの歴史における過去のどの時代よりもより組織的に、より効率的に遂行された。法の前での正義や「適正な手続き」はしばしば放棄され、ある集団に属しているということだけで罪となった。「反革命容疑者法」が、根も葉もない告発にもとづいて人々に襲いかかった。一七九四年の夏までには、数千人の人々がギロチンに送られたり——なかには茶番のような司法手続きを経てギロチンに送られた者もいた——、裁判なしで即座に処刑されたりした。

一七八九年の自由主義的で人道主義的な革命が、一七九三年から九四年にかけての恐怖政治へといかに変化したかを説明しようとするならば、さまざまな要因を考慮しなければならないであろう。フランスがヨーロッパの大半の国々と戦争状態にあったこと、敵対する反体制派が反革命を起こすべく組織的に努力していたこと、熾烈な党派抗争に革命指導者自身が陥っていたこと、陰謀——現実のものであれ架空のものであれ——への強迫観念的な恐怖の出現が、党派抗争を煽り民衆の暴力を正当化することに寄与したこと。しかし、恐怖政治の起源を十全に説明するためには、ある単一の出来事が及ぼした衝撃力についても思いめぐらす必要がある。すなわち、一七九一年六月二一日に起こったフランス国王の逃亡未遂事件である。ルイ一六世とその家族が、首都を逃れ王の名において樹立された新政府を見捨てようとしてなした劇的な努力は、一連の尋常ならざる作用と反作用を作動させ、社会のすべての集団と国のほぼ隅々にまで深甚なる影響を及ぼしたのである。

本書は、その出来事をめぐる物語である。つまり、国王のヴァレンヌへの逃亡と、それがフランスの歴史をいかに変えたかについての物語なのである。

第一章 「陛下、お通しすることはできません」

それは、なんの変哲もない町であった。それは、フランス北東部、アルゴンヌの森の二つの稜線のあいだでエール川の細い流れに跨がるようにして存在する小さい町であり、そこでは一五〇〇人ばかりの人々が、小売商人、職人、まわりに広がる田野の小麦畑や果樹園の農夫として働き、日々の暮らしを営んでいた。王国中に点在する他の多くの小さな自治体と同じく、ここも静かな田舎町であった。[1] 道らしい道が一本、南からヴァレンヌに入り、城館付属の礼拝堂の下のアーチ門の隘路をくぐり抜けると、ぐいと曲がって町を抜け狭い木橋を通って川を渡る。この道を、町から北へと三〇マイルか四〇マイルほどさらに進めば、オーストリア——現在はベルギーであるが当時はオーストリア帝国の一部であった——との国境にあるスダンとモンメディの要塞にいたる。とはいえ、この道はでこぼこで整備もろくにされておらず、道を行き交うのはもっぱら地元の農夫や軍人であった。大多数の住人にとって、ヴァレンヌという町は商業においても文化においても袋小路のような場所であったに違いない。そこではほとんど何も起こったためしがないのである。

だが一七九一年六月二一日の夜は、まさしく、何かすこぶる途方もないことが起こったのだ。[2] 一一時、ほとんどの住民はぐっすり寝入っており、月はまだ出ていなかったので町は闇深くひっそりとしていた。まだ灯っている唯一の明かりは、アーチ門が見下ろす目抜き通りの旧い界隈にある〈黄金の腕〉と呼ばれる小さい居酒屋兼宿屋のものであった。ここでは何人もの若者たちが、まだ酒を飲み喋っていた。居合わせたのは、階上の部屋に泊まっている町の外からの訪問者が二、三名。町に来たばかりで、近くの修道院に宿営しているドイツ語を話す騎兵の一群。そして最後に、地元の友人同士で、みな国民衛兵の擲弾兵部隊の志願兵である四人——すなわち、この居酒屋の亭主であるジャン・ル・ブラン、ル・ブランの弟のポール、学校教師の息子のジョゼフ・ポンサン、そして町長の息子のジュスタン・ジョルジュである。ジョルジュの父親は、国民議会の議員を務めており、そのときはパリにいたので、この四人の男たちは革命の最新の動向を論じ合っていたとも考えられる。また、なぜドイツ人たちが町にいるのか、この一帯でこのところなぜこれほど多くの軍隊の動きがあるのかを突きとめるために、ドイツ人たちを問い質していたということも大いにありそうなことである。

この瞬間、二人の見知らぬ男たちが居酒屋に駆け込んできた。話をしたほうの男は、見上げるように背が高く自信満々で、ドゥルエと名乗り、居酒屋の亭主とその仲間たちに「君たちは良き愛国派か」とすぐさま尋ねた。その通りだと答えると、ドゥルエは一同に驚くべき話をした。自分は南西に三〇キロメートルほど離れた小さい町サント＝ムヌーの宿駅長であるが、フランス国王と王妃ならびに王室一家全員が二台の馬車で旅をしており、自分の宿駅で馬を替えたのを数時間前に目撃した。町の指導者たちと協議した後、自分と友人のギヨームは、いずれも元騎兵ということもあり、王一行を馬で追った。そして、彼らの馬車が、ここから数百歩離れたヴァレンヌの坂の頂上の道端に停まっているところを通り過ぎてきたところだ。あれは王で、オーストリア国境に向かっていることは確かである。国民と革命のために、王とその一家をはばまねばならない。そうドゥルエは言った。

そのような話は、通常ならとても信じられるものではなかったであろう。だが当時は尋常ならざる時代であったし、ドゥルエの熱意と自信には説得力があり、男たちを行動に駆りたてた。ル・ブラン兄弟は、近くに住む幾人かの他の国民衛兵の仲間たちと二、三人の町議会議員たちを起こしに走り、それからマスケット銃を取りに家に戻った。そのあいだ、ドゥルエとギヨームと他の何人かは急いでエール川のところまで行き、家具を満載した荷馬車で橋を塞いだ。

その場に最初に到着した町議会議員は、ジャン゠バチスト・ソースであった。彼は町の助役、すなわち町代理官(procureur)であり、ジョルジュ町長がパリに行って留守のあいだ、代理として町の日々の業務をおこなっていた。ソースは食料雑貨商および蠟燭職人を生業とし、三六歳で、背が高く猫背気味で禿げかかっていた。不十分な教育しか受けておらず、発音を聞いて自分なりに綴るので書くほうはぎこちなかったが、骨の髄まで愛国派で、静かな威厳を身にまとい、町民の尊敬を得ていた。ル・ブランに叩き起こされて仰天していたが、それでもできるかぎり身支度を整え、ランタンをつかむと、「火事だ! 火事だ!」というお定まりの叫びで残りの町民たちを起こすようにと二人の息子たちを送り出した。一一時二〇分頃までには、ソース、ジョルジュ、ポンサン、ル・ブラン兄弟、そしてサント゠ムヌーから来た二人の男は、おそらくは他の半ダースほどの人々と

ジャン゠バチスト・ドゥルエ　ノデ撮影フランス国立図書館、パリ

ジャン＝バチスト・ソース　作者不明
撮影フランス国立図書館、パリ

ともに居酒屋近くの街路に集まっていた。ちょうどそのとき、ドゥルエが述べた二台の馬車が、騎馬の二人にともなわれ、アーチ門の下を大きな音を立てて進んできた。

国民衛兵の何人かが松明を掲げるなか、他の者たちはマスケット銃を振りかざし、停車して馬車から降りるよう御者たちに命じた。ソースが先頭の馬車の二頭立てのカブリオレ〔二輪馬車〕に近づくと、車内には驚いて震えている二人の婦人がいて、身分証明書は後ろの馬車に乗っている人たちがもっていると告げた。そこで食料雑貨商は、六頭立てで荷物が山と積んである二番目のずっと大きい馬車に向かった。彼は、ランタンを窓に差し掛け、慎重になかを覗き込んだ。馬車には六人の乗客が乗っているようであった。子どもが二人――男の子なのか女の子なのか、一見しただけではわからなかった。中産階級の服装をした女性が三人いて、一人は二〇歳ほどでなかなかの美人、ほかの二人はいささか年上で物腰に重みがあった。そして商人か法律家のような身なりで、鼻が大きく二重顎の恰幅がいい男が一人。ソースはいままで国王を見たことがなかったが、かつて目にした王の肖像に似ていなくもないと感じた。

抗議されたにもかかわらず、ソースは、旅人たちの旅券をしっかりと検分するため居酒屋にもちこんだ。数名の町役人が取り囲むなか、ソースは、ロシアの男爵夫人であるコルフ夫人とその一行がフランクフルトへ向かっていることを示す書類を読んだが、その書類は外務大臣と国王自身である「ルイ」によって署名されていた。その文書は旅客の数についていささか曖昧であり、ヴァレンヌがパリからドイツへと直行する経路に当たるとも思えなかったが、旅券には不審な点はないように見えたので、ソースと同僚の役人たちは一行を通過させようという気になった。だがドゥルエは、すでに大いに自分の時間を費やしたうえ面目を賭けていたので、頑として譲らなかった。あれはたしかに国王であった。また、サント＝ムヌーでは貴族の騎兵隊長が馬車に敬礼し、司令官に従っているかのごとく命令を受けているところも見た。町役人たちが国王一家を外国の領土に逃すことになるとすれば、彼らは裏切りの仲間ということになろう。さらにドゥルエは、国民議会議長の署名が欠けているので旅券は有効ではない、と主張した。実のところ、議長の署名は法的には必要ではなかったが、誰もそのことをはっきりとは知らなかったので、とどのつまり、町の重鎮たちは時間稼ぎをすることに決めた。

馬車の乗客たちは、夜分のことで書類をきちんと調べることはできないし、どのみちここから先は悪路で夜は危険だから夜が明けるのを待つほうがよい、と告げられた。怒って抗議する声もむなしく、八人の旅行者と連れの黄色いお仕着せを着た他の三人の男たちは、むりやり馬車を降ろされ、食料雑貨商のソースの家でもてなしを受けることになった。彼らは居酒屋から石畳の通りを少し行った先のソースの店まで連れていかれ、木の階段を押し合うようにして上らされ、二間続きの小さい部屋に通された。初め一行は、元の筋書きを慎重に守り通そうとした。年長の女性たちのうちの片方は、自分はコルフ男爵夫人であると名乗り、大急ぎの旅であるゆえドイツへの出立を許可してほしいと主張した。だが、国王に似ている男にまだこだわっていたソースは、地元の判事のジャック・デステがヴェルサイユから来た女性を妻にしており、当人も何度か国王一家を見たことがあることを思い出した。そこでソースは、通りを判事の家まで行き、彼を起こして自宅に連れ戻った。デステは、階上の居室に入るが早いか片膝をつき、感情を高ぶらせて低頭し打ち震えた。「ああ、陛下」と彼は言った。

それはまるで、おとぎ話のようであった。フランス国王ルイ一六世が、ここに、自分たちの町に、小売商の寝室にいるのである。そこにはまた、王妃マリ゠アントワネット、夫妻の一二歳の娘と五歳の息子——王位継承者である王太子——、王妹エリザベト、そして子どもたちの養育係である貴族のトゥルゼル夫人もいた。だれもが驚嘆して立ちすくんでいた。ソースの年老いた母親がその後すぐに入ってきて、国王様と小さい王太子殿下にお目にかかる日が来るなんて思いもよりませんでした、とすすり泣きながら両膝をついた。変装が見破られたと悟り、ルイ一六世はいまや彼らにこう語りかけた。「いかにも、私はあなた方の王である」と彼は言った。「私はそなたたちとともに生きるために来たのである、わが忠義なる子らよ、私はけっしてそなたたちを見棄てたりはすまい[3]」。それから彼は驚くべきことをした。町議会の議員たちを一人ずつ腕に取って抱擁したのである。そして一同に訴えかけ、事のいきさつをこう語った。私はパリの宮殿を脱出せざるをえなかった。少数の狂信的な革命家であるジャコバン派がパリ市を乗っ取った。さらに悪いことに、これらの煽動者らは一家全員の命を繰り返し危険にさらした。まことと、と王はここでこう語った。ドイツに逃げるつもりなど毛頭なく、国境近くのモンメディ要塞まで行くだけである。パリの暴徒から遠く離れたそこならば、王国の支配権を取り戻し、しだいに猛威を振るうようになってきた——と王は言った——混沌と無秩序を終わらせることができよう。「首都で、短刀や銃剣のただなかで暮らすことを強いられた後、私は諸君ら自身が享受しているのと同じ自由と静穏を求めて地方に、わが忠実な臣民の真っ只中にやってきた。もし私がパリにとどまれば、私も家族も死ぬことになるであろう[4]」。だから町の人々は、馬を用意し、私が旅を全うできるようにすべきである、と。

その瞬間の感情に打ち負かされ、王政に備わる宗教的神秘性と眼前に存在する国王のオーラに畏怖し圧倒され、町の指導者たちは助力することに同意した。必要ならば、と彼らは言った。モンメディまで自分たちが付き添って参りましょう。夜が明けるやいなや、町の国民衛兵の者たちを組織してお供させましょう、と。頭がまだくらくらした状態で、彼らは手筈を整えるために町役場に戻った。ルイ一六世その人からの、八〇〇年以上にわたってフランスを統治してきた家系の継承者からの命令を、誰が拒めるというのだろう。にもかかわらず、国王のところを離れた後、他の者たちに話し、自分たちが置かれている状況がいかなる意味を含むかを理解するようになった後、彼らは考えを変えはじめた。

革命の三度目の夏

というのも、ヴァレンヌの人々は、ちょうど二年前の時点とはもはや同じではなかったからである。町は、ここ数ヶ月にわたって、王国の全体と同じく、一連の途方もない事件の展開に翻弄されていたのである。そしてこれらの事件は、住民たちが自分自身と世界における自分たちの立場を眺めるありようを決定的に変化させた。一七八九年三月、自分たちにはどうすることもできない複雑に絡み合うもろもろの出来事が生じた結果、なんらかの税金を納めている二四歳以上の男性の町民は――圧倒的多数を占めていたが――、全国的な選挙に参加することを求められた。それは、一七五年間も開催されていなかった全国三部会という国民を代表する議会への代表者を指名するための選挙であった。[5] ヴァレンヌは、町の選挙と第二段階の地域選挙の両方の開催地であり、その結果、元弁護士の自分たちの町長を、初めは代理の代表として、その後正式の代表として選んでいた。おそらく同じくらい重要なのは、三月の選挙集会において、市民が国王に訴えたいとする問題の数々を記した陳情書の作成が求められていたことだろう。ヴァレンヌの人々の陳情書は失われてしまったが、六マイルしか離れていないモンフォコンという小さい町の陳情書が残されており、おそらくそれと類似したものだったと思われる。[6] フランス全土の市町村においてそうであったように、市民たちはまず、選挙を招集したルイ国王に対する大げさな讃辞の一節からはじめた。次いで、地域のあれやこれやの制度について改革が必要であるという訴えに入り混じるかたちで、以下のような要求をした。曰く、数々の負担の重い税は軽減するか廃止すべきである、貴族と聖職者を含む全市民が収入に対する平等な比率をもって租税を払うようにすべきである、行政権力を脱中心化し地域の州議会に分与してほしい、子どもたちの教育により多くの金を使うべきである。だが、個々の要求がいかなるものであったにせよ、ヴァレンヌや王国全土の市民たちが組織だって、みずからの生活について深く考え、どの制度や実践を変えるべきか、改善すべきか、あるいは撤廃すべきか、どうすれば一番よいのだろうと議論する行為がまさに、それ自体、革命的な出来事であった。それによって、政治、経済、社会、教会に関わる制度全体があまねく変化することへの期待が大いに高まったのである。

それに続く数週間および数ヶ月のあいだ、ヴァレンヌの人々は、代表の選出に自分たちも一役買った全国三部会が「憲法制定」国民議会へと変貌していくのを、驚嘆しつつ注視していた。その新しい議会は、フランス最初の憲法を起草する仕事に着手しただけではなく、ヴァレンヌの人々のほとんどが陳情書で要求していた事柄をはるかに超えて、フランスの政治的・社会的構造の全面的な改革を企てた。一七八九年の八月初め、パリでバスチーユ牢獄が陥落し革命転覆の明らかな陰謀に勝利したという知らせを受けて、町を挙げての大がかりな祝典が催された。(7)礼砲、祝祭のかがり火、町の広場での町民舞踏会、そして――主要な宗教的祝祭のさいにおこなわれることがあるような――貧民へのパンの配給さえあった。珍しいことに、町の「イルミネーション」もおこなわれ、すべての家が夜に蠟燭やランタンを窓辺に灯すよう求められた。街路照明に馴染みのない社会にとって、そのように燭光が華やかに群れ集うさまは、まことに感動的な光景であったことだろう。

しかし、遠くから喝采するだけではすまなかった。ヴァレンヌの住民たちはすぐに、彼ら自身の町議会と地域議会を選出し、新法を日々施行することに直接参加することを求められた。彼らは国民議会と定期的に通信するようになり、助言や情報を求め、自分たちの代表と連絡を取り合い、「ロビイスト」を派遣し、ときには憲法の草案について彼ら自身の提言を述べることすらあった。数世紀にわたって、他人によって――貴族、聖職者、王国の行政官たちによって――自分たちにとって最も身近な家族や地元の関心事以外は万事につけて支配されてきた後で、彼らはいまや、彼ら自身の政府、彼ら自身の運命に参入するようにと招かれ、いや実際は強いられていたのである。そのようなプロセスは、みずからが関与しみずからの地域が主導権をもっているという昂揚感を与えた。それはまた、国民のアイデンティティ、フランス人のアイデンティティという新しい感覚を吹き込み、そうしたアイデンティティが、かつては住民たちの主たる参照点となっていたエール谷とアルゴンヌの森という狭い世界に取って代わったのである。啓蒙思想の偉大な運動、一八世紀ヨーロッパの主要都市に住む文化的エリートのあいだで花開いた知の解放と再評価のうねりは、ヴァレンヌの人々にとっては、まことにひどく遠い世界の出来事でしかなかった。イマニュエル・カントの「啓蒙の標語」であるサペレ・アウデ――みずからの知恵と悟性を行使する勇気をもて――が、フランスの地方の小さい町や村に住む大多数の人々にとって真に意味あるものと感じられるようになったのは、おそらくは、フランス革命そのものがもたらした制度変革によってでしかなかった。自信と国民としての全体的な一体感という、この新たに生じた感覚に照らしてのみ、われわれは、六月二一日から二二日にかけて生じた危機のあいだにドゥルエやソースのような男たちや地域一帯のさまざまな自治体指導者たちがとった行動を理解できるのである。

だが、新たに創出された他の二つの制度も、一七九一年夏におけるヴァレンヌの人々の革命心理を形成するうえで重要な役割を果たした。一七八九年八月、アンシャン・レジーム崩壊後の無秩序の脅威と反革命の可能性に立ち向かうため、町は最初の民兵隊を作った。[8]「猟歩兵」と「擲弾兵」の二小隊からなる地元の「国民衛兵」が組織され、それぞれが独特の軍服、隊旗、鼓手をもち、兵士たち自身が選出した将校によって指揮されていた。三〇〇名強の、一六歳から五〇歳までのヴァレンヌの男たちが、地元の人々からなる即席の音楽隊にともなわれて、通りを抜け町の広場を回って行進訓練をおこなったとき、これらの男たちがいかに誇らしく感じたかはどれほど誇張してもしきれないほどであろう。初め彼らは本物の武器をごくわずかしか携えておらず、それも狩猟用マスケット銃か家に仕舞い込まれていた年代物の銃といったものであった。だが、猟歩兵は明るい緑色、擲弾兵は濃い鮮やかな青に白という新しい軍服に華やかに身を包むと、目的意識と重要性の感覚が溢れんばかりに湧き上がってきた。[9]軍服を着た将校という地位は、かつては貴族がほぼ独占していた特権であったが、いまや誰の手にも——居酒屋の亭主のジャン・ル・ブランや弁護士の息子のジュスタン・ジョルジュにさえ——届くものになった。実際に、六月二一日にヴァレンヌの国民衛兵を率いていた将校たちの一人であるエチエンヌ・ラデという若者は、戦時のゆえにすみやかに正規軍に移り、やがてはナポレオンの軍隊で将軍として登場することになる。

一七九〇年の春と夏、ヴァレンヌの国民衛兵は地域一帯の仲間たちとともに、一連の団結祭ないしは「連盟」祭で行進した。[10] 一七九〇年七月一日に催されたそうした祭典のひとつでは、約三〇〇〇人の国民衛兵がヴァレンヌの町そのものに集い、交流し、パレードをし、国民に対する忠誠を誓った。その二週間後、バスチーユ牢獄陥落一周年にあたって、ジュスタン・ジョルジュ、エチエンヌ・ラデ、そして他の数名のヴァレンヌの国民衛兵たちは、シャン・ドゥ・マルスの練兵場——首都の西方にあり、現在はエッフェル塔が建っている場所——で催される大規模な全国連盟祭に参加するため、パリまではるばる行進していった。そこで彼らはルイ一六世自身が憲法に忠誠を誓うのを——間違いなく、はるか遠くからでしかなかっただろうが——見た。一年後、同じ国王が、擁護すると誓ったまさにその憲法から逃れて町に現れたとき、彼らがこの場面を思い出したであろうことは想像にかたくない。

ヴァレンヌのみならずフランス全土の他の町々にとっても、新しい革命の精神においてきわめて重要な二番目の制度は、地元の人民協会ないしは「クラブ」であった。議員を務める父親におそらくは影響されたのだろう、一七九一年三月二五日、ジュスタン・ジョルジュは、憲法の友の会の地方支部創設に助力した。四四人のメンバーで発足したそのクラブは、ヴァレンヌが属する新しい行政区画であるムーズ県で最初に創られたそうした結社のうちのひとつであった。[11] それはほどなく、パリのジャコバン・クラブ——憲法の友の会本部の通称——とじかに提携することとなった。クラブの表向きの目的は、国民議会が採択したデクレ〔法令〕を支持し広めることにあった。だが王国の大半の市町村と同様に、ヴァレンヌにおいても、ジャコバン派は、敵として知られるないしは疑われるものすべてから革命を護る番犬という特別の使命をもつことが、速やかに明らかになった。

　六月の危機に先立つ数ヶ月間、クラブは地元聖職者を入念に精査することに力を注いだ。その前年、国民議会は、聖職者市民化法として知られるカトリック教会の大規模な再編成に関する法律を成立させ、一七九一年の初めには、国民代表たる議員たちは、魂の癒しを担うすべての司祭が憲法全般そしてとりわけ聖職者改革に対して忠誠を正式に誓うことを義務化していた。四月に、ヴァレンヌの教区司祭であるアベ・メテンがそのような宣誓をすることを拒んだとき、彼は地域の革命派の役人たちによって職務から公式に解任された。当の司祭は、自分を解任する権限は国家にはないとして頑として譲らず、聖金曜日にミサをあげようとしたところ、ジャコバン派と国民衛兵が教会に入ってきて彼を力ずくで追い出した。ヴァレンヌの指導者たちが聖職者や宗教にとくに敵対的であったという証拠はないが、憲法の遵守を拒否した者が地元の子どもたちを教え告解を司ることを許されることに、彼らは明らかに不安を覚えていた。周辺の郡（ディストリクト）の教区司祭の半数近くが定められた宣誓を拒否したことは、あたり一帯で反革命の陰謀が示し合わせて企まれているという疑惑をさらに強める働きをした[12]。

　実際、フランス革命のほぼ初めから、パリでのさまざまな出来事によって醸成された至福千年説めいた楽観主義には、恐怖と不安が入り混じっていた。われわれは、二一世紀の視点から見ているので、民主主義（デモクラシー）を初めて経験することは、その熱烈な支持者にとってすら、いかに恐ろしく不穏なものと見えたかを忘れてしまうことがある。旧体制の有力な貴族や聖職者たちが、出来事を陰で操っていたり、権力をふたたび掌握しようとしたり自分たちが失ったものすべてに対して復讐しようとすることはもうあるまい、と信じるのは難しいことであった。実際、一七九一年六月までに、パニックに近い不安の波が三度にわたってヴァレンヌを襲っていたが、それらはすべて、おそらくはかつての特権階級に雇われたと思われる想像上の敵に対する恐怖と結びついていた。一七八九年八月、町民は、野盗の群れが北から近づいているという知らせに震えあがった。当の野盗団が出現することはなかったが、そこから生じた防御反応が、町で最初の国民衛兵部隊を創るうえでの原動力となった。それからちょうど一年後、オーストリアの帝国軍が侵攻したという噂が野火のごとく広まり、近隣の村々から五〇〇名ばかりの国民衛兵が、町の防衛に手を貸すためにヴァレンヌに集結した。恐怖の第三波は、北の国境線を越えてさらに別の野盗団が迫りつつあるという噂によって、一七九一年二月に生じた。その警報はふたたび根も葉もないものと判明したが、援助を求める町の必死の訴えによって、県当局は、ヴァレンヌ防衛のために相当量の銃と弾薬、さらには四門の小型大砲までも提供するにいたった。[13] パニックが相次いで起こったため、真の危険が生じたとき地元の市民たちに大いに役立つ一連の動員訓練がおこなわれたわけであった。おそらくさらに重要なのは、ヴァレンヌの町役場が、いまや、地域のどの共同体をもしのぐような大量の武器を備蓄する場所のひとつになったことである。だから、六月二一日の危機が生じたとき、武器の用意は整っていた。

夜盗団やオーストリア人が侵入してくるという恐怖にもまして、はるかに目に見える脅威をもたらしていたのが、ヴァレンヌや近隣の町々に駐屯する大勢の国王軍であり、兵士の多くはドイツかスイスからの傭兵であった。民間人と軍人との関係は、最も平穏なときでさえ、つねに緊張をはらんでいた。地元住民は、食事と宿を見返りなしで兵士に提供することをしばしば期待されたし、若い軍人たちは、飲み騒いだり地元の女といちゃついたりしがちで、その乱脈ぶりは悪名高かった。個々の村における軍隊の宿営は、ときには、共同体から未払いの税金を取り立てる役目も担っていた。一七八九年一〇月このかた、町議会は、ドイツ語を話す騎兵の分遣隊をヴァレンヌに配置することに抗議してきた。[14] この分遣隊は翌年二月に移動したが、六ヶ月後、地域の司令官であるブイエ将軍が六〇〇名ほどの歩兵隊を送り込んできた。これらの部隊は、近隣のナンシー市で一般の兵士が貴族の将校に対して起こした抗議運動の血なまぐさい鎮圧につい最近携わったばかりであり、その抗議運動には多くの一般市民の愛国派が共感の意を表明していたのである。そのような兵士たちがヴァレンヌに現れたことによって、激しい緊張がもたらされた。その状況は、町の指導者たちが、その部隊を町外れの廃院となったフランシスコ会修道院に宿営させるという策を見出すことによって、ようやく緩和された。

その歩兵隊は一七九一年二月に撤収した。だが六月初め、ブイエ将軍は六〇名のドイツ語を話す軽騎兵からなる別の一団を派遣すると宣言した。いまわれわれにはわかるのだが、この動きは、ブイエが密接に関与した陰謀である国王逃亡を援護するために仕組まれた部隊の全般的な移動の一部であった。ふたたび修道院に宿営したこの小さな分遣隊は、ヴァレンヌの人々にとってさしたる喫緊の懸念にはならなかったが、多くの市民たちは、伝令や軍用物資を積んだ荷馬車が無数に町を通過していくうえ、その地方一帯くまなく兵士たちが行軍しているという噂を聞くにつけ、猜疑心を募らせつつ見守っていた。実際、ムーズ県の役人たちは、そうした動きが平和時に生じていることに当惑し、大いに懸念していた。「歩兵隊と騎兵隊が行進し背面行進し、本日到着したかと思えば数日後には出発し、前進し、後退し、明らかな必要性や利便性はなさそうであるのに宿営地を変える」[15]。六月二〇日、ヴァレンヌの軽騎兵の四〇名が、部隊に給金を払うためにパリから来る「宝物」ないしは金の入った金庫を受け取るという名目で西に向かった。その翌日、ブイエ将軍の末息子と将校がもう一人、エール川のちょうど東側にあるグラン・モナルクという宿屋に宿を求めてやってきた。将軍本人の到着に――来訪の目的は明かされなかったが――備えるためという触れ込みであった。

地元住民の恐怖がどこまで拡がりを見せていたかは不明である。ソース自身が六月二一日の早い時間に手紙を書き、軽騎兵の到着を自分の町の重要性を示す証しとして歓迎した。彼はその指揮官と話し、戦争はまずないだろうと保証されていた。だがヴァレンヌの他の市民たち、とりわけジャコバン・クラブの会員たちは、はるかに強い不信感をもっていた。反貴族的な感情が募りゆくなか、部隊を指揮する貴族将校たちがあまねく疑惑の的になっていた。名前はわからないが、クラブのある会員が、六月二一日の危機のまさに前夜にバル＝ル＝デュックで県行政官たちに一連の手紙を書いている。彼は、平和時には異例な、町での軍事活動のいっさいを詳述した。彼はまた、フランソワ・ドゥ・ゴグラ某――国王の逃亡を組織したもう一人の主要な陰謀家――の来訪についても触れ、ゴグラはソースと面談し国民衛兵や町の指導者たちの政治的見解について尋ねたと記した。また、ひどく勘ぐっているくだりでは――とはいえ、かなり核心に迫っていたが――、軍人たちが話していた謎めいた「宝物」とは国王本人のことであり、不特定の悪人たちがパリから近々誘拐することになっているのではないかと憶測さえしていた。[16]

軍隊をめぐるこうしたさまざまな噂や恐怖が、ドゥルエが現れたまさにその晩、〈黄金の腕〉でジョルジュとその仲間たちによって議論されていたとしてもおかしくはない。いずれにせよ、フランス北東部の縁に位置する小さく目立たないヴァレンヌの町は、六月二一日の危機に対処するうえで、国王逃亡を画策した陰謀家たちのいかなる想像をもはるかにしのぐほどのしっかりした備えが――制度的にも、軍事的にも、心理的にも――整っていたのである。

軍隊と人民

六月二一日から二二日にかけての深夜、町の重鎮たちが自分たちのただなかに出現したフランス国王をどうすべきかを協議していたまさにそのとき、ヴァレンヌの住民全員が出動しはじめていた。その夜の出来事がどのような経緯を辿ったのか、正確なところはわからない。だれもが認めたのは、人々が混乱し走り回り、無数の出来事が同時に起こっていたことである。だが、記録をつけられるような状況ではなかったため、その夜の活動を物語るには、その場に居合わせた個々の人々の、数日後さらには数ヶ月後や数年後に書かれた、ときに互いに矛盾している回想に依拠せざるをえない。いずれにせよ、ソースの二人の息子たちが「火事だ！」と叫びながら町を駆け抜けたすぐ後に、誰かが川向こうの教区教会の警鐘を鳴らしはじめたのは明らかであった。教会の鐘は独自の完璧な言語をもち、リズムや音色を変えることで人々をミサに呼び集めたり結婚式を告知したり死を悼んだりする。だが警鐘(トクサン)と呼ばれる速い反復的な鐘の音の意味はただひとつ、危険と緊急事態であり、すぐにだれもがどうしたんだと口々に尋ねながら街路に出てきた。国民衛兵の隊長たちはただちに自分の鼓手たちを起こし、彼らも同じく切迫したリズムで「武器を取れ」と太鼓を連打しはじめると、男たちは道を行きざま身支度を整え、自分のマスケット銃を手にして町の中心部へと急ぐか、銃が配られる町役場へと駆けていった。

王の到着を知らされるや、好奇心や驚きとともに、それと同じくらい大きい不安が生じた。軍隊の動きや宝物の話すべてが、にわかに腑に落ちたのである。君主にじかに接することでその存在の魔力を経験していない者たちは、国王の逃亡を阻止しようとする者たちに対する報復の危険性と、この地域に移動してきたことが知られている兵士たちからの攻撃という差し迫った可能性にすぐに気づいた。幸いなことに、最も差し迫った危険であるドイツ人騎兵たちは、まだヴァレンヌの町内に宿営しており、けっして脅威にはならなかった。ほとんどの兵士たちは、眠っているか居酒屋で杯を重ねていて、おとなしく眺めているように見えた。だが、彼らの指揮官が騎乗し、川を渡り、北に向かって駆け去ると、すぐにブイエの息子とその連れがその後を追ったのを見た者がいた。その将校たちは将軍本人に知らせるだろう、そして町はブイエの全軍をすぐさま背負い込むことになるだろう、とだれもが承知していた。[17] 国民衛兵の隊長たちは、分遣隊を町の主要な入り口に送り、荷馬車や丸太や鋤や手に入るものはなんであれ用いてバリケードを築かせた。また、伝令を周辺の村々に送り出し、加勢を頼むと必死に訴えた。

彼らの最悪の怖れは、深夜一時に的中したかに思われた。四〇名の軽騎兵の一群がヴァレンヌの南口に現れ、その後すぐに一握りの竜騎兵たちもやって来たのである。軽騎兵の隊長たちは、ゴグラとショワズール公爵の二人であると町民たちはすぐに知るが、騎兵隊にドイツ語で話しかけ、騎兵たちは「国王が！　王妃が！」と驚きの声を上げた。次いで彼らはバリケードに突進し、サーベルの側面を振り回して国民衛兵たちを押し退け、町の中心に馬を乗り入れると、ついにはソースの家の前で戦闘隊形をなして止まった。[18] はりつめた不確かな瞬間がそれに続き、だれもが「このうえない恐怖に満ちた焦燥」を感じた。羽根付き兜、拳銃、サーベルを身にまとい馬上高く睥睨する軽騎兵の姿は、町民にとって脅威以外の何ものでもなかった。ソースが出てきて、自分の食料雑貨店の前で勇ましい愛国的な演説をし、騎兵諸君は「市民としてはこよなく立派であり、兵士としてはこよなく勇敢であるので、流血しか招きえない作戦に加担することなどできるわけがない」と自分にはわかっている、と声を張り上げた。[19] だが、兵士たちがフランス語をどこまで理解できたかはわからず、国民衛兵と騎兵隊のにらみ合いは続いた。ついに、初めに一人、次いで他の二人の将校たちが国王との会見を求めた。その少し後にゴグラが戻ってきて強行突破の算段をつけていると見えたとき、国民衛兵はすでに防御を整えていた。彼らは四門の小型大砲を街路に引き出し、軽騎兵たちの上手と下手に配置すると、まだ通りにいる町民が逃れることができるように、すべての家の主人に自分の家の扉を開けよと叫んだ。こうして騎兵だけが大砲の射程に入った。危険を察知したゴグラは、みずから国民衛兵へと突進し、大砲の向きを逸らすよう命じた。だが国民衛兵の一人が拳銃を発射して、男爵を馬から撃ち落とした。男爵は負傷して〈黄金の腕〉に運び込まれ、彼を撃ったばかりの衛兵が――泣かんばかりに詫びながら――その後をついて行くと、他の男たちや女たちが将校を欠いた騎兵隊を懐柔にかかった。はりつめた瞬間とただ酒の申し出がさらに続いた後、ドイツ人たちは説得されて馬を降り、やがて彼らは町の人々を抱擁し、地元の国民衛兵隊長に服従を誓っていた。[20]

ヴァレンヌの市民たちにとって、ゴグラと軽騎兵隊の出現は、さまざまな意味において転換点を画した。暴力行為の脅威にこうしてさらされることによって、住民たちはかつてないほど強く確信したのである。国王の逃亡は、パリからの避難所を自分自身と家族のために見つけようとする国王の努力だけではなく、外国の兵士と、おそらくは外国の軍隊も巻き込んでいる大がかりで危険な陰謀をも表現しているのである、と。さらに、町の指導者であるソースへの影響はとりわけ強かったに違いない。ほんの数日前、ゴグラ男爵は愛国主義を熱心に標榜することによってソースをだまし、他の市民たちははるかに疑い深かったというのに、彼から町と国民衛兵に関する全般的な情報を引き出したのである。いまやこの食料雑貨商にも、自分は貴族に操られていた、自分はコケにされたのだという思いが芽生えた。「愛国主義にかこつけて」と彼は後に書いた。「ゴグラは腹黒い裏切りを私から隠した。ただ深い恨みを覚えるばかりである」[21]。その経験は、ソースの国王に対する立場が変化するうえで決定的であったと言えよう。

いずれにせよ、それからほどなく、援軍がいたるところから到着しはじめた。真夜中を半時間ほど過ぎた頃、誰かが三、四名の騎馬憲兵を送り出し、その者たちはすぐに「武器を取れ！　武器を取れ！」と村々を回りながら叫んでいた。そのすぐ後に、ソースは地域最大の軍事拠点であるヴェルダンに武力支援を求める伝言を送った。「急げ！　国民衛兵と大砲とともに駆けつけろ。国王と国王一家がここにいる。急げ、急げ！　助けに来てくれ！」[22]伝令たちがまだ到着してもいないのに、近隣のいくつかの村ではヴァレンヌの教会の鐘が鳴っているのを聞きつけて、人々が街路に出ていた。そして即座に、農民兵たちが、太鼓を打ち鳴らし、旗を翻しながら、ヴァレンヌへと行進していた。北にちょうど二マイルのところにあるモンブランヴィルでは、最初の伝令の到着が一時頃であった。緊急事態が正確に何を意味するかについていささか混乱はあったものの――伝令は、伝言がはっきり理解されるのを待たず、他の村人たちに警告しに馬で駆け去っていった――、男たちが「武器を取れ」の警報を鳴らすと、一〇〇人ばかりがヴァレンヌに向けて徒歩で行進し、ヴァレンヌには一時半を少し過ぎた頃に到着した。危機の真の姿を知ると、彼らは戦闘に備えて隊形を組んだ。過去の動員時と同様、女たちが子どもたちを引き連れて、食料や補給品の荷馬車とともに、その後すぐにやってきた。[23]

アルゴンヌの近隣の丘にあるモンフォコンは、朝の三時頃に伝言を受け取った。村人たちは後に、その前夜はいかに万事が平穏であると見えたか、「思いもよらず信じがたくもあるこの伝言」によって自分たちがいかに愕然としたか、と回想している。だが彼らも、かき集められるだけの武器はなんであれ手にしてただちに出発し、夜が明ける頃ヴァレンヌに到着した。五時一五分まではヴェルダンにも一報が入り、ディストリクトの指導者たちはそれを地域全体に伝えた後、国民衛兵とフランス正規軍兵士を四〇〇名ほど派遣した。南に二〇マイル離れたトゥリオクールも、同じ頃に伝令を迎えていた。アルゴンヌの西側に位置するオートゥリは、それよりも一時間かそこら経って、ヴァレンヌからじかに来た知らせと、他の二つの村を経由して届いた知らせをともに受け取った。実際、緊急事態のことを聞き知るやいなや、多くの共同体は自分たちの教会の鐘を鳴らし、他の農地や集落に住む友人や家族に警報を伝えるべくさらなる使者を送り出したので、連鎖反応が生じ、知らせは驚くべき速さで広まった。朝までには、モンフォコンの向こう側のキュィジ、セットサルジュ、ベタンクールから、ムーズ川沿いにあるダンヌヴーとシヴリ、ムーズ川からかなり離れたダンヴィレールから、民兵がヴァレンヌに集まってきた。同じ朝、一報は、南に四五マイルほど離れたサン゠ディジエにまで、西に七〇マイル以上も離れたシャロン゠シュル゠マルヌとランスにまで届いていた。午後までには、東にやはり同じくらい離れたメスとチオンヴィルも知らせを受け取っていた。これらの町すべてが、武装した分遣隊をヴァレンヌに速やかに送り出した。[24]

六月二二日の朝までには、数千人の人々がアルゴンヌの小さな町に集結していた。マスケット銃を持つ国民衛兵、使えそうなものはなんでも武器として携えた百姓たち、男たちのために食料を用意しパンを焼こうと奮闘している女たち。規律に欠ける少数の市民らが、食べ物や飲み物を求めて地元住民の家に押し入りはじめたが、到着した人々のほとんどはよく秩序を保ち、必至と思われた攻撃を待っていた。国王軍の元将校である年配の愛国派の貴族がその場に現れ、防御態勢を組織することに取り掛かった。町の境界をほぼ取り囲むようにしてバリケードが設置され、ヴァレンヌの中心部にかかっている木橋はその一部が解体された。夜が明けるとすぐ、六五騎の軽騎兵が北から新たに到来したが、人々はいまや弾を込めたマスケット銃を手に銃列を組み待ち構えていたので、騎兵隊は町外れで待機せざるをえず、指揮官のデロン隊長だけがなかに入って国王と話すことを許された。[25]

国民の運命

そのあいだ、町議会は、町の他の名士たちや地元の裁判所の判事たちとともに緊急会議を開き、国王にどう対応すべきかと苦悩していた。小売店主、商人、田舎町の弁護士を生業とする男たちのこの小さな集団は、まさに最高法院級の責任を担わされ、国民の運命がおそらくみずからの手中にあるという重圧にあえいでいた。深夜二時頃、会議を再開した直後に、国王の存在を国民議会に知らせて助言を仰ぐため、彼らは使者――理髪師親方のマンジャン――を送り出した。だが、パリから返答をもらうのに何日もかかるかもしれないとわかっていたし、決定をいつまでも先延ばしにすることもできなかった。彼らは当初、国王と彼の家族が旅を続ける手助けをすると約束した。だが騎兵隊が到着し、国王を力ずくで奪取すべく将校たちが猛然と威嚇したため、協調と善意の精神は――とりわけ、指揮官の一人がゴグラであるとわかり、彼がペテン師で大嘘つきであると悟ってからは――ほぼ消え失せてしまった。

さらに、町議会議員たちは、みずから考えをめぐらし、また町役場にいたジャコバン派や他の愛国派の助言もあって、国王の逃亡の真の意味合いに思いを致すようになった。ルイは彼らに、王国を離れずモンメディにとどまるつもりだと告げたが、王は本当に状況を掌握しているのだろうか。パリの雰囲気について王が語ったとき、それが新聞や町長からの通信をもとに彼ら自身が理解していたこととは合致していなかったので、彼らは驚いた。彼らのほとんどは、ルイの顧問官たちが信頼できないことや、王本人の意図がいかに立派であるにせよ、王が影響されやすいことを聞き知っていた。国王が間違った方向に導かれていたことが後になってわかったら、自分たちの町はどうなるのだろう。ドゥルエが断言したように、自分たち自身が反逆罪に問われることもあるのだろうか。また、たとえ国王が国境を越えることがなくとも、国王のパリからの離脱は、彼らが国王を支持したのと同じくらいの熱意を込めて彼らのほとんどが支持した国民議会と新憲法の存続に、どう影響するのだろう。内乱や、おそらくは外国からの侵攻の可能性は、国境に近いことがつねに不安の種であるヴァレンヌのような町にとってはとりわけ、火を見るよりも明らかであった。

忠誠心が二分されるというディレンマに苦悩しながら、彼らがそうした問題とどれほど長く格闘していたのか、定かなことはわからない。だが、ある時点で——おそらくは、ソースがヴェルダンからの援助を求めて伝令を送り出した頃であろう——、モンメディまで国王に付き添っていくという考えを明らかに放棄し、時間を稼いで町を防御するのに十分な軍勢の到着を待とうということになったのである。どのみち、夜が終わる頃には、ソースと一部の議員は、ルイのところに戻り心変わりしたことを説明する義務があると感じた。それは尋常ならざる場面であった。食料雑貨商と革なめし職人と田舎町の判事が、命令には従えない、このまま旅を続けさせることはできない、とフランス国王に告げたのである。王の御前で己れの意思を表明することに困難を覚えつつも、彼らはルイに、「父を見つけたばかりなのに、その父をふたたび失うのではないかといまや恐れる大家族の一員として、優しくも不安な気持ちを抱いております」と語った。また、「王は臣民に愛されており、王の力は臣民みなの心のなかに宿っており、王の名前は臣民みなの話題の中心です」と保証した。「でも、王の住まいはパリにあり、地方に暮らす者たちですら王がそこに戻るようひたむきにまた切実に願っているのです」と。彼らはまた、「王の出立によって生じうる血なまぐさい出来事」への恐怖と「国家の救済は憲法の完成にかかっており、憲法それ自体は王の帰還にかかっている」という確信を表明した。町議会のくだした結論は、ソース家の外に集まってきた男や女や子どもたちのふくれあがっていく群衆がひっきりなしに上げる叫びによって簡にして要を得たものとなった。「国王万歳！　国民万歳！　パリへ、パリへ！」[26]

初めは国王と王妃は理解せず、聞いているようですらなく、旅を続けられるよう馬と護衛を準備してほしいと求め続けた。マリ＝アントワネットはソースの妻に、国王を援助することで町はきわめて大きい恩恵を得ることになるだろうと言って、ご主人を説き伏せてくれまいか、と懇願すらしたのである。ソース夫人は、町民たちの記憶によれば、こう答えた。自分は国王を心から愛しているが、夫のことも愛しており、夫は責任ある立場なので、一行を通過させれば罰せられるのではないかと恐れている、と。また別の逸話もあり――本当かもしれないし、作り話かもしれない――、それによれば、ルイは、その場に居合わせた国民衛兵の一人で木こりを生業とする素朴な老人ゲローデルに哀願したとされる。国王は、自分は国を去るつもりはみじんもなく国民のためだけを思っている、と再度誓った。だがゲローデルは、「陛下、あなた様のことを信頼してよいかどうかわかりません」と答えたとされる。[27]　フランス革命の二年のあいだに、すべてが変化していたのだ。

デロン隊長が朝五時頃にソースの家に着いたとき、何をすべきかと国王にただちに尋ねた。だがルイは、いまや諦め運命を甘受しているように見えた。「命令することは何もありません」と彼は答えた。「私は囚われているのですから」。そこでデロンは、国王一家を脱出させるためにいかなる軍事行動が可能かとふたたび問うべく、王妃や他の将校たちのうちの一人とドイツ語――王妃の母国語――で話そうとした。だが部屋にいた町の男たちが即座に「ドイツ語は話すな！」と叫んだので、デロンは部隊に戻り、自分の部隊とともに結局は来ることがなかった命令を町の外で待った。[28] いずれにせよ、約一時間後、国民議会とラファイエット将軍が前日の朝派遣した二人の伝令がヴァレンヌに到着したとき、事態は一変したのである。パリの国民衛兵の将校であるバイヨンとラファイエット将軍の副官の一人であるロムフは、国王とその一家を追って昼も夜も旅をしてきた——王一行がみずからの意思によって出ていったのか、拉致されたのか、いまだはっきりとはわからないままだったが。彼らの携えてきた命令は正式なもので、「公職にあるすべての者、国民衛兵ないしは前線部隊に属するすべての者」に宛てられていた。伝令たちが国王一家に首尾よく追いついたなら、「前述の公職にある者は、誘拐ならばそれを阻止し、国王一家の前進をはばみ、立法府にただちに通報するべく、ありとあらゆる必要な手段を講じる義務を負うことになる」。[29] 新しい革命的な国家における二つの中心的な権威——国王の意思と国民議会の意思——から相反する命令を突きつけられ、ヴァレンヌの人々は躊躇なく国民議会のほうに与した。そこで伝令たちはソース家の二階に上り、国王と王妃に法令を差し出した。マリ＝アントワネットは憤激の色を浮かべた。「なんと不遜な！」と彼女は嘲り、法令を床に投げつけた。ルイは、それほどの気力はなかったものの悲しみを覚え、「フランスには国王はもういないのだな」とぽつんと言った。[30]

実のところ、国民議会が具体的に指示していたのは、国王と王妃の前進をはばみ議会に通報すべし、ということだけであった。だが、ヴァレンヌの人々の心はどうすべきか定まっていた。つまり、国王一家はパリにただちに送り返されなければならないということである。国王と議会は近接して存在すべしという基本法上の要請以上に、だれもが一帯の軍事的状況を憂慮していた。ブイエ将軍は攻撃を仕掛けてくるだろうと彼らはまだ思っていたので、国王が他所に送られ自分たちの町が攻撃を免れることを、ただ願っていたのである。そこで、太陽がすでに高く暑くなりつつある七時半、夜一睡もしなかったため町の指導者たちと国王一行が疲労困憊しつつあるとき、二台の馬車は向きを変え、アーチ門をくぐり抜け、丘をふたたび上って町を出ていった。国王、王妃、王家の子どもたちは、いまや数千人の国民衛兵にともなわれて、パリへの長い帰路を辿りはじめた。

フランス北東部の小さな町に国王が突然現れたあの夜は、フランス革命全体を通じて最も劇的で痛切な瞬間のひとつであると言えるだろう。地元住民にとって、その経験は忘れがたく、幾人かの住民にとっては、人生を一変させるものとなった。ドゥルエはやがて、もっぱらあの夜の活躍のおかげで、国民公会に選出されることになるだろう。ソースは狂信的な王政派の者たちにとって悪の権化となり、多年にわたってつけ狙われることになるだろう。ソースの妻は、侵攻してきた外国軍から逃れるため井戸に隠れようとして、一七九二年に墜落死するだろう。実際に、町全体が、さまざまな反革命的集団によって、殲滅するぞと繰り返し脅されることになるであろう。「ヴァレンヌ、不幸なるヴァレンヌ」とある破滅の予言者は書いた。「なんじは、高潔なブイエによって指揮されたオーストリア兵の怒りにゆだねられよう。なんじの瓦礫は、すぐに耕されて土になるだろう」[31]。対照的に、愛国派は、フランス全土からおびただしい数の感謝の手紙を町に書き送った。二〇万リーヴル近い巨額の金が褒賞として、地元のさまざまな市民に分配するようにと国民議会から提供された。版画や旗や手描きの皿が、ヴァレンヌの町とその町民を「国民から、感謝の意を込めて」と讃えるだろうし、国家は、国王一家が国民衛兵によって阻止された居酒屋〈黄金の腕〉のところに記念塔を建てるだろう。小説家や歴史家は、一九世紀を通じて、ソースの小さい二階のアパートに詣でるだろう。だがそれも、ソースのアパートと町の中心全体が一九一四年八月のドイツによる侵攻によって破壊される——さらにはその四年後に、アルゴンヌの戦いでアメリカ軍によって再度破壊される——までのことであった。(32)

とはいえ、ヴァレンヌの住民に対する影響以上に、その夜の出来事は、フランス革命とフランスの君主政の歴史における転換点となり、パリに、国民議会に、いやそれどころかフランスとヨーロッパ全体に甚大な直接的衝撃を与えることになるだろう。続く各章においては、ヴァレンヌ逃亡事件のこうしたより広い文脈に、すなわち、事件がいかに起こったか、事件が王国中のさまざまな社会的・政治的集団の消長にいかに影響を及ぼしたかに目を転じることにしよう。

第二章　フランス人の王

そのドラマの中心にいたのは、ブルボン王朝第五代目の君主にしてヴァレンヌでの事件のさいは三六歳であった、国王ルイその人である。ルイは奇妙な謎めいた男で、多くの点において、彼に先立つあるいはその後に続くブルボン家のどの国王ともまったく似ていなかった。ルイをよく知る同時代人たちですら、彼を、つかみどころのない、無口で、予測のつかない人物であるとみなしていた。気弱で確信がもてなかったせいなのか、政治的な戦略であったのか、そのいずれであるにせよ、彼は口数がきわめて少なく、黙ったままでいるので、いくぶん窺い知れないところがあった。

みなが言うには、彼はおずおずした無口な子どもであった。自尊心に乏しく、パリの南西約一五マイルのところにある偉大な王宮ヴェルサイユ宮殿での、宮廷生活の精髄をなす誇示や追従や機知の世界に、心からくつろげたことはなかった。ルイは、先王ルイ一五世の息子がもうけた四人の息子たちのうちの二番目であったが、兄弟たちと比較されるとどん尻に来るのがつねであった。同時代人たちは彼の内気さや鈍重な立ち居振る舞いを知性の欠如によるものであると誤解し、この否定的なイメージは容姿によってさらに強められた。金髪碧眼はドイツ人の母親譲りであったが、父親からは肥満しがちな体質を受け継いだ――食べ物と酒に目がなかったので、その傾向は時が経つにつれていちじるしくなっていった。若者の頃ですら、自分の外見にほとんど関心がないようであったし、宮廷的優雅のまさに対極にあるような、ぎこちないよろよろした足どりでのろのろと歩いた。王妃の侍女の一人であるカンパン夫人の描写は、例外的なものではない。「足どりは重く、挙動に高貴さはみじんもありません。身なりにはまったく無頓着で、髪結い師が日々努力しているにもかかわらず、ぞんざいに振る舞うので髪がすぐ乱れてしまいます」[1]。

同時代人たちは、彼が錠前造りや石工仕事のような手仕事に魅せられていることにも当惑していた。そのような趣味は——錠前造りの師さえ王に告げたとされているように——、「世間の通念として、君主の余暇の過ごし方としてふさわしいとはとても思えない」からである。[2] 人々の期待と先王たちのイメージの両方にぴったりと合うような活動のひとつが、狩猟への情熱であった。青年時代には、彼は毎日のように狩りに出かけ、パリ周辺に広がるいくつもの大きな王室御料林をさまよい、小道や脇道をことごとく覚え込んだ。国王となっても、狩猟日和になるといつでも、戦時下にあってすら、外国の大使たちとの面会を取りやめることもいとわなかった。[3] 彼は、どの狩猟についても正確な日誌をつけ、撃ち取ったり猟犬が追いつめたりして仕留めた雄鹿、猪、兎、燕をすべて書き記した。それは、二〇万近い「個体」からなる、一四年にわたる動物の大虐殺の記録である。[4]

とはいえ、宮廷人や大使たちの意地悪な評言にもかかわらず、また、当人自身が不安を抱いていたにもかかわらず、ルイは愚鈍ではなかった。彼の教育は、父親と長兄が死にルイが次期王位継承者である王太子になってからはとりわけ、かなりの配慮をもっておこなわれてきた。ルイはこつこつと勉学に励み、おそらくはそうすることで、宮廷が課すもろもろの要求——その要求に応じるための生来の優美さや親和性を彼はほとんどもち合わせていなかった——から逃避しようとさえしていたのだろう。そして、勉学の成果はなかなかのものであった。最終的に、彼は英語、ドイツ語、イタリア語を習得した。細部を記憶する能力に優れていたので、天文学、地理学、歴史に秀で、家庭教師の助けを得て、イギリスの歴史家ギボンの翻訳も試みた。彼は生涯にわたって読書を続け、自分が熟読した新聞各紙についてときにコメントすることもあり、一七七七年にはディドロの有名な『百科全書』を買い求めさえした。彼はまた地図が大好きで、フランスの地理について並外れた知識があり、いつの日か果たしたいと願っていた王国巡幸の旅程を計画することもあった。[5]実際のところ、膨大な狩猟日誌によって、また、会計士やベネディクト会修道士さながらのゆるぎない正確さをもって作成された無数のリストや要約表によって明らかであるように、彼は事実や数字に憑かれたかのように魅せられていた。宮殿のすべての召使いと猟犬係の多年にわたる名前と職務について、一一歳以降に乗ったすべての馬（全部で一二八頭）の名前と特徴について、さまざまな王室狩猟林で見かけた動物について、日々の家計費のそれぞれの細目について。彼は個人的な日記もつけていたが、これもまた、基本的には事実をふまえた活動の要約であり、そこでも狩猟が最も重要な座を占めていた。個人的な感慨や考えを窺わせるところは、いっさいなかった。[6]

アンシャン・レジーム末期におけるルイ一六世
ジョゼフ・ボーズによる肖像画より
撮影フランス国立図書館、パリ

ブルボン王朝の先王たちのおそらくは誰にも

まして、ルイも家庭教師たちが王権にともなう義務や責務と考えるものについて入念に教え込まれたが、彼はまだ少年の頃に、その教えを、王になるためのある種の教理問答として忠実に書き写した。[7] 宗教教育によって深く影響されたこと、キリスト教の敬虔と道徳を初期近代フランスのどの君主にも劣らず真摯に受け止めていたことは、疑問の余地がない。家庭教師は、「わが宗教の教義を心に深く刻むこと」をルイに誓わせ、日記に丁寧に記されているように、彼は生涯にわたってミサに毎日あずかり、毎年のように「復活祭の義務」を果たした。支配する権利が神から授けられたものであることは、明らかで疑う余地はなかった。「私を統治者として選んでくださったこと、それは神の賜物であると私にはわかっている」とルイは彼の「教理問答」の最初の頁に記した。臣民に対して国王が責任を負うという強固な信念を彼が得たのは、おそらくは、家庭教師たちの教えによるものであるとともに、キリスト者としての義務と子に対する父としての庇護というみずからの感覚にもよるのだろう。「私がまず気遣い願うのは民の暮らしを楽にして良くすることであることを、わが臣民は知るべきである……君主の慈悲は神の慈悲のごとくあらねばならない」。それは彼が、革命前も革命中も繰り返し表明した心情である。[8] と同時に、彼は、人民に感謝されたい、そして彼らのために努力していることを褒めそやしてほしいという心理的欲求をも感じていたように見える。一七七五年に――即位して一年後に――ランスで戴冠したときの人々の歓迎ぶりはとりわけ彼の心に残っており、また一七八六年にパリから海港都市シェルブールへと旅したさい、歓呼する群集のあいだをパレードさながらに馬車で進んでいったときのことを、自分の治世の最も幸福な瞬間のひとつとして語っている。生涯の終わりにいたるまで、群衆がお定まりの「国王万歳！」を叫ばなかったり、叫びに十分な熱意がなかったりすると、ルイは心に深い痛みを覚えた。[9]

啓蒙思想が「有用性」と「一般意志」を強調していることを、家庭教師やみずからの読書から知識として得ていたとすれば、彼がそうした概念を多分に家父長的温情主義の文脈のもとで理解していたことは明らかである。国王は決定をくだすうえで「一般意志」を考慮しなければならないが、最終的な決定者は「法の実体」そのものをなす君主の意志である。[10] さらに、国王は、人民の安寧に責任を負うという信念とともに、啓蒙思想の精神とはかけ離れた、地位と身分からなる階層的で貴族的な社会への鋭い感覚も保持していた。一八世紀後半における一世代分の君主たち、ときに「啓蒙専制君主」と称される君主たちにとり憑いていたのと同じ二重のヴィジョン、相矛盾する目標――一方では民の安寧、他方では特権と王の権威の維持――を、彼は明らかに有していた。この二分された目的につきもののさまざまな困難は、ルイの性格によって、ときが経つにつれいや増すとさえ思われた自信の欠如によって、悪化するばかりであった。已れ自身の判断力に病的なまでに確信がもてないこと、助言者たちの意見が対立していること――一方は改革を、他方は権威と伝統の温存を目指す――の双方に心乱され、意思決定が耐えがたいプロセスであると感じることもしょっちゅうだった。子どもたちの養育係で、ヴァレンヌに同行することになるトゥルゼル夫人によれば、「その自信のなさといったら過剰なほどで、他の者たちのほうが物事をよくわかっていると納得してしまうのがつねでした」。「彼の心は、真実を見るようにと導いてくれるのに、彼の主義、彼の偏見、彼の怖れ、特権を有する者たちと敬虔なる者たちによるかまびすしい要求が彼を脅かし、人民への愛に導かれて選ぼうとしていた当初の考えを放棄させてしまうのです」とカンパン夫人は王の死後に書いている。[11]

アイデンティティに対するルイの感覚は、一七七〇年にさらに複雑になった。その年、国家政策と国際的な同盟体制によって、妻とも将来の王妃ともなる女性が決められたからである。マリ＝アントワネットは、オーストリア女大公マリア＝テレジアの一六人の子どもたちのうちの下から二番目であり、ルイ自身より一歳年下であった。金髪でハプスブルク家特有の鷲鼻をもち下唇が厚い娘は、美人とまでは言えなくとも優美で魅力的であった。彼女は、ほんの初歩的な教育しか受けていなかった。かすかなドイツ訛りのあるフランス語を上手に話したが、正確に書くことには長いあいだ苦労し、歴史や地理や文学についてはほぼ何も知らなかった。一四歳の少女をフランス王太子妃という将来の役割に備えさせるべくウィーンに派遣された家庭教師は、彼女のことを、聡明ながらいたってわがままで、勉学や真面目な会話の雰囲気のあるものには注意力が途切れてしまうと語っている。鈍重で内向的で不安定なルイと優雅で生き生きして自信に満ちた若い王女という、これほどまでに不釣り合いな縁組は考えることもできまい。[12] 不和の可能性は、結婚生活の最初の七年間この夫婦を悩ませた性的機能不全によってさらに高まった。ルイには性器奇形があり、性的結合を果たすことが苦痛でほぼ不可能であったのである。妊娠しない歳月が重なり、マリが夫を退屈で肉体的におぞましいと思っているという噂が漏れ広がるにつれて、王妃のかの有名な恋の戯れやルイの男性としての能力の欠如についてしきりに取り沙汰されるようになった。それは屈辱であり、精力絶倫で有名だった諸先王をもつ男の自尊心をさらに低下させることにしかならなかっただろう。[13]

このほとんど破滅的な結婚は、一七七七年、ルイが登位して三年後に好転した。オーストリア〔神聖ローマ帝国〕皇帝にしてマリの長兄であるヨーゼフ二世がヴェルサイユを訪れ、修復を図ったのである。国王は、結婚の床での務めを果たしやすくすべくささやかな手術を受けるよう説得された。と同時に、若き王妃は、一族の対外戦略のため妻として母としての責任を受け容れるようにと兄に叱責された。[14] ヨーゼフの結婚相談は、実際にめざましい成功を収めた。続く八年のあいだに妊娠が五回続き、娘一人と息子二人が幼少期を生き延びた。初めての子どもが生まれたとき、ルイは喜びと妻への感謝で胸がいっぱいになり、子孫をさらに増やそうと奮励努力していると宮廷で誇らしげに宣言した。[15]

ルイに世継ぎが次々に誕生しはじめてからはとりわけ、それはつねにフランス人民にとって重要な関心事であったため、世論における国王の評価はめざましく高まった。前王であるルイ一五世の治世――数知れぬ愛人たちや国際関係におけるあからさまな失敗――に幻滅していたので、多くの人々が、目に見える誠実さ、職務への精勤、妻への忠誠、そして篤い信仰心さえもが広く賞讃されている若き国王に飛びついたように見えた。その根っからの好人物ぶり、気取りなさ、宮廷から距離を置くこと、容姿に無頓着――これらすべてが、公衆に彼を愛しく思わせたのだ。『秘密の回想録』に綴られた噂話によれば、ルイは一七七八年にこう書かれている。「ルイ一六世ほど自然体で感じのよい人物は他にいないだろう」と。また、彼が宮殿の召使いたちに優しく親しく接したとか、狩猟から「髭もそらず髪粉も振らず、衣服は乱れて」戻ってきたという数々の逸話もあった。[16] このきわめて肯定的なイメージは、民衆のあいだに流布し続け、革命当初の数年間は強められさえすることになる。

それにひきかえ王妃は、即位後に早々と形成された明らかに否定的なイメージをくつがえすこともけっしてなかったし、くつがえそうと努力することもさしてなかった。妊娠と子どもたちの教育を監督することは彼女の生活をいくぶんかゆったりとさせ、フランスの宮殿での最初の数年間の終わりなきお祭り騒ぎという雰囲気を和らげた。とはいえ彼女は、フランスで心の底からくつろげることはなく、ヴェルサイユに付随する公的儀礼の果てしない繰り返しをつねに嫌っていた。彼女の社交生活はますます私的で排他的になり、まわりに魅力的な若い男女の小さい一群を集めたが、なかでも目立つのはアルトワ伯爵（国王の末弟）、ランバル公妃、美貌のポリニャック公爵夫人であった。この「オーストリア女」——彼女はそう呼び捨てられていた——は、果てしない噂と当てこすりの的であった。近親相姦や同性愛行為をおこなっているとされ、ポルノグラフィに登場してその様子が描かれたことさえあった。王妃が巨額の宮廷詐欺に加担したとして非難された悪辣なダイヤモンド首飾り事件によって、彼女の公的イメージはさらに汚された。[17] 国王は宮廷に限られた関心しか寄せず王妃は身贔屓をするので、旧い家系の貴族の多くは、自分たちが軽んじられている、あるいは排斥されていると感じた。そうした一門のより若い子弟の幾人かはやがて、フランス革命の諸改革を喜んで受け容れることになろう。[18]

マリの性生活をめぐる噂のほとんどはたしかに根も葉もないものであったが、彼女のお気に入りの男性のうちの一人は、実際に王妃ときわめて特別な関係を結んでいた。スウェーデンの伯爵にして軍将校であるアクセル・フォン・フェルセンに彼女が初めて出会ったのは二人がまだ若者の頃であり、彼女は王太子妃で、彼はグランド・ツアーでヨーロッパを巡っているさなかだった。彼はアメリカ独立戦争のさいにロシャンボー将軍のもとで戦い、数年間離れていたが、その後は軍務が許すかぎり定期的にヴェルサイユに戻ってきた。王妃はフランス人には一度も心惹かれたことはなかったが、宮廷の他の若い男たちとはまったく異なる、静かな威厳と控え目さをもつこのハンサムな外国人にはたちどころに魅了された。彼女の力添えによって、フェルセンは自分の麾下のフランス軍連隊とパリの邸宅を得た。一七八六年に最後の子どもが生まれると、マリと国王はふたたび別々に暮らすようになったが、おそらくはこの時期に、彼女とスウェーデンの伯爵はとくに親密になったのだろう。彼らが恋人同士であったかどうかは、おそらくけっしてわかるまい。フェルセンはつねに、宮廷ではいちじるしく思慮深い態度を貫いていた。だが彼らは、ヴェルサイユ近くの森にある離宮プチ・トリアノンでは何度も二人だけの逢瀬をもった。大臣で国王夫妻をよく知っていたサン＝プリエスト伯爵は、この件は疑う余地のないものと信じ、フェルセンを王妃の「公認の愛人」と呼んだ——ポンパドゥール夫人がルイ一五世の「公妾」とかつて呼ばれたように。彼らの肉体的な関係がどの程度のものであったにせよ、二人は深い親密な絆を保ち続けた——フェルセンが妹に宛てた私信のなかで、そのことは十分に明らかである。その絆は一七九一年、国王一家の逃亡に中心的な役割を果たすことになる。[19]

国王とフランス革命

一七八〇年代の後半までには、国王、王妃、そしてフランス全土が、国家の不安定と危機の時代に呑み込まれていた。アメリカ独立戦争へのフランスの参戦は成功したが巨費がかかったうえ、国家が出費の支払いに四苦八苦するような非効率的で不公平な税制体系によって、国の財政難はますます加速していった。アンシャン・レジームの危機とフランス革命の到来に国王がいかなる役割を果たしたかについては、際限なく議論できよう。だが、そうした一連の出来事に対するルイの最も周知の影響力は、おそらく、彼がおこなったことよりも彼がおこなわなかったこと、すなわち、彼の指導力

一七八五年におけるアクセル・フォン・フェルセン伯爵　L・パシュ（子）
撮影フランス国立図書館、パリ

の欠如そのもの、彼の優柔不断と無定見に由来するものであった。

祖父のルイ一五世が一七七四年に崩御した後の治世初期の頃、若き君主は、意志の力を懸命に行使し義務感をもって王としての職務に取り組んでいたように見える。彼は、報告書を読み顧問官たちと話し合うのに長い時間を費やしていた。外務大臣との書簡は、つたなく少しぎこちないところもときにあったが、国際関係の複雑さを彼がりっぱに把握していたことをまざまざと示していた。アメリカ植民地における革命的な出来事を彼は入念に追い、フランスの介入政策を進展させるのにいちじるしく貢献した。それは、一部には「私に助けを求めてきた抑圧された人々を支援する」ためであったが、何よりもまず、過去に「フランスの名誉を傷つけた」ことに対して、「わが王家の宿敵であり不倶戴天の敵」であるイギリスに一矢報いるためであった。[20] とはいえ彼は、国王になってからずっと彼を導き教えてきた二人の長老顧問官、モールパとヴェルジェンヌの両伯爵の助言と決断につねに大いに頼ってきた。この二人の助言者が一七八一年と一七八七年に相次いで世を去り、一七八〇年代の財政危機がますます御しがたくなり、残った大臣たちのあいだで策謀や内紛が激化するなか、国王は、一人の助言者からまた別の助言者へと神経質に意見を求めて回り、抱えているもろもろの課題にしだいに押しつぶされていくように見えた。狩猟に費やす時間が年々長くなり、日誌に記されている「獲物」の数は跳ね上がった。[21] 彼は、原則として、「わが臣民」のために最善を願い続けていたが、どうしたらその目的が達成できるのかについてはあやふやで引き裂かれたままであった。一七八〇年代後半に彼を身近で観察した人々は、彼が無気力とも言える状態に陥っていたとした。もともと無口で意思疎通を欠いていたのだが、いまやいっそう要領を得ず黙しており、重大な議論のさなかに居眠りをしている――いびきをかきつつ――ことさえあった。[22] 彼の治世後期の大半は、進歩的な大臣たちと管理的な大臣たちとのあいだで、上からの劇的で抜本的な改革への努力と反動的な後退とのあいだで揺れ動いていた。ついに、一七八八年半ば、まず大司教のロメニ・ドゥ・ブリエンヌ、次いでスイス人銀行家のジャック・ネケールの台頭によって、ルイは、悪化しつつある状況を諮るため全国三部会の招集という重大な一歩を踏み出すよう説得された。政策がつねに変動することは、国民のあいだに不確実と不安定の深い感覚を醸成したが、その一方で、国民を――断続的で気まぐれな改革を通じて――教育し、大規模な変化の可能性に慣れさせる役割も果たしたのである。

一七八〇年代の後半は、王妃の政治的影響力がしだいに高まっていった時期でもあった。ルイは、その治世の初めの数年間、――王妃の信じるところによれば、反オーストリア的な国王の師たちの助言によって――マリを政策決定と顧問会議から一貫して排除していた。それでも彼女は、個々の大臣を就任させたり失墜させたりすることができる力によって、長きにわたって間接的な影響力を行使していた。改革をめざす大臣であるチュルゴを一七七五年に失脚させ、ネケールの最初の財務長官時代を一七八一年に終わらせるうえで、王妃が宮廷の陰謀に関与したことが一役買ったのは明らかであった。当時、彼女の兄の皇帝は、とりわけそれがオーストリアの立場をかならずしも良くするわけではなかったので、彼女の「干渉」に激怒していた。だが、ヨーゼフ二世とその有能な大使であるメルシ＝アルジャントゥイユ伯爵は、ハプスブルク家の政策を若き王妃につね日頃から手ほどきし、国際政治の仕組みに開眼させて、フランスの政体の核心にいる真のオーストリアのスパイに仕立て上げようとしていた。[23] フランス革命が近づくにつれて、ルイが最も信頼していた師たちを失うにつれて、さまざまな改革の失敗によって彼がさらに混乱し自信がなくなるにつれて、彼は万事につけてマリの助言に頼るようになった。一七八八年までには、彼は特定の顧問会議に彼女を招じ入れるようになった。マリが出席していないときでさえ、彼女に相談するために議論のさなかに部屋を出ていくこともあった。これには、国王の大臣たちは大いに狼狽し当惑した。それに、ルイとは違って、王妃は優柔不断や確信のなさに悩まされてはいなかった。「愛国派」や自由主義的な大臣たちが提唱する改革は、自分が信じているものすべてにとって忌わしいものであることを、彼女は一瞬たりとも疑ったことはなかった。あらゆる改革に一貫して頑として反対するマリの姿勢は、国王にもかかならずや影響を及ぼすことになったのである。[24]

フランス革命の最初の数ヶ月のあいだ、国民議会の創設、バスチーユ牢獄に対するパリの民衆蜂起、貴族と聖職者の特権の廃止、「封建制」の解体といった重大な出来事が展開していくなかで、国王はフランス国民のほぼすべての階層のあいだで驚くべき人気を保っていた。愛国派の議員たちは、ルイが六月二三日の演説で保守的な貴族の立場をかたくなに支持し、国民議会の存在を否定したことに深く失望した。だが、その後に押し寄せてきた出来事、革命家たちに有利なように明らかに転じた出来事の波のなかで、彼はすぐに許された。愛国派のほとんどは、彼は善意の人で、国民の最善の利益を心から願っており、あのこと〔六月二三日のルイの演説〕は悪しき助言を受けた善王の典型的な例であると確信したままであった。その後の事態の展開も、ルイが自分の身分による「偏見」をきっぱり忘れ、革命を喜んで受け容れたという証拠を示しているように見えた。君主についてのこの肯定的な認識は、バスチーユ牢獄陥落一周年を記念して催された大がかりな全国連盟祭によって、さらに強められた。数十万の人々が喝采するなか、ルイが「祖国の祭壇」の前で片手を挙げ新しい憲法を支持すると宣誓するのを、ヴァレンヌから来たジュスタン・ジョルジュ、エチエンヌ・ラデそして他の国民衛兵らが見たのは、この全国連盟祭においてであった。ルイはそのような誓いが聖なる行為となるはずの敬虔な人間であるとだれもが知っていたので、革命がいまや勝利し、「フランス人の王」という称号にふさわしく、君主が人民の側にはっきりと与したとして、歓喜の声が広がった。

だが、振り返ってみると、世間のこうした見方は、現実に根差したものというよりは願望的思考の産物であったことがわれわれにはわかる。一七八九年の六月初めにはすでに、国王は、愛国派の議員たちが自分の長男の悲しい死に無感覚であると見えたので怒っていた。彼はまた、一七八九年九月に国民議会が彼に絶対的拒否権を与え損ねたことも、はなはだ不満に思っていた。とはいえ、ルイと王妃にとってその年の決定的な出来事は、間違いなく、あの恐ろしい「十月事件」であった。一〇月五日から六日にかけて、数百人のパリの女性たちが、そしてすこしときをおいて、続いて数千人の武装した国民衛兵たちが、ヴェルサイユへと行進し〔ジョルジュ・ルフェーヴル『一七八九年』以後の概説では、一般的にヴェルサイユ行進に参加したパリの女性たちは約七千人、国民衛兵は約二万人とされてきた〕、国王を強いて住まいをパリに移させたのである。国王の取り巻きの誰一人として、化粧着姿の王妃が、乳母と王家の子どもたちをすぐ後に従え、宮殿の通路を命からがら駆けていったあの早朝の光景を忘れることはないだろう。[25] 彼女を追いかけた群衆は彼女に危害を加えようとしたのか、彼女と話してパンを要求したかっただけなのか、われわれには知る由もない。だがマリ自身は、殺害をすんでのところで免れたと確信していた。その日の午後、国王一家を乗せた馬車は、粗野で騒々しい男女の群衆にともなわれ――近衛兵の切られた首を突き刺した槍を高々と掲げている者たちもいた――ゆっくりとパリへ戻ったが、その道行きはこの経験の恐怖とおぞましさをさらに募らせるばかりであった。

むっつりと不機嫌な様子で、国王一家は、首都の中心に位置する、ルーヴル宮殿の巨大建物群の西側にあるチュイルリ宮殿の定められた一画に引っ越した。それから何週間も、彼らは建物の外に出ることさえ拒み、付随する庭園を散歩することもなかった。[26] 十月事件から数日後、国王は従兄弟のスペイン王にきわめて重要な意味をもつ手紙を書いた――それは、二〇世紀になってようやく、歴史家たちによって発見された。彼はそのなかで、公然と自覚的にフランス革命のほぼすべてを非難し、バスチーユ牢獄の襲撃このかた「王の権威――威嚇によって私から不法に奪われてきた――に背くそのような行為すべて」に抗議した。改革運動に協力しようという気持ちを、それがいかなるものであれ、かつてはもっていたのかもしれないが、いまや彼は、権威主義的な王権の伝統的なイメージを一心に奉じていた――「私の王朝がときの試練を経ながら証してきた国王の権威をいかなる点においても損なわせはしないと保証することは、私が自分自身に対して負う義務であり、私の子どもたちに対して負う義務であり、私の家族全員に対して負う義務である」。そして、六月二三日におこなった保守的な宣言のみが自分が同意するであろう唯一の方策である、と彼は厳かに表明した。[27] 彼も王妃もいまやこう信じるようになっていた。パリの急進派の小集団であるジャコバン派が国家の支配権を握ったが、首都の外に住む大多数の国民は国王を全面的に支持しており、自分たちの愛と服従を王に示す機会をただただ待っているのである、と。だが当面は、国王に策があるとすれば、それは「最悪を望む策（ポリティーク・デュ・ピール）」である。すなわち、辛抱強く待ち、革命家たちが民主主義と社会的平等という実行不可能な企てによって自滅するまで、悪が墓穴を掘るのに任せるのである。「国民議会はみずからの過ちによって不信を買うであろう、と彼は自分自身を納得させた。国王は軟弱であるがゆえにこの考えにしがみつき、その性格からしてやり抜くことがあまりにも困難な、日々抵抗し続けなければならないという必要性から逃れたのである」とサン＝プリエストは書いた。[28]

シャン・ドゥ・マルスで憲法に宣誓するルイ一六世、一七九〇年七月一四日
シャルル・テヴナンによる絵画の一部
カルナヴァレ博物館　撮影アンドレアーニ

国王は階段の天辺にいて（右端）、ラファイエットと向かい合い、国民議会議長、バイイ市長、王太子を抱いた王妃に囲まれている。議員たち（画面右下に座っている）の中には、バルナーヴ（指さしている）、アレクサンドル・ラメト、デュポール（バルナーヴの右側）、そしてペチヨンの隣に座っているロベスピエールがいる（バルナーヴから右にそれぞれ一一人目と一二人目）。

いまやわれわれにはわかっている。国王の宣誓と国民議会への幾度かの臨席――彼が議会の行動を表向きは支持した――は、愛国派の指導者によって、とりわけアメリカ独立戦争の英雄で一七九〇年に最大の影響力をもっていた革命指導者であるラファイエット侯爵によって、おおむね演出されたものであった、と。たしかに、意志貫徹をルイが得意としたことはなかったし、状況判断において二転三転することもあっただろう。一七九〇年の春、国王一家はようやくチュイルリ宮殿の外に出てきて、庭園に入ったり、馬車で市中に出かけたりするようにさえなった。六月、彼らはパリのちょうど西にある王妃の城サン゠クルーを訪れることを許され、田舎で過ごした休暇は彼らを元気にしたように見えた。国王はまた、全国連盟祭とそれにともなう一週間にわたる祝賀行事での民衆の熱狂的な歓迎に、深く感動してもいた。彼は毎日馬を駆り軍隊や国民衛兵部隊を閲兵したが、大いなる熱意と真心をこめて彼らが発する「国王万歳！」という喝采のどよめきは、人民に愛され感謝されたいという彼の欲求を満たすのに役立った。[29]また一時期は、国王も王妃もともに、偉大な雄弁家で革命指導者のミラボー伯爵に幻惑されていたようにも思える。ミラボーはいまや秘密の助言者となって王政に身売りし、強権をもつ立憲君主として国王を権力の座に戻すという妥協的なヴィジョンを掲げていた。[30]

だがミラボーは一七九一年四月に急逝した。そしてその死のずいぶん前に、国王はそうでなくとも王妃のほうは、彼への信頼を完全に失っていた。[31]さらに、数ヶ月が過ぎ、状況がどんどん複雑で不確かになるにつれて、ルイは助言と導きを求めてますます妻に頼るようになった。マリが革命という名の悪と妥協することを真剣に考えたことがあるかどうかは疑わしい。その時期のほとんどを通じて、彼女は、ウィーンにいる兄弟たちやオーストリア人の腹心であるメルシ゠アルジャントゥイユへの手紙のなかで、自分と家族は「反逆の暴徒たち」——あるいは、中世の語を用いて彼女がときに言うように、御しがたい「臣下たち（vassal）」——の虜囚のようなものであると訴えていた。そのような輩の思いあがりに、貴族や王族とさえ平等であると言い張ることに、彼女はわれを忘れて怒っていた。「そのような怪物どもは」と彼女は一七九〇年六月にメルシに書いた。「日に日に横柄さを募らせています。私はすっかり絶望しています」。「怪物」や「怪物のようだな」という語は、彼女が革命家たちを描写するさい頻繁に繰り返し用いられた。一七九一年一月にスペイン大使が彼女に話しかけたとき、彼は自分が「忍耐の極致にいる女性の面前に立っている」と感じた。「ルイは」と彼女は感情に身を震わせながら大使に告げた。「私たちを苦しめている悪を、いかなる犠牲を払おうとも放逐しないのであれば、自分自身に対して、臣民に対して、そして全ヨーロッパに対して、義務を怠ることになりましょう」[32]。王妃の影響のもと、そして自分なりのぎこちなくも自己欺瞞的な流儀によって、ルイはしだいに裏表のある行動をとるようになった。そうした芝居は、国王にとってはなはだ危険であるばかりか、フランス革命とフランスに破滅をもたらすものともなるであろう。

逃亡への決意

パリから逃げようという重大な決断をルイがいついかにしてくだしたのか、われわれが定かに知ることはおそらくけっしてないであろう。国王が実際に宮殿を脱け出した夜、彼は机の上に自筆の宣言書を残していった。そこには恨み言のいっさいが綿々と書き連ねてあり、首都を逃れ革命指導者たちにはもう協力しないという彼の決意を正当化していた。彼は、国民議会が国王の権能のすべてを剝奪したことに苦々しく不満をぶちまけた。軍隊、外交、地方行政官に対する直接統制、恩赦状を発する権利、そしてとりわけ、承服できない法律はなんであれ即刻拒否できる権利。彼は、国民議会が王個人の収入を徹底的に削減したことに怒っていた。それによって、暮らし向きが大幅に縮小され、彼の感じるところによれば、君主の威信が損なわれたからである。彼はまた、全国連盟祭の式典のあいだ国民議会議長の隣に座ることを強いられ、家族から切り離されたときのように、自分の名誉がないがしろにされたことにも腹を立てていた。それから、国民議会がフランスのカトリック教会を全面的に再編成したこと、それに続いて聖職者が憲法への忠誠の宣誓を義務づけられたこと、これらの施策を彼はむりやり受け容れさせられたと感じていた。とりわけ、後者に関するもろもろの法令は、敬虔で正統的な君主の良心を引き裂いた。それらの法令が一七九一年の春、教皇によって正式に非難された後はとりわけそうであった。[33]

カトリック正統主義や長きにわたる統治の伝統と強固に結びついている絶対王政の相続者であるブルボン朝の国王にとって、そうした訴えの数々は、疑いなくすべて正当な理由によるものであった。しかしながら、それらが国王を逃亡へと後押しした真の理由であったかは定かではない。実際、ルイが異を唱えた法律の多くは、逃亡計画が形をとりはじめる一年以上も前に作られたものであった。少なくとも一七八九年七月からは、そしてそれ以降は幾度となく、廷臣たち、大臣たち、そしてついには王妃自身が、首都パリの危険な群衆から離れて安全な距離をとり、まわりを忠実な軍隊で固めるようルイに促していた。だがルイは、そうした提案をつねに拒んできた。十月事件のときは、ヴェルサイユから西に二〇マイルほど離れたランブイエへの、サン＝プリエストが入念に組み立てた避難計画を拒んだ。それと同様、一七九〇年の春、国王と彼の家族がサン＝クルーに滞在していたとき、コンピエーニュかどこかに逃亡するという提案も彼は拒んだ。[34]それは、部分的には、優柔不断という昔ながらの問題のせいであった。とはいえ彼はまた、逃亡が一族の他の成員にいかなる結果をもたらすかを憂慮していたように思える。末弟のアルトワ伯爵は、バスチーユ牢獄陥落のすぐ後に亡命しており、ルイ一五世の娘で叔母に当たる二人の老女は、一七九一年の初め、ローマへの「巡礼」にからくも出立することができた。だが王妹のエリザベトと王弟のプロヴァンス伯爵――将来のルイ一八世――は、パリにとどまっていた。いずれにせよ、一七九一年初めの二つの劇的で暴力的な出来事はともに、チュイルリ宮殿の国王とその家族を直接脅かすことによって、ルイが逃亡への決意を固めるうえで決定的であったように思える。

チュイルリ宮殿での乱闘、一七九一年二月二八日　作者不明
カルナヴァレ博物館　撮影ブリアン、PMVP

これは愛国派の視点から描かれている。ルイ一六世はラファイエットと話しており（左奥）、国王を守るためにやって来た反革命的な貴族たちを武装解除せよという国民衛兵への命令を是認している姿で描かれている。だが実際のところ、ルイは自分の擁護者たちがひどい扱いを受けているのに激怒していた。

二月二八日に起こった、複雑でしばしば混乱した出来事の引き金となったのは、首都の東にある国王直轄のヴァンセンヌ大牢獄を民衆が襲撃したことであった。この牢獄は、新たなバスチーユと化しており愛国派たちがひそかに収監されていると噂されていた。ラファイエット将軍が国民衛兵の大部隊を率いて暴動を鎮圧しに向かったとき、国王がいまや無防備で生命の危機にさらされているという新しい噂が広まった。暴力の脅威が急速に高まっていくなか、パリに住む三〇〇人ばかりの熱狂的な若い貴族が、その多くの者はすでに解散した近衛隊の隊員であったり保守的な君主政クラブの会員であったりしたが、自分たちの国王を守らんとチュイルリ宮殿に駆けつけた。なかに入るや、彼らは宮殿内にいた愛国派の国民衛兵たちをあざけったり、ののしったりしはじめた。流血沙汰になることを恐れて国王が介入し、自分の「守護者たち」に武器を置き、穏やかに去るようにと頼んだ。だが彼らがそれに従うやいなや、多くの者が怒った国民衛兵によって痛めつけられ、逮捕された。双方の合意への裏切りであり、自分の名誉への侮辱であると感じて、国王は激怒した。「わが忠実なるしもべたちが」と彼は逃亡前夜に書くことになる。「宮殿から荒々しく引っ立てられ」、みずからも「苦杯を嘗める」ことを強いられた、と。(35)

国王とその家族をさらにひどく脅かしたのが、一七九一年四月一八日の出来事だった。国王一家が復活祭を祝うためサン゠クルー城を再訪しようとしたことが、事の始まりだった。国王の出立をはばもうと、大群衆がチュイルリ宮殿の東門の外に集結し、やがてその群衆に、道を空けるのを手伝うはずだった国民衛兵の多くが加勢した。国王が出ていくのは革命支持で「立憲派の」司祭がおこなう復活祭のミサを避けるためである、と人々は正しく推量し、解散することを拒み、ラファイエット自身が懇請したにもかかわらず、国民衛兵は服従することを拒んだ。その過程で、国王の従者と廷臣が何人も捕えられ、吊るすぞと脅かされ、そして初めて国王は、自分のことをじかにあざけり、廃位するぞと脅しさえする声を聞いたのであった。ルイはまたもや、苛立ちと怒りでわれを忘れた。「国民に自由を与えたというのに、私自身に自由がまったくないというのは驚くべきことである」と彼は言ったと伝えられている。とどのつまり、国王一家は馬車を降りて宮殿に歩いて戻らざるをえなくなり、かくして「牢獄に戻ることを余儀なくされた」。数人の身近な観察者たちは、一家に危険が迫っており逃亡する必要があると国王が確信するうえで、とりわけ四月一八日の出来事が決定的であったと感じた。国王がヴァレンヌで食料雑貨商のソースに、その後国民議会に出立の理由を説明したとき、彼はこの出来事にじかに言及することになるであろう。(36)

しかしながら、あの年の晩冬と早春に宮殿で起こった二つの暴力的な出来事は、別の影響ももたらした。二月二八日以降、国民衛兵は、国王に詣るべき特段の個人的ないしは行政上の理由がないかぎり、先祖伝来の称号がなんであるかにかかわらず、貴族がチュイルリ宮殿に入ることを禁じるよう命じられた。四月一八日の出来事は、さらに厳しい制約を課すことになった。国王一家に仕えていた司教や他の聖職者――全員が忠誠の誓いを拒否していた――とともに、国王に最も近い腹心の貴族のほとんどが追放されたのである。ルイとマリは過去の王や王妃ほど密接に宮廷儀礼に関わってこなかったが、フランス革命の試練によって、お付きの貴族の支援と交わりにかつてないほど心を寄せるようになっていた。そしていま、にわかに、宮殿はひどくがらんとした場所になったように見えた。かつては王国の「貴顕」たる男女が二人の君主を取り巻いてその威光に浴していたのに、いまや革命的な衛兵たちと用務で走り回っているただの召使いの一団がいるばかりであった。国王夫妻にとって、一七九一年春に起こった宮廷の解体は、とくに残酷で不必要な一撃であるように思えた。二人の信じるところによれば、それはもっぱら彼らをはずかしめ孤立させるべく思いつかれ、「献身的な人々に取り巻かれているという優しい慰安を国王陛下から奪うものであった」。「君主を虜囚にするだけでは満足せず」と貴族の議員であるイルラン・ドゥ・バゾージュは書いた。「いまや彼らは、たゆみない献身によって王にいささかの慰安をもたらすことができるようなまさにそうした人々を、御前から追放したいと望んでいる」。実際に、出立のさい残していった宣言書のなかで、「ほぼすべての主要な宮廷の重臣」を奪われたことを、ルイはことに遺憾とすることになるであろう。[37]

これらの暴力的な出来事が国王を逃亡への最終的な決断に押しやったのか、あるいはすでになされていた決意を強めたにすぎないのか、いずれにせよ、一七九一年の四月半ばまでには、後戻りはもはやできなくなっていたように見える。「いまや王にとってますます明らかになっている」とアクセル・フォン・フェルセンは四月一八日に書いた。「いまこそが行動すべきとき、可及的速やかに行動すべきときなのである」と。[38]

逃亡を計画する

一七九一年六月に国王夫妻によって実行された計画は、その九ヶ月ほど前、パミエ司教と国王の保守的な元大臣でいまはスイスに亡命中のブルトゥイユ男爵によって立案された。その案は、先行する諸案とはある点において異なっていた。というのも、その目的が、パリから離れた安全な場所に――たとえばランブイエやルアンに――国王をただ移すだけではなく、国王が外国の軍隊の支援を得られる、あるいは少なくとも外国の軍隊の支援という脅威をもたらす国境までずっと、国王を確実に逃亡させることになったからである。その根本的な前提は、国王が、首都から、パリのジャコバン派から、国民議会の急進派から離れるや、大挙して彼に従う民衆を見出すであろう、というものであった。忠実な兵士たちに囲まれ外国の抑止力によって後押しされ――と絵図は描かれていくのであるが――、他のフランス人たちは国王を支持するために国中から結集することであろう。この新しい強力な立場のおかげで、君主は憲法全体を見直すよう交渉し、革命を終わらせることができるであろう、と。[39]

一七九〇年の一〇月下旬までには、国王はそのような計画について、少なくとも緊急時対応策として考慮することに同意しており、陰謀家たちは細部の手筈を整えることに取り掛かった。そもそもの始めから、ブイエ侯爵――メスに本部がある、フランス北東部の軍の将軍――が、国境地帯に国王を迎え入れる準備を一任されていた。パリからの実際の脱出と陸路での旅は王妃によって、そしてとりわけフォン・フェルセンによって計画されることになった。マリと彼女の腹心のスウェーデン人との長きにわたる関係は、いまや新たな局面を迎えていた。そして二人が準備した陰謀は、フランス革命全体をとおして生み出されたどの陰謀にも劣らず巧妙で人を欺くものとなるのである。

一七九一年の冬と春を通じて、夜毎に――国王が逃亡案をはっきりと受け容れていないときからでさえ――フェルセンとマリは宮殿で密会し、計画全体で最大の難関であることがたしかな一点を突破するための計画を練っていた。すなわち、チュイルリ宮殿から、そして巨大で、人がひしめく、疑い深い首都そのものからいかにして脱出するかという点である。ルイも主要な決定については相談を受け、明らかにある種の拒否権を有していたが、他の多くの事柄と同様この件についても、いまやしだいに王の権威を王妃に譲り渡すようになっていた。その過程において、またそのような異常な状況の渦中にあって、フェルセンは王室にとって事実上の首相のような存在となった。週のうち幾晩も、フロック・コートと民衆層の一部の男たちがかぶっているような丸鍔帽子という平民姿に身をやつして、フェルセンは宮殿を訪れた。国王一家との関係に関する彼の言葉は、おそらく誇張ではなかっただろう。「私がいなければ」と彼は最も親しい友人であるスウェーデンのタウベ男爵に書き送った。「彼らの逃亡は不可能であろう。私だけが彼らの信を得ている。そのような計画を遂行するうえで、彼らが頼れる思慮のある人間は他にいないのだ[40]」。

逃亡計画の成功が外国からの支援にかかっていることは、フェルセンには初めから明らかだった。国王の個人的な予算は限られていたが、傭兵隊に給金を支払い、状況が「正常化」しうるまで国王一家がしかるべき生活様式を維持するには、かなりの額の金が必要になるであろう。この計画はまた、オーストリア軍に「われわれに合流しようとやってくる好意的で不満をもつすべての人々にとって支柱かつ結集地点となるに足る軍勢で」国境に集結するようにと求めてもいた。[41] しかし、もっぱら王妃が取り組んでいた、外国政府との長期にわたる交渉は、はなはだ気を挫くものであった。近隣諸国の君主たちの多くは、国王一家の苦境に同情はしたものの、他の列強も同意しないかぎり関わり合いになることには慎重であった。王妃は、一七九〇年にヨーゼフが崩御した後オーストリア皇帝になった実兄のレオポルトの用心深さにはとくに失望していた。一七九一年の六月初旬になってようやく、レオポルトは資金と軍隊を全面的に援助するとじかに約束した。だがそのときですら、支援が提供できるのは、国王が脱出し独自に行動できる立場を得た後のみである、と皇帝は特記したのだ。そのような態度は、逃亡への強力な動機をまたひとつ増やしはしたが、計画の事前立案をよりいっそう困難なものにした。[42]

逃亡の方針については、当初、ブイエもフェルセンもともに、国境にできるだけ早く行けるよう別々の集団に分かれ、小型の目立たない馬車で旅するようにと、国王一家に促していた。この方策に従うことになるのが、王弟の「ムッシュー〔王弟殿下〕」である。彼はイギリス人紳士に変装して国王夫妻と同じ夜に脱出し、滞りなくブリュッセルに行き着いた。[43] だが国王と王妃は、別々に旅することや、二人の子どもたちや王妹エリザベトと別行動をとることは頑として拒んだ。また、王妃が子どもたちの乳母二人を連れていきたいと主張したので、事はさらに厄介になった。やがて彼らは、「案内人」兼困ったときの世話役として一家の腹心のダグー侯爵を、護衛役として御者に扮した三人の貴族を、さらに加えた。一行は総勢一一名に膨れ上がり、いまや一台の馬車に収容するのは無理であった。[44]

そうした要求をにらみながら、フェルセンは複雑な旅の手筈を整えることに取り掛かった。この少人数の一団を国境までひそかに送り届けるつもりならば、計画は練りに練らなければならない。偽装を整えるため、このスウェーデン人は、ロシアのコルフ男爵夫人の援助を得た。夫人は彼女の娘とともに、六月にフランスを離れるつもりだったのである。男爵夫人は自分の旅券を「うっかりだめにしてしまった」ため同じものをもう一部当局に申請し、国王一家がその書類を使用する、という段取りだった。「ベルリン馬車」の製造を発注したのもコルフ夫人であった。大きい車輪とつる巻きバネによるすばらしいサスペンションを備えた馬車が、国王一行を安全な場所に運んでいくことになった。男爵夫人の「友人」――言わずと知れたフェルセンその人であるが――の監督のもと、その特別仕立ての馬車は製作に三ヶ月近くを要し、六〇〇〇リーヴル近くの費用がかかったが、それは当時としては巨額で、富豪中の富豪でなければ捻出することはできなかった。並外れて大きく、明るい黄色の枠をもつ黒塗りの馬車は、お忍びの旅行には不向きではあったが、国王にふさわしい、真に豪華な馬車であった。革とタフタの内装、詰め物入りの座席、いくつもの作り付けの荷物入れ、ピクニック用品、瓶の収納棚、応急修理用具、革で覆われたおまるを完備していた。二人の乳母を運ぶために、より小さい二輪馬車のカブリオレも用意された。(45)

一一人全員をチュイルリ宮殿から脱出させ、パリ市の外側の街道へと移動させるため、フェルセンは、軍隊の戦闘序列さながらの方式と緻密さをもって、人、馬車、馬を動かす巧みな方法を考案した。宮殿内の人にほとんど知られていない数々の廊下や空き部屋を利用することが計画されたが、なかでも最も重要な場所が、外の中庭にじかに通じる小さい扉がある一階の部屋であった。この部屋は、国王の侍従の一人が四月一八日に去った後空き室になっており、外に逃亡するさいに一家がひそかに集合する場所と決められた。この部屋と、筆頭侍女が行き来するために設けられたと思われる王族の居室に通じる階段とのあいだで開く内扉が、王妃の部屋にあったのである。また、王家の居室のいくつかも、裏側の通路に行きやすくなるよう、またそれらの居室のすぐ外で眠っている召使いや衛兵から一家の部屋をさらに切り離すようにと、改修されていた。[46]

そのあいだ、王妃と数人の腹心の侍女たちは、五歳の王太子に着せる小さい女の子のドレスや国王に着せる会計係の衣服を含め、「コルフ一家」にふさわしい変装を考案することに取り組んでいた。この特別な衣装以外に、国王は、一七八六年のシェルブール旅行のさいに着用した豪華な赤と金の礼服しかもっていかなかったように思える。彼はそれを、国境で忠実な軍隊の指揮をとるときに身に着けるつもりであった。けれども、フランス王妃に、平民のような暮らしぶりを期待することはまず考えられなかった。だからマリは、大変な手間をかけて、手持ちのすべての衣装ばかりか、ダイヤモンドと宝飾品のほとんど、いくつかの家具、化粧具すべてが揃っている特別仕立ての化粧箱を事前にひそかに持ち出していた。そうした細々した手配をするときも、人目を欺くために、さまざまな策略や口実が入念に用いられた。しかしながら、不運なことに、王妃の化粧用具のための「必需品」の製作と輸送が発覚し、小間使いの一人の疑惑をかき立ててしまった。その女性は愛国派であるばかりか、国民衛兵将校の愛人でもあった。結局、国王一家は、この女性の非番の日に当たるよう、逃亡を一日延ばすという致命的な決断をすることになる。[47]

実際のところ、もし彼らが人目につかず抜け出したいと心から望むなら、革命家たちが油断して安心しきっているときを狙うことが不可欠であった。一七九一年の前半を通じて、とりわけ四月一八日以降、国王夫妻は意識して欺瞞戦術をとっていた。諸外国の指導者たちへの密書ではことあるごとにフランス革命を非難しておきながら、彼らは愛国派の機嫌をとり自分たちが国民議会をいまや心から支持していると思わせようと全力を尽くした。四月一九日、一年以上ぶりに、ルイは国民議会へとみずから出向き憲法を受諾すると繰り返し、その四日後に、同様の大々的な公言をすべての大使に伝えた。その後まもなく、国王と王妃は、王が「分裂した」教会を嫌悪しているにもかかわらず、立憲派聖職者による復活祭のミサに参加した。フェルセンがブルトゥイユに説明したように、国王は「自分の計画を実行し、徒党［革命家たち］をだまして自分の真の意図に気づくことなく眠らせておくためには、すべてを犠牲にする」ことを決意していた。「それ以後国王は、革命と革命指導者たちを承認し全面的に受け容れているふりをするだろう。彼らの助言に頼り切っているように見せかけ、下層民を静かにさせておくためにその意を忖度し、パリからの国王の逃亡にとって必要な信頼の感覚を醸成しようとするであろう」[48]。

フランソワ＝クロード＝アムール・ドゥ・ブイエ侯爵
作者不明
撮影フランス国立図書館、パリ

同じ時期に、ブイエ将軍は、パリの東およそ一八〇マイルのところにあるメスの司令部で、地元の愛国派を相手に同様の欺瞞作戦を繰り広げていた。ブイエ侯爵フランソワ＝クロード＝アムールは、五二歳で、七年戦争とアメリカ独立戦争に従軍した軍人として、またナンシーで先頃起こった兵士の反乱を鎮圧した英雄として――あるいは、見方を変えれば極悪人として――、フランスですでにすこぶる名を馳せていた。実際、何人かの革命的な政治的指導者たちは、同盟者になりうる人材として彼につい最近接近を図っていた。しかしブイエ自身が語るところによれば、彼の助力を求める国王からの手紙をパミエ司教が最初にもってきて以来、彼は君主に一身に奉仕してきたのである。フェルセンがメスを訪れた後、そして長男と副官をパリに派遣した後、ブイエは、国王が国境へと旅するための精緻な計画を練り上げていた。[49]

真っ先になすべき喫緊の課題は、国王が退避できる守りの堅固な場所を選ぶことであった。ブイエは初めブザンソンとヴァランシエンヌの二つを候補地として考えていたが、最終的にはリュクサンブールの南西にある小さい要塞町のモンメディを推した。この要塞は、ブイエの直接の指揮下にあっただけでなく、北の国境に対してと同時に、南西すなわちパリ方面に対しても強固な砦となるという利点を備えていた。とはいえ、包囲戦になると閉じ込められる恐れがあるので、国王は要塞そのものにとどまるのではなく、モンメディの真北に位置しオーストリアとの国境から二マイル足らずのところにあるトネル城に滞在することになっていた。全体としてみれば、君主は、要塞内部と隣接陣地とを合わせ、約一万の軍勢によって守られることになるだろう。[50]

国王と彼の家族の逃亡経路に関しては、ブイエは当初、ランス、ヴジエ、ストゥネを通る最短路——実際に用いられたルートの北側にある——を提案していた。それは最短路であるばかりか、貧しく人がまばらにしか住んでいない田舎をもっぱら通る道なので、急進派の主要拠点をほぼ避けることができたのである。だがルイはランスでの戴冠式のためこの経路の一部を旅したことがあり、地元の革命家たちに見破られるのではないかと病的に恐れているようであった。最終的には、より南寄りの道筋が選ばれた。ことに「過激派」であると評判だったヴェルダンの町を注意深く避けながら、モンミライユ、シャロン＝シュル＝マルヌ、サント＝ムヌー、クレルモンを通っていくルートである。[51] 経路がひとたび定まるや、ブイエはフランソワ・

ドゥ・ゴグラに、一五〇マイルの道のりを、通常の郵便馬車のひとつに時計をもって乗り旅することで実地調査してほしいと協力を求めた。軍の技術者兼地図製作者として訓練を受けたゴグラは、四五歳で、王妃の個人秘書をかつて務めたこともある熱烈な君主政主義者であった。国王一行はできるだけ速く旅をして、頻繁に馬替えをしなければならないので、ゴグラは道沿いの宿駅もことごとく確かめた。しかしながら、クレルモンを過ぎると、一行はヴェルダンを避けるために北に転じ、王室郵便街道を離れることになる。したがって、旅の最後の行程を全うするためには、軍隊自体が替え馬を用意し、ヴァレンヌの町外れの人目につかない場所に配置するという計画を立てておく必要がある。陰謀家たちはヴァレンヌの政治的雰囲気についてほとんど知らなかったので、ゴグラは目立たぬように――とはいえ、先述したように、首尾よくというわけではなかったが――町長代理のソースを含む何人かの市民と面談し、町は「安全」そのものであると考えた。ブイエ自身は、ヴァレンヌの一五マイルほど先でモンメディの南からもほぼ等距離にあるダン近くの最後の中継地点で、馬や大勢の護衛とともに待機することになった。[52]

国王に軍隊の護衛をつけるか否かということは、計画立案者たちにとってとりわけ厄介な問題であった。彼らはみな、パリを離れた後はできるかぎり早くルイに護衛をつけたいと願っていたが、首都からあまりに近いところに軍隊を派遣するのは危険だった。さらに、軍による護衛をあまりに早くから配置すると、国王一家の馬車に現実に人目を惹きつけることになりかねない。最終的に、国王と王妃の同意のもと、一家が到着する数時間前に比較的わずかな数の騎兵を派遣することが決まった。必要ならば、地元住民には、兵士の給金の輸送を警護するために騎兵隊が派遣されたと説明することになっていた。だがおおむね、そのような分遣隊はすべて、遠くから見守り国王の馬車からかなり離れてついていくこと、国王が見破られ厄介事が生じたと見えたときにのみじかに介入すること、と指示されることになるだろう。[53] 兵士たちがどの程度まで介入すべきか、あるいはまったく介入すべきでないのかは、この作戦全体における、おそらく最も微妙な問題であった。そしてこの点については、ブイエは部下の若い佐官たちの思慮分別を信頼するしかなかったし、彼らのうちの多くは国王の到着をぎりぎりまで知らされないことになっていた。

いささかの議論の後、シャロンの真東の村であるソム＝ヴェルの宿駅近くに、最初の護衛隊を配置することが決まった。この旅団の指揮官は、他の任務のひとつとして、国王一行が通過するやいなや伝令を送り出し、先々の道沿いに配置された分遣隊に知らせることになっていた。おそらくそれに劣らず重要なのが、国王が通過した後は路上に後方守備隊を配置し、パリからの伝令が警戒警報を広めようとすることをすべて阻止しなければならないということだった。[54] この重要な地点の指揮官として、ブイエは、奇妙なことに、わずか三〇歳でさほど経験を積んでいないクロード＝アントワーヌ＝ガブリエル・ドゥ・ショワズール＝スタンヴィル公爵を選んだ。ショワズールの忠誠心は万人の認めるところであり、その高貴な家柄は尊ばれていたが、フェルセンも王妃も軽佻浮薄という彼の評判を警戒し、ブイエ将軍に人選を改めるよう訴えていた。フェルセンはある手紙のなかで、彼を「暗愚な若者」と呼んでいる。[55]

にもかかわらず、ブイエは、将校たちよりも彼らが率いることになる部隊の忠誠心のほうをはるかに憂慮していた。一七九一年の冬と春を通じて、地元の愛国派のクラブは、彼らの土地に駐屯しているフランス人兵士たちを熱心に勧誘し、彼らを指揮する将校たちの忠誠心と動機に疑念を投げかけていたのである——将校たちは、ほぼ例外なく、しだいに信を置かれなくなっていた貴族の一員であった。指揮官たちはいたるところで、部下たちがますます御しがたく無軌道になり、自分たち自身が是とする命令にしか応じないときに公言するさまを、手をこまねいて眺めていた。そのような状況のもとで、ブイエは、外国の傭兵だけを用いることを前提として計画を立てざるをえないと感じた。[56] 彼は、スイス人とドイツ人からなる自分の部隊全員が十分に俸給を支払われ、余分の金を決定的なときに用意できることを保証すべく、チュイルリ宮に訴えて資金を求めた。フェルセンと王妃は、百万リーヴル近くの金をなんとかかき集め——その大部分はフェルセンが自分の財産から用立てた——、それを大胆にも白いタフタの反物にくるんでメスへと輸送した。けれども春には、革命支持の新しい陸軍大臣がブイエ将軍の外国人精鋭部隊のいくつかを他の地方に移動させたので、計画はさらなる危機にさらされた。[57]

だがブイエは、国王自身の信頼性についても懸念していた。ダグー侯爵を逃亡の一行に含めたのは、お供なしで旅することに不慣れな国王を補佐するための配慮であった。すると土壇場になって、国王一家はダグーを外し、その代わりに王室養育係のトゥルゼル夫人を入れた。夫人は逃亡計画を知るやいなや、自分の世話する子どもたちに付き添って旅をすると言い張った。ブイエはまた、かくも大胆な計画をやり抜くに足る決断力とゆるぎなさを奮い起こすのは国王には絶対に無理であって、共謀者たちが無防備で無力なまま反逆罪で逮捕されてもかまうことなく、瀬戸際で手を引くのではあるまいかという恐怖にも取り憑かれていた。[58] そうした恐怖は、国王が出発日を何度も延期したことで、募りゆくばかりであった。初めは〔一七九一年〕五月下旬の予定であったのに、それが六月初旬に延び、その後は六月一二日、一五日、一九日と決行日はどんどん先延ばしにされた。[59] さらに不運なことに、国王一家が出発日をまたも変更し二〇日にしたことを、ブイエは六月一五日になるまで知らなかった。このときまでには、ブイエ将軍はすべての指令を出しており、彼の部隊は定められた位置へと動きつつあった。土壇場のにわか仕事で命令に変更を加えざるをえないことで、計画の成功を目に見えて損なうようないくつもの小さい過ちや不一致が生じるであろう。なかでもおそらく最も重大な問題は、多くの騎兵分遣隊が道沿いの町々で一日余分に露営せざるをえなくなり、地元住民のあいだに大いなる不安や疑惑をかき立てることであろう。[60]

国王の逃亡のために精緻な計画が練られたにもかかわらず、国王がモンメディに実際に到着したとき何をするのかということは、驚くほど考慮されていなかったように思える。ブイエは、国王の意図はまったく知らされていなかった、と主張した。ルイは、保守派の元大臣であるブルトゥイユ男爵を首相として、暫定政府を樹立するつもりだったのかもしれない。ブルトゥイユは、亡命先のスイスで政治的宣言書を起草し、モンメディでできるだけ早く国王と合流するよう求められていた。だがその草稿は、国王に届けるために前もってリュクサンブールに送られていたが、開封されることなく廃棄されたようである。[61] 出発時に国王が机上に残した宣言書から——そして、宣言書に言及のある一七八九年六月二三日の彼の演説から——判断すると、ルイはおそらく国民議会を維持したと思われる。だが彼は、国民議会を「全国三部会」と呼び続け、その組織体においては貴族が支配的な役割を果たし、かつ彼らのかつての特権のほとんどを取り戻すことになるであろう、と示唆した。また、他の方法によっても、彼はみずからのかつての意思を示していた。すなわち、フランス革命の成果のほとんどを解体し、国王のかつての権限の大半を取り戻し、聖職者市民化法を廃止し、革命家たちに没収された教会財産を返還し、一七八九年一〇月以降に採択されたすべての法律をおおむね否認する、という意思である。ルイの胸中では、この大々的な「反革命」は、モンメディにいる父たる王とその反抗的な臣民のあいだで平和裏に「交渉される」ことになっていた。そして彼は寛大にも、臣民に対して、自分がこうむった屈辱をすべて許そうと約束した。状況が沈静化すれば、国境の要塞から帰還し、パリから安全な距離にある住居を選ぶつもりである――おそらくは、「以前の」首都から北に七五マイルほど離れたコンピエーニュ宮殿に、落ち着くことになるであろう、と。[62]

賭けられたもの

だが国王の臣民は、ルイが提示した解決案をおとなしく受け容れるだろうか。王の逃亡に続く数日間の反応を見るかぎり、国民の大多数が拒否するであろうことは確実であるように思える。国王の逃亡が成功しても内乱にはいたらなかっただろうという筋書きは、想像しがたい。王妃もブイエ将軍もともに、内乱が起こるだろうと考えていた。さらに、マリと将軍は、身の安全のため、ルイはオーストリア領内にすぐに退く必要があるだろうとも予測しており、そうするようにと彼を説得する計画をすでに立てていた。[63]国王は、みずからの王国内にとどまるという意思を長く表明してきたにもかかわらず、家族が危険にさらされていることが明らかになるや――そして、彼を操る術に長けている周囲の者たちが圧力をかけはじめるや――、ほぼ確実に、国境を越えほんの少ししか離れていない外国の領土に足を踏み入れていたことだろう。ルイは自分が人民のためだけを思って行動していると思い込んでいたかもしれないが、逃亡が成功すれば、全面的な内乱ばかりか、おそらくは対外戦争をも引き起こしたということは大いにありうる――そして、国王が「わが子どもたち」と呼ぶまさにその人々に、筆舌に尽くしがたい苦しみを与えることになっただろう。

オーストリア大使のメルシ＝アルジャントゥイユは、この点については確信を抱いていた。冬と春を通じて長いあいだ取り交わされた一連の手紙のなかで、メルシは、逃亡がいかなる結果を招くことになるのか、逃亡が失敗したら何が起こることになるのか、熟慮するようにと王妃に懇願した。国王と王妃はフランス革命に対する民衆の支持の大きさをあまりに低く見積もりすぎている、とメルシは主張した。「この時点で逃亡することなどもはや不可能です。どの村も越えられない壁となってあなた方の行く手を遮るでしょう。そして私は、この企てが失敗すればいかなる惨禍が生じるかと考えると恐ろしくなります」。彼は、状況は苛立たしく惨めで、国王はかつての権力の大半を失ってしまったことを理解していた。だが王家にとってはるかに得策なのは、嵐が過ぎるのをじっと待つことです、とオーストリアの外交官は説く。「あなた方がいまいるところにただ居座ってさえいれば、革命家たちの狂った創造物は自滅していくであろうと、遅かれ早かれ確信がもてるはずです」。反対に、「［逃亡という］極端な解決策」を選べば、「国王と王権の運命が、善かれ悪しかれ、かならずや決定されることになるでしょう」(64)。

したがって、ルイが逃亡を試みるなら、以上のことが賭けられたものであった。そしてその賭けは、まことに高くつく賭けであった。その成功は内乱を十分に意味しえた。その失敗は「破局」と、おそらくは君主政の終焉をもたらすかもしれない。

第三章　国王が逃亡する

逃亡前のあの最後の日、国王夫妻に課せられていた試練は、明快で身の引き締まるものであった。その試練とは、自分たちと家族全員を、国王と王妃の存在を軸として生活を営んでいる二〇〇〇人もの人々——国民衛兵、召使い、政府関係者——が働く宮殿からひそかに脱出させることであった。その課題は、そうした逃亡計画がたくらまれているという噂がパリでしばらく流れていたために、よりいっそう困難であった。王妃の小間使いの告発を受けて衛兵が増員され、チュイルリ宮殿の内外に配置された。まことに、疑惑の雰囲気が漂うなかで、国王一家が人を欺く行為を最後の瞬間まで貫き通すことがことのほか重要であった。そのため、王妃は当日ずっと、寸分違わず日課をこなした。ミサにあずかり、髪を結わせ、子どもたちや幾人かの宮廷人たちとチヴォリ宮殿に馬車で出かけ、国王の弟と妹を含む家族で晩餐をとり、そして就寝のため退いた。にもかかわらず、一二歳になる娘の「マダム・ロワイヤル」——そう彼女は呼ばれていた——は、両親がいつになく緊張していることを感知していた。彼女にとってとくに不可解だったのは、乳母頭のブリュニエ夫人を除いて、自分のお付きの者たちがみな、王女は病気であるという口実のもと、その日は暇を出されたことであった。(1)

実際に、彼女の両親は、逃亡をうまく実現するためにしなくてはならない手配がぎりぎりまで山ほどあって、そのことで頭がいっぱいだった。二人の最も差し迫った関心事のひとつは、彼らと逃亡をともにし、実務的な細々した事柄を担当し、ある程度の限られた警護を提供することになる三人の職業軍人に簡潔な指令を与えることであった。ダグー伯爵は、いまは解散した近衛隊の元指揮官であったが、この任務のために選りすぐりの部下を三人集めた。フランソワ＝フロラン・ドゥ・ヴァロリ、フランソワ＝メルショワール・ドゥ・ムスチエ、ジャン＝フランソワ・マルダンは、名もない地方貴族で、ほぼ二〇年間、近衛隊の同じ部隊に所属していた。三人とも、十月事件のさい自分たちの連隊がパリの群衆に辱められるのを経験し、それ以来、二月二八日に国王を守ろうと駆けつけた――彼ら三人は、自分たちは加担しなかったと主張したが――パリの反動的貴族たちのサークルの常連になった。三人はみな、国王に対する服従の誓いを立てており、逮捕後に革命当局の尋問者たちから苛酷な取り調べを受けてさえ、「主君」に対する忠誠を貫くことになるであろう。「わが国王に一身をささげており」とヴァロリは尋問者たちに告げるだろう。「わが忠誠、わが服従、わが尊敬、わが愛を国王に誓ったからには、国王に対して失礼を顧みず批判や意見を申し上げるべきではないと思いました」と。ルイ自身が六月一七日にまずムスチエを呼び入れ、当人と他の二人のために変装用の伝令の服を入手するようにと頼んだ。短い上衣、スエードの膝丈ズボン、丸鍔帽子である。逃亡の夜の晩餐の直前に、王と王妃はこの三人の男たちをルーヴル宮の裏通路を通って自分たちの部屋にひそかに来させた。ここで国王は彼らに詳細な指示を与えたが、それはフェルセンとブイエがここ数ヶ月にわたって練り上げたものであった。この三人は、その夜まで逃亡のことは何も知らなかったとつねに主張したが、それを疑う理由はない。(2)

さてそのあいだ、フェルセンは八面六臂の活躍をして、人、馬車、馬を組み合わせる複雑な振りつけを始めていた。六月二〇日のあいだに、フェルセンは、自分の銀行家とスウェーデン大使を訪問した。チュイルリ宮殿にひそかに行って、ベルリン馬車に積む荷物をさらに回収した。馬、鞍、乗馬用鞭を駆け込みで購入する手配をし、さまざまな馬車が最終的に動き出すのを――疑惑を招かないように、しばしば段階を踏んで動くことになる――見届けた。その日の夕方六時頃、フェルセンのドイツ人御者バルタザール・ザペルが馬車製造業者の店舗から大きな黒い逃亡用馬車を駆って、クリシ通りの裕福なイギリス人の邸宅に向かった。八時近くに、二人の乳母が乗ることになっている二輪のカブリオレが、セーヌ川を挟んだ宮殿の対岸に停められた。ほぼ同時刻に、シャンゼリゼ通りのチュイルリ庭園の近くに、フェルセン自身が後に回収すべく、ありふれた辻馬車が置かれた。九時半に、ヴァロリとムスチエがクリシ通りでザペルに会い、ともにベルリン馬車を御し、迂回路を取って西の郊外を抜け、それから市壁のちょうど外側を通る新しい北の幹線道路のあたりに出て、パリの北東隅にあるサン＝マルタン入市税門の近くに馬車を停めた。それからヴァロリは馬を駆り、替え馬を用意するため、最初の停車地点であるボンディ村に向かった。(3)

［チュイルリ］宮殿のほうはと言えば、逃亡計画の第一段階は、午後三時頃に動き出した。ブイエからの最後の伝言をもってパリに遣わされていたショワズール公爵が、中継宿駅のソム＝ヴェルへと馬車で発ったのである。彼はそこで、国王の護衛のために派遣された先遣隊の騎兵たちと合流することになっていた。この冒険全体を通じて彼と同行したなかでおそらく最も意外な参加者は、世間では「ムッシュ・レオナール」として知られる王妃の髪結い師ジャン＝フランソワ・オチエであろう。逃亡計画がいよいよという時期になって、王妃は、きちんとした髪結い師がいなければモンメディでの生活の厳しさに耐えることなどできまいと考えたのである。ショワズールが出発する少し前に、王妃はレオナールを呼び入れ、自分の頼みをなん

でも聞き入れてくれるかと尋ねた。この髪結い師が「仰せのままに」と熱意を込めて答えたとき――そもそも、王妃にそれ以外の返答などできようか――、ショワズール殿とともにここを去り彼の命令に逐一従うように、と彼女は告げた。行く先も知らず、服も着替えず、午後の約束を断ることさえできず、呆然とし混乱したまま、三三歳の髪結い師はショワズールとともに街道を東へと発っていった。(4)

大いなる逃亡

肝心の国王一家の逃亡は、一〇時半頃に動きはじめた。晩餐が終わると、ルイは弟のプロヴァンス伯爵を抱擁し、北方のブリュッセルへの結果的に成功する逃亡へと彼を送り出した。二人の兄弟にとって、それが今生の別れになった。それから、マリ＝アントワネットとトゥルゼル夫人がそっと抜け出し、二人の国王の子どもたちを起こし、乳母たちにその晩出発することになっていると告げた。ブリュニエ夫人とヌヴィル夫人という二人の王室付き乳母は、ムッシュ・レオナールに劣らず驚いた。だが彼女たちは国王一家に一身をささげており、どこにでも付き従っていく覚悟があった。実際、十月事件のさい、王太子を腕に抱いてヴェルサイユ宮殿の廊下を駆け抜けたのはヌヴィル夫人だった。王妃、トゥルゼル、乳母たちは、国王の子どもたちの手を引いたり抱いたりして、裏階段を一階まで静かに降り、国王の筆頭侍従が明け渡した暗い部屋に入った。乳母たちは子どもたちを変装用の衣服に手早く着替えさせ、王太子とその姉はともに少女の格好をした。子どもたちの支度が整うと、乳母たちは護衛のマルダンに導かれて階上へと戻り、宮殿の正面玄関から出てセーヌ川を渡り、待機している馬車に向かった。雇われ御者が彼女たちを、予定されている逃亡経路の二番目の中継地点であるクレイ村へと送った。二人はそこで、不安のうちに夜通し待つことになるだろう。(5)

暗い一階の部屋に戻ろう。王妃は、部屋の戸外へと通じる扉を、数週間前になんらかの策を弄して入手していた鍵で静かに開けた。半円よりふくらんだ月が地平線に低くかかっており、おそらくは雲に隠れていたことだろう。王妃は外に出る頃合いを注意深く見計らい、大勢の召使いたちが宮殿を出て帰宅する時間と合わせた。[6] 毎晩かなりの数の男女が一斉に出ていくため、宮殿の外にいる衛兵たちは変装した逃亡者たちが出ていくのにまったく気づかなかったように見える。トゥルゼル夫人は震えながらも眠たげな王子を抱き上げ、年長の姉の手を引いて、外の薄暗い中庭をさりげなく横切り、宮殿のちょうど東側の通りにランタンを灯して並ぶ馬車のほうへと向かった。そこは、チュイルリ宮殿を出る人々を拾うため、夜のこの時間はいつも馬車が待機している場所であった。ありふれた御者の格好をしたフェルセン自身が、辻馬車のなかで待っていた。それから彼らは、一家の残りの人々が宮殿を出る時間になるまで市中を少し走り、一一時頃同じ場所に戻ってきた。トゥルゼル夫人は、そのスウェーデン人が、いかにもパリの御者然としており、口笛を吹いたり、停まって他の御者たちと喋ったり煙草をやり取りしたりするさまが堂に入っているのに驚嘆した。王女が思い出せるのは、「ときのたつのがこれほど長く感じられたことはなかった」ことだけであった。[7]

フェルセンが戻ってすぐに、王妹のエリザベトが、変装用の衣服をまとい、居室の木造部分に組み込まれた秘密の扉を通って部屋を抜け出し、さらに宮殿を出て、待っている然るべき辻馬車へとフェルセンによって導かれた。国王が次に出てくることになっていたが、間際になってラファイエット将軍とパリ市長のバイイが不意に宮殿を訪れたので、ルイは彼らと話さねばならなかった。二人のパリの指導者たちが去った一一時半頃になってようやく、ルイは就寝するふりをして従僕たちを退けると、起き上がって、自分も変装用の服を着用し、ステッキを手にしてマルダンとともに待機している馬車へと歩いていった。いつもの鈍感ぶりは健在で、中庭を横切っているとき靴のバックルを留めるために立ち止まることさえした。最後に出ることになっていたのは、王妃その人であった。いくつかの記述によれば、彼女は、やはり宮殿を出ていこうとしていたラファイエットと鉢合わせしそうになったとされる。だが自分のまわりに差し掛けられた松明に目を眩まされ、他の問題で頭がいっぱいだったので、将軍は暗がりを一人で歩いている女にはまったく目を留めなかった。不安に満ちた数刻が過ぎ、彼女もまた馬車に乗り込んだ。(8)

いまや零時半頃になっており、予定より一時間遅れていた。家族が互いに抱擁し合い、狭い馬車に身を落ち着けているあいだ、フェルセンは、マルダンを馬車の後ろに従僕として立たせ、人々の注意を引くのを恐れてゆっくりと進んでいった。サン＝マルタンの入市税門へと最短経路を行くのではなく、フェルセンはまずクリシ通りに沿って北西に進み、ベルリン馬車がすでに移動したことを確認した。彼はまた、猜疑心がつねに強く、夜中まで街路に活気があるパリ北東部の民衆地区を用心深く避けていった。ついに入市税門に到着したものの、ベルリン馬車が思ったよりもずっと遠くに闇にまぎれて停車していたため、フェルセンはしばしのあいだ、ムスチエ、ザペル、ベルリン馬車を不安のうちに探し回った。その居所を探し当てるや、フェルセンと二人の護衛は旅人たちを速やかに大型馬車に乗り換えさせ、小さいほうの辻馬車を溝に押し込み、東へと延びる主要道路に沿ってパリを出た。さまざまな遅滞が重なり、彼らは予定より二時間も遅れていた。それは一年で夜が最も短い日であり、暁の最初の兆しがすでに現れていた。フェルセンは、全速力で飛ばせ、と御者に叫んだ。ザペル自身の記憶によれば、「さあ、バルタザール」とフェルセンは言った。「大胆になれ！　飛ばせ！　馬たちは元気いっぱいだ、もっと早く走らせろ！」　三〇分後、ベルリン馬車は最初の中継宿駅であるボンディに到着し、そこでヴァロリが替え馬とともに待っていた。(9)

一七九一年六月二一日午前零時半にチュイルリ宮殿から脱出するルイ一六世
作者不明、『パリの革命』より
撮影フランス革命博物館、ヴィジル

国王は、ランタンを手に逃亡者の一行を率いてチュイルリ宮殿の中庭を横切り、待機している辻馬車とともにいるフェルセンと落ち合う。実際には、一行のほとんどは、一度に一人ずつ宮殿を出て行った。

ここでフェルセンは一行から離れた。彼は、陰謀における自分の役回りを沈着かつ豪胆にやってのけ、チュイルリ宮殿とパリからのほとんど奇跡的とも言える脱出を成功させたのだった。彼はいま単騎で別行動をとり、北方に向かいオーストリア領ネーデルラントに入り、それからフランスとの国境をなぞるようにして進み、モンメディで国王一家と再会するつもりであった。「さようなら、コルフ夫人」と変装した王妃に向かって彼は短く言った。それからフェルセンはル・ブルジェのほうへと駆け去っていき、国王一家は東へと向かった。[10]

次の中継地点のクレイで、旅人たちは二人の乳母を乗せたカブリオレと落ち合い、これで一行全員が揃った。太陽が昇りつつあり――四時をいくぶんか過ぎていた――、旅の一団はイル＝ドゥ＝フランスとシャンパーニュの起伏のある平野を進んでいた。それは、ずいぶん目立つ

ヴァレンヌへの逃走とパリへの帰還
（1791年6月21日～25日）

一行であった。黄色いカブリオレ、黄色い枠の付いた黒塗りの大型ベルリン馬車、明るい黄色の上衣を着た三人の護衛——ヴァロリが単騎で先導し、マルダンが大きいほうの馬車の御者席に座り、ムスチエは単騎でしんがりを務めている——は、通過する先々で田舎や町の人々の注意を惹いた。[11] たしかに、これはパリからドイツへ行く主要街道であり、裕福な旅人たちが豪華な乗り物に乗って通っていくのは、これが初めてというわけではなかった。だが、彼らがロレーヌへとさらに進んでいくにつれて、とくに三人の護衛たちが衆目を集めた。ムスチエが黄色いお仕着せを選んだのは、まったくの偶然であったと思われる。けれども、その地方の住民にとって、それはコンデ公のお仕着せとことのほかよく似ているように見えたのである。コンデ公は、憎まれ亡命した反革命軍の指導者で、フランスのこの地域に多数の所領をもつ領主であった。[12]

彼らがとった道筋は、王国の主要街道のひとつで、幅広く、まっすぐで、よく整備され、並木がそのほとんどを縁取っており、路床が作られ——旅程の約半分は石畳の道で、それ以降は砂利が敷かれていた——、路面は田畑よりもかなり高くなっていた。街道の一部は一七八五年に完成したばかりであった。多くの他の裕福な長距離旅行者たちのように、国王一行も、街道沿いのそれぞれの宿駅で馬と御者の両方を取り替えた。たいていは、ヴァロリが一行のかなり先を駆けていき、次の停車地点の「宿駅長」をせっついて馬を用意させ、到着する馬車にすぐつなげるようにしておいた。宿駅ごとに、彼らは一〇頭ないしは一一頭の新しい馬を要求した——六頭はベルリン馬車、二頭か三頭はカブリオレ、二頭はヴァロリとムスチエのためであった。それぞれの馬車には、一人か二人の「御者」ないしは「案内人」が付き添っていた。彼らは、ふつう、馬車を引く馬のどれかに騎乗しており、一行を次の宿駅に導くと、馬たちを元の宿駅に戻すのである。ルイは金貨の入った袋をひとつ携えており、御者たちに賃金と心づけを与えるようヴァロリにその金貨をときどき渡していた。[13] 彼らはだいたい時速九マイルか一〇マイルで旅をしたが、一九ある宿駅のそれぞれで一五分から二〇分費やすことを考慮すれば、旅の平均速度は時速七マイルに近かった。[14]

気温が上がり、馬車が田舎を順調に進んでいき、馬が定期的に支障なく交換されていくなかで、旅人たちは解放感と幸福感を味わった。暑くじめじめしていたが、雨には遭わなかった。ある地点で、おそらくはエトージュの近くと思われるが、ベルリン馬車の車輪のひとつが石の里程標にぶつかり、四頭の馬がつまずいて、引き綱がちぎれた。その修理に三〇分か四五分はかかったため、一行は予定よりさらに遅れた。[15] だが、それを除けば、馬車の旅は滞りなく進んだ。旅の最大の難関は過ぎ去ったかのように思えた。後はソム゠ヴェルに到着すればよいだけであり、そこまで行けば、ショワズールの騎兵隊に見守られ、必要ならば守護されることになるであろう。

ムスチエの描写するところによれば、車内では、国王一家が「狩人やつましい旅人がするように」、手づかみで楽しいピクニックの朝食を食べていた。彼らはチュイルリ宮殿を抜け出したときの体験談を語り合った。王妃は、国王一家の逃亡が発覚したからには、ラファイエットはさぞや困惑し身もだえしていることでしょう、と述べた。国王は、地図と前もって入念に準備していた旅程表を取り出し、村や宿駅を通過するごとにその名前を告げた。彼がパリ地方の外に旅するのはこれが三度目にすぎず、一七八六年にシェルブールへ栄光に包まれた旅をして以来のことだったので、地理と詳細なリストへの情熱を心ゆくまで満足させたのである。王妃は、演じるべき役割をみなに割り振ることを引き受けた――ヴェルサイユ近くのプチ・トリアノン宮殿で、彼女がかつて宮廷人たちにたいしてそうすることを楽しんでいたように。トゥルゼル夫人はコルフ男爵夫人、王太子と王女は男爵夫人の二人の子ども、エリザベト内親王とマリ＝アントワネットは夫人の腰元を演じることになった。王妃と王妹は、そうした役柄にふさわしく、簡素な「モーニング・ガウン」、短いケープ、服に合う帽子を身に着けていた。国王はと言えば、男爵夫人の商取引代理人デュラン氏という役柄で、平民が着るフロック・コートに茶色のベストと小さい丸鍔帽子という姿であった。(16)

だが旅人たちはすぐに、他人のふりをすることや、正体がばれないように油断なく身構えていることの辛さにうんざりしてしまった。とりわけルイは、自分ではない者になりすますことにけっして長けてはいなかった。ともかく、パリを後にし、ジャコバン・クラブ、狂信的な新聞各紙、目を血走らせた暴徒から離れたからにはすべてが一変するだろう、国王と王妃には、いまやしかるべき敬意が払われることであろうと、彼は心から信じていた。暑くなるにつれて、彼らは目よけを降ろし、帽子やヴェールを脱ぎ、農夫たちが田野で働いているのを眺めた。そして農夫たちも見返して、あの珍しい黄色と黒の馬車の一行はどこの富裕な貴族だろうといぶかしんだ。ラ・フェルテ＝スー＝ジュアールを出た後でマルヌ渓谷からせりあがる傾斜面のような、長い上り坂に差し掛かると、旅人一行のほとんどの者は下車して、馬たちが丘を苦労しながら登っている後を徒歩でついて行った。その日のさらに後になると、国王は宿駅で馬車から降りるようになり、「必要な小屋」で用を足し、若い頃にヴェルサイユ宮殿の外で職人たちと喋っていたときのように、足を止めてまわりに集まってきた人々と雑談し、天候や穀物の出来具合について尋ねさえした。護衛と二人の乳母たちは、初めは国王の無頓着ぶりを心配し、休憩地点のひとつでは、ムスチエがぽかんと見とれている田舎の人々の群れから彼をさえぎろうとした。だがルイは「心配するには及ばない。そのように用心する必要があるとはもはや思えぬ。この旅にはいまや不安なところなど何もないようにみえる」と護衛に告げた。結局のところ、護衛たちは、王家の人々は自覚をもって行動しているのだから、自分たちが心配する必要はないと結論をくだした。[17]

そして実は、国王は正体を見抜かれていた。フランソワ・ピカールという荷馬車の御者は、モンミライユの宿駅の外で馬が取り替えられているときに目にしたのは君主であると確信した。ルイはまた、そこから三つ先のシャントリで、宿駅長のジャン゠バチスト・ドゥ・ラニと娘婿のガブリエル゠ヴァレによって見破られた。二人とも、一七九〇年のパリの全国連盟祭に参加していたのである。ここでは、地元の人々の記憶によれば、国王一家全員が馬車から降り、宿駅に付属する居酒屋で軽食をとり、感謝のしるしとして国王の記章が刻印された銀の小椀を二つ置いていった。いずれにせよ、ラニは、ベルリン馬車をシャロン゠シュル゠マルヌまで御していく仕事をヴァレに任せたので、この娘婿は、シャロンに到着するとすぐに、家族の親友であるそこの宿駅長にただちにその知らせをささやいた。[18]

午後四時頃、シャロンに乗り入れていくにつれて、旅人たちは胸騒ぎを禁じえなかっただろう。それはパリとモンメディのあいだでは飛び抜けて大きな町で、ヴェルサイユで国王夫妻を見たことがある地元の名士が何人もいることは明らかだった。それでもルイは、この町でも、通過してきたばかりの数々の小さいひなびた宿駅においてと同様、さしたる用心をしなかったように思える。宿駅長のヴィエに加えて、他に何人かの人々が国王一行であるとわかったようである。「私たちは完全に気づかれていました」とマダム・ロワイヤルは述懐した。「多くの人々が国王を見て神を讃美し、国王の逃亡がうまくいくことを願っていました」[19]。国王がパリを去るのを見て人々が本当に喜んでいたのか、はたまた衝撃のあまりどうしてよいかわからなかっただけなのか、そのいずれであれ、ヴィエと厩舎の馬丁たちは静かに馬を交換し、馬車列が町の外に出ていくのを見送った。町長はほぼすぐに知らされたが、彼もまたどうすればよいのかわからなかった。何時間も後になって、伝令たちがパリから到着し始め、国王逃亡の知らせを裏づけ、彼を阻止せよという国民議会の法令をもたらして初めて、町当局は一気に動き出したのであった。[20]

シャロンを出て、ロレーヌの境へと一路東を目指しはじめると、旅人たちはずいぶん楽観的な気分になった。最後の大きな難関はすでに越えたのであり、ショワズール公爵とその忠実な騎兵隊の庇護下にもうじき入ることになると思ったからであった。国王は、詳細な旅程表を携えていたので、ほぼ三時間の遅れが出ていることに気づいてはいたが、それが厄介の種になりうるとはおそらく考えもしなかっただろう。けれども、村からいくぶんか離れて、街道沿いにぽつんと建っているソム゠ヴェルの小さい宿駅が見えてきたとき、その気分はにわかに一変した。まわりに拡がる広大で開けた田畑のどこにも、騎兵隊の姿は見えなかった。ヴァロリが慎重に尋ねたところ、騎兵隊は実際にそこに来て宿駅の向こうの小さい池の対岸で待機していたが、地元の農夫たちに威嚇され一時間前に去ったことが判明した。旅人たちは当初、ショワズールが街道をさらに下った人気のない場所まで退いたのだろうと考えた。だが、次の宿駅に着いても、彼と兵士たちの姿は依然として見当たらなかった。夕方早く、黒々と連なる帯のようなアルゴンヌの森を背景に浮かび上がるサント゠ムヌーの町へと向かいながら、彼ら旅人たちは、トゥルゼル夫人の言葉によれば、「猛烈な不安」にさいなまれていた。(21)

敗走

国王の逃亡に先立つ数日のあいだ、国王の護衛の編成は、出発を一日遅らせるというルイの土壇場の決断による変更にもかかわらず、初めはきわめて順調に進んでいた。フェルセンと国王一家が準備を終えパリからの脱出を開始したとき、ブイエ将軍は国王の受け入れを準備するため、事前に取り決めていた一連の軍隊の動きをすべて始動させていた。将軍自身は、オーストリア軍のありうる動きを探るために国境に偵察に行くと地元の役人たちに知らせると、六月一六日にメスの司令本部を離れた。モンメディに兵士と大量の食糧や物資を集結させはじめよという命令がくだされた。六月二〇日には、ブイエ将軍は、モンメディとヴァレンヌのあいだにあるムーズ川沿いの要塞町ストゥネに到着していた。彼の末息子とレジュクール伯爵というもう一人の将校が、一群の替え馬とともにヴァレンヌに前もって派遣され、そこにすでに駐屯していた四〇名ほどのドイツ兵部隊と合流していた。不審を招かないように、彼らはエール川のちょうど東側にある宿屋の厩舎に馬を入れておくこととし、国王の到来が差し迫っていると知らされて初めて、ヴァレンヌの南端に馬を連れてくることになっていた。六月二〇日から二一日にかけての夜のあいだ、父親のほうのブイエは少数の将校たちとともにひそかに馬を駆り、さらに八マイル南へと下って、ダンという小さい町の真北にある人目につかない場所で国王一行を待っていた。その間、ドイツ人騎兵隊の他の分遣隊が、ダマとアンドワンの二人の指揮官に南から率いられ、それぞれクレルモンとサント＝ムヌーに陣取った。六月二一日の朝、フランソワ・ドゥ・ゴグラ自身が四〇名の軽騎兵を率いてサント＝ムヌーからソム＝ヴェルに向かい、正午頃に到着し、宿駅で待機していたショワズール公爵と髪結い師のレオナールに合流した。[22]

しかしながら、これらのよく練られた計画が現実に進行していったのは、誰もいない真空地帯においてではなく、行動力に富む市民らが衆人環視するなかにおいてであった。六月のあいだ、付近一帯で理由不明の軍隊の動きがあることに懸念を募らせていたのは、ヴァレンヌの町民だけではなかった。「ナンシーの虐殺者」であるブイエ将軍や戦場で指揮をとる貴族将校たちに対する蔓延する不信の念は、いま人々の眼前で行き交っているどの分遣隊にも、圧倒的多数のドイツ語を話す傭兵が含まれていることで、強まるばかりであった。緊張は、軍隊が騎兵隊の到来を事前にしっかりと警告しておかなかったため、いや増した。町の指導者たちは、国境警備の軍隊への給金としてパリから輸送されてくる金の警護のために軍勢が派遣された、と間際になって知らされた。だがその話には、付近一帯に広まっている恐怖を鎮める効果はほとんどなかった。護衛が一人、初めから終わりまで付き添っていれば済むはずなのに、なぜこれほど大勢の騎兵が来ているのか。指揮官たちはなぜ、ドイツ語を話す軍隊しか派遣しなかったのか。戦争が勃発しそうなのか――それは、こうした国境地帯ではつねに重大な問題である――、そして、もしそうならば、貴族たちに率いられたドイツ人軍隊はいずれの側に立って戦うのか。つまり、皮肉なことに、国王を守るために派遣された護衛隊そのものが、国王が通過しなければならない地域の住民のあいだに大いなる不信の念を掻き立てていたのである。

モンメディにおける大規模な軍隊の野営地の公然たる準備――そして一八〇〇〇食分の軍用パンを焼くよ

うにという命令――、そのこともまた、「不信と不安」を掻き立てていた。「平和時におけるこうした尋常ならざる動き、すべての道に姿を現した副官、そしていたるところに配置された歩哨が、住民のあいだにあまねく警戒心を引き起こしている」[23]。ヴァレンヌの真南にあるクレルモンの人々は、ある日には一五〇人の騎兵隊が通過していったかと思うと、翌日にはさらに一八〇人の騎兵隊が来て、一晩宿営するとにわかに宣言するさまを注視していた。金庫の輸送の話を信じる者はほとんどおらず、当該の「宝物」は、実は王妃がひそかに持ち出したもので、兄のオーストリア皇帝のところに輸送されている――あるいは宝物は王妃自身かもしれない――という噂が広まった[24]。同様に、そこからさらに西に行ったサント゠ムヌーでも、騎兵の分遣隊が二隊続けて、突然なんの予告もなく出現していた。後から来た分遣隊は、アンドワンの指揮下にある竜騎兵の一群であったが、六月二一日の午前半ばに町の大きい中央広場で馬を下り、そこで一日中待機していたが、そのあいだその神経質な指揮官は街路を歩き回り、定期的に町の外へと馬を駆り地平線をじっと眺めていた。将校たちがその場にいないときは、町民たちがきまって外国語を話す騎兵たちと会話を試み、酒をしきりに勧めたり、この地域に来た「真の」目的を訪ねたりした。兵士たちの多くは、この奇妙な任務を自分でもいぶかしく思っており、上に立つ将校たちが信用できるかどうか疑いはじめていた。午後の終わりまでには、不信の念はどんどん膨らんでいき、ついに国民衛兵の隊員たちは武装して未確認の惨禍に対して備えはじめた[25]。

そのあいだ、さらに破滅的な出来事が、最も重要な前哨地点であるソム゠ヴェルで繰り広げられていた。そこではショワズール公爵の軽騎兵隊が、町のなかではなく、見通しのよい田野で待機していた。ここでも、フランス革命が始まった後のフランスのきわめて多くの農村地帯がそうであったように、農民たちは領主地代を納めることに頑として抵抗していた。軽騎兵が、羽根付きの高々とした兜をかぶって華やかながら恐ろしい姿で到来したとき、この男たちは農民の金銭や穀物を収奪しに来たのであると共同体全体にパニックが拡がり、人々が熊手や鎌を携えて四方八方から集まってきて、騎馬の男たちを怒鳴ったり威嚇したりした。午後の半ば、通りすがりの旅人たちから騒乱が起こっていると聞いて、シャロンから国民衛兵の代表団が調査しにやって来た。ショワズールとゴグラは、金庫の話をして一同の説得を試みた。国民衛兵はなだめられたと見え帰ったが、農人たちは納得せず騎兵分遣隊を脅し続けた。[26]

と同時に、ショワズールは、国王の到着がひどく遅れていることにしだいに不安を募らせていた。ゴグラは旅の所要時間を入念に測っており、彼の計算によれば王家一行は二時までには到着しているはずであった。フェルセンは、ブイエへの手紙のなかで、国王は二時半までにはソム゠ヴェルに着くだろうと請け合ってすらいる。「そのことについては、まず確かです」と。最終的に、午後遅くなって、若いショワズール公爵は逃亡計画全体を大いにゆるがすような、思慮の浅い一連の決断をくだした。群衆の存在に狼狽し、国王がどうもパリを出られなかったのではないかと心配し、たとえ国王が現実にやってきたにせよ、宿駅でのこの暴動に近い状態は王の旅路を妨げるだろうと怖れて、ショワズールは退却することに決めたのである。それも道の先を少し行くだけではなく、五〇マイルほど離れたストゥネにあるブイエの本営まで一気に退却することにしたのだ。おそらくさらに致命的であったのは、彼が次には、自分の先で待機している他の騎兵分遣隊に以下のような伝言を送ったことである。「宝物は本日到着しそうにない。私は離脱しブイエ将軍とふたたび合流する。諸君は明日新しい指令を受けとることになろう」。あげくのはてに、彼はいたく奇妙な人選をして、王妃の髪結い師レオナールを伝令役に任じた。[27]

続く八時間のあいだに、公爵とその小隊は北東へと向かいつつ姿を消すことになる。彼らは、主街道を行くよりは田野を通って進んでいき、村から村へと前触れなく駆け抜けて大混乱を巻き起こし、ついにはアルゴンヌの森になだれ込んで道に迷った。対照的に、小さい馬車に乗ったムッシュ・レオナールは、軍の伝令という役割にすみやかに順応し、任務を完璧にこなした。サント＝ムヌー、クレルモン、ヴァレンヌと次々に通過していきながら、彼は、国王は来ないという旨の伝言を伝えていった。最初の二つの町では、アンドワンとダマが、「この伝言によって」部下たちが馬の鞍を外して宿舎に引き揚げる口実ができ、それによって町民の恐怖もある程度は和らぐだろうと喜んだ。それでも二人は、先行きを見届けるため、少数の将校や兵士とともに持ち場にとどまった。ヴァレンヌでは、指揮官と騎兵隊はいずれも宿舎に引き取った。だがレジュクールと息子のほうのブイエは宿屋の窓辺に立って見張り、眼下の厩舎に入れた替え馬がまだ入り用になるかもしれないと待機していた。[28]

国王一行の馬車列が、サント＝ムヌーの長い目抜き通りを走って中央広場に入ってきたとき、ショワズールの姿がなかったためにかき立てられた不安はほとんど解消されなかった。たしかに今は騎兵隊の姿があった。だが兵士たちは馬から下りて武装を解きくつろいでいるような様子で、酒場で一杯やっている者たちもいた。さらに心配なのが、国民衛兵の集団がいることで、その多くはマスケット銃を抱え、煉瓦と石灰岩でできた優美な町役場の前にあるロワイヤル広場の向かい側に群がっていた。旅人たちは、全市民が集結しているように見える町の広場という舞台で繰り広げられている劇に、偶然入り込んだかのように感じたに違いない。彼らはまた、だれもが自分たちのほうに顔を向けてじろじろ眺め、とりわけ、あろうことにコンデ公の家来のような格好をした護衛たちに注目したことにも気づいていたに違いない。国王一行は二、三の建物をさらにやり過ごし、通りが右方向に曲がっているところに宿駅を見つけた。そこではヴァロリと馬丁たちがすでに替え馬を準備していた。馬替えは支障なく速やかにおこなわれた。一同が待っているあいだ、王妃は何が起こっているのかと知りたがり、アンドワンをベルリン馬車まで呼び寄せた。この将校は何気ない風を装いながら近寄っていったが、国王を見ると本能的に臣下の礼をとった。それからこうささやいた。「計画がうまくいかなかったのです。疑惑をもたれないように、これで失礼いたします」。そして彼は急いで歩み去った。「このわずかな言葉が私たちの心に突き刺さった」とトゥルゼル夫人は述懐している。[29]

宿駅長のジャン゠バチスト・ドゥルエは、馬丁たちが馬替えをほぼ済ませたころにその場に現れたように思える。二八歳で、二人兄弟の弟であるドゥルエは、騎兵隊員として七年間軍務に就いた後、故郷の町に戻ってきて、一家の畑で働きながら、寡婦となった母親が所有する宿駅を運営していた。野心も自信もある男だったが、つまらない野良仕事や肉体労働に自分が無理に就かされたと感じており、若き日の輝かしいキャリアからするとひどく落ちぶれたものであると、大きな挫折感を抱いていた。[30] さて、彼がベルリン馬車を見てそのなかの乗客を注意深く眺めたとき、自分の連隊がヴェルサイユ近くに駐屯していたときに見たことがあるフランス王妃の顔があったので仰天した。国王は一度も見たことはなかったが、王妃の隣に座っているずんぐりした男は、最近流通するようになった新紙幣に印刷されているルイ一六世の肖像に驚くほど似ていると彼は感じた。二台の馬車が走り去るのを見送った後、彼は、国王がいま通ったぞ、と自分のまわりのみなに吹聴しはじめた。初め、シャントゥリやシャロンの人々と同様、どうすべきなのか、あるいはどう考えるべきなのか、誰もわからなかった。だがそのほんの数分後、アンドワンが軍隊ラッパを吹き鳴らさせ、騎乗して出発の準備をせよと竜騎兵たちに呼びかけると、にわかに目から鱗が落ちたのだった。これはすべて陰謀だったのだ。騎兵隊は金庫を警護するためではなく、逃亡中か拉致されたか、そのいずれかの状態にある国王に付き添うために来たのだ、と。[31]

その後、サント＝ムヌーで起こった出来事がどう推移していったのかは、いささか曖昧である。ほぼ即座に、地元の国民衛兵が、マスケット銃で武装し、太鼓を叩き、陣容を整え通りで横並びになって、騎兵隊の行く手を塞いだ。と同時に、他の市民たちが騎手たちへ説得を始め、彼らの将校たちの命令に従わないようにと促した。アンドワンが町民たちと話そうと試みているあいだに、馬上の将校の一人が空中にピストルを発射し、ここを先途と逃げ出して、衛兵たちを突破すると、自分のほうへ飛んできたマスケット銃の銃弾をかわしながら町から駆け去っていった。教会の鐘楼がいまや打ち鳴らされ、暴動が勃発しそうになるなかで、アンドワンと残りの将校たちは武装を解かれ、彼らの身の安全を守るために町の牢

ドゥルエがサント＝ムヌーで国王に気づく
作者不明、『フランスとブラバンの革命』より
撮影フランス革命博物館、ヴィジル

「オ・フュィヤール（逃亡者）」と呼ばれる居酒屋で、ルイがサント＝ムヌーの名物料理である豚足を食べているあいだ、国王一家が待っている。ドゥルエは、彼を、アシニャ紙幣の肖像画と見比べて君主であると気づいた。実際は、国王はサント＝ムヌーでは馬車を一度も降りていなかった。

獄に閉じ込められた。ドゥルエは町議会に召喚され、騒擾の現場に隣接する町役場で緊急会議が開かれた。そして、彼が事の顛末を語り終えた後、町の重鎮たちは、自主的に驚くべき決断をくだした。国王がパリを離れようとしているのであれば、それが意味するところはただひとつ、おそらくは外国軍を引き連れて戻り、フランスを侵略し、革命を終わらせるために、国境へと向かっているということであろう。国境方面の他の町々に警告を発し、国王の逃亡を阻止せねばならない、と。彼ら町の重鎮たちは、町で騎馬の名手の一人として知られていたドゥルエ自身に、国王を追跡してほしいと頼んだ。この宿駅長は、やはり元騎兵である友人のジャン・ギヨームをすぐさま誘い、二人は国王一家を追って出発したが、そのときにはもうたっぷり一時間半の遅れをとっていた。クレルモンの町に近づいたとき、ドゥルエとギヨームは、宿駅長の御者が馬の一団を率いて戻ってくるところに遭遇し、ベルリン馬車とカブリオレは主街道を離れ北に向かったと聞いた。そこで二人の騎手は、田野を突っ切りヴァレンヌ方面へと向かった。(32)

その一時間前の九時半頃、アルゴンヌの丘陵をゆっくりと上った後、国王の馬車列はクレルモンの宿駅に入った。あたりはほぼ暗くなり、宿駅は町外れにあったので、旅人たちが到着するのを見た者はほとんどおらず、馬替えはすばやくおこなわれた。近くにとどまって待機していたダマ伯爵が、国王一家に用心深く話しかけ、ヴァロリとはより長く話して、軍隊が町にいるためにクレルモンで騒擾が拡がっていると警告し、二台の馬車がいくぶんか先に行ったら自分もすぐ後を追うと約束した。これは、ブイエの命令に忠実に従うものであった。しかし、馬車列が町の中心を抜けヴァレンヌに向かうのがはっきりと見られていた。クレルモンでその後に起こった出来事は、サント＝ムヌーで起こったことと奇妙なほど一致していた。国王夫妻だとわかった者は一人もいなかったが、だれもがコンデ大公の黄色いお仕着せを見て、ここ二日というもの町に不可解にも居座っている兵士たちと何か関わりがあるに違いないと結論づけた。そのおよそ一時間後、国民衛兵たちが制服を着て集合しつつあったときに、サント＝ムヌーから逃げてきた将校が到着し、国王一行であると気づかれたこと、一行が去るやいなや大暴動が勃発したことをダマに告げた。指揮官のダマは兵士たちを結集しようとしたが、そのほとんどはいまや深酒をして町民たちの側に付いていたので、従うことを拒否した。ダマはほんの一握りの騎兵とともに町を抜け出し、国王に警告しようと全速力で馬を駆った。[33]

その一方では、ベルリン馬車の乗客たちは、「緊張や不安にもかかわらず」[34]難儀な旅に疲れ果て闇のなかでうとうとしながら、エール川の長い渓谷を下りつつ着実に前進していた。パニックと騒擾の波が後方から急速に迫りつつあることに気づいていれば、一同の緊張はいや増していたことだろう。サント＝ムヌーとクレルモンでの出来事によって、そしてショワズール公爵がアルゴンヌの村々を狂ったように馬で駆け抜けていったことで、小さめの騒動が付近一帯に生じていた。背後のさほど遠くないところでは、公的な伝令や市民個人がフランスの道々を駆け抜けて国王失踪の一報を伝えていくにつれて、さらに巨大な感情の波が生じ、王国全体に拡がっていた。

一一時頃にヴァレンヌに到着したが、またも不安と失望の衝撃がもたらされた。ブイエとショワズールは、最初に見えてくる家々の正面にある道路近くの木立ちに新しい馬の一団を配置しておくと約束していた。ところが、ヴァロリとムスチエがあちこち探し回り、寝静まった集落に馬で乗り入れ川のところまで行ってみたが、約束された中継ぎの一団はどこにも見当たらなかった。町の入り口に近い家の扉をいくつか叩いてみさえしたが、なんの助けも得られなかった。そこで旅の一行は、馬替えは飛ばしてこのままダンに向かうよう御者たちに頼んだが、クレルモンから来た男たちは、まず馬に食事が与えられ休ませないかぎりヴァレンヌより先には行くなと宿駅長から厳命されていた。彼らが町を探索し御者たちと言い争っているあいだに、三〇分、いやおそらくは四〇分が過ぎ去った。そして、彼らがまだ道端に馬車を停めているときに、ドゥルエとギヨームがその脇を疾駆して町に入っていった。[35]

とうとう御者は、国王一行が新しい馬を探すあいだ、ヴァレンヌの町の中心まで行くことを承諾した。街路を照らす灯りはカブリオレのランタンしかなく、彼らは暗闇のなかをゆっくりと進んだ。人々の声や叫びや、誰かが「火事だ！　火事だ！」とわめいているのがだんだんと聞こえてきた。トゥルゼル夫人はその瞬間を鮮明に記憶していた。「裏切られたと思いました、そして言い尽くせない悲しみと懊悩を感じながら、私たちは通りを馬車で進んでいきました」。彼らは〈黄金の腕〉という居酒屋兼宿屋の横のアーチ道をくぐり抜けた。そしてそこで停止させられたのである。[36]

パリへの帰還

国王一家とその支援者たちにとって、ヴァレンヌでのその夜は、じりじりと長引く苦悩の一夜、最悪の悪夢を見ているような一夜でしかなかった――あの「待っていた、死のような八時間」とトゥルゼル夫人が語ったように。希望が灯る瞬間もあった。町の指導者たちが助けてくれそうに見えたこと、そしてまずショワズールとゴグラが、次いでダマとデロンが騎兵隊を率いて奇跡的に出現したことである。そして最後の瞬間まで、ブイエ将軍が近くにいて救援に向かっているという希望的観測もあった。だがルイは、妻や子どもたちが危険な目に遭うといけないとして、血路を開いて国王一家を脱出させるという将校たちの提案は頑として拒否した。その後すぐに町議会が考えを変え、彼らが旅を続けることを許可しなかったことは、苦い失望をもたらした。パリからの伝令が現れ、彼らに首都への帰還を命じたことが、屈辱と敗北を決定的なものとした。

しばらく彼らは時間を稼ごうとした。子どもたちをもう少し眠らせてやりたい、自分たちにも休息する時間を与えてほしい、と彼らは要求した。乳母の一人は激しい胃痛を装いすらした。最終的に、彼らは、考えをまとめたいのでしばしのあいだ自分たちだけにしてほしいと頼み、許可されると、そのあいだに口裏を合わせるための作り話を用意して、所持していた自分たちに不都合な文書を燃やした。ついに、朝の七時半頃、国王一行はソースの店から連れ出され、いまや方向を逆向きにした二台の馬車のところまで連れていかれた。人々の大海のような群れが街路と川向こうの広場にひしめき、国王と王妃を一目見ようと押し合いながら、「国民万歳！　国王万歳！　パリへ！」とたえまなく叫んでいるさまに一家は怯えた。婦人につねに慇懃なショワズール公爵が、王妃に手を貸してベルリン馬車に乗り込ませた。彼女は振り返ると、「フェルセン様は逃亡されたと思いますか」と彼に尋ねた。そう思います、と公爵は答えた。その後すぐ、公爵は群衆のなかに引きずり込まれ、ひどく殴られ、ついにはダマや他の何人かの将校らとともにヴェルダンの牢獄に連れていかれた。狡猾なゴグラだけが、包帯を巻かれた弾傷を抱えつつ、町をどうにか抜け出すことができたが、数日後にオーストリア国境で捕えられることになる。二台の馬車がパリに戻る道に沿ってゆっくりと丘を上っているとき、国王一家は川向こうを見やりながら、ブイエに何が起こったのだろうとまだいぶかしんでいた。[37]

まさにそのとき、ブイエ将軍は、たっぷり一時間半は離れた場所にいた。彼はその〔国王逃亡の失敗という〕悲惨な知らせを、その朝の四時少し過ぎに末息子から聞かされていた。息子は、ブイエと部下の将校たちが、ダンの外れでの長い待機を打ち切ってストゥネに着くか着かないかというところで父親に追いついたのだ。ブイエ麾下のドイツ人近衛騎兵隊は三〇〇ないし四〇〇名の兵員を擁していたが、その大半を騎乗させヴァレンヌに向かって戻るのに、さらに四五分を費やした。ヴァレンヌに近づくにつれて、彼らは、数百人もの農夫や国民衛兵が総動員され、太鼓と旗を携えてありとあらゆる方向に行進しているところに遭遇したので、何度かサーベルを抜いて突撃し、攻撃するぞとおどしつけて、群衆を蹴散らさねばならなかった。ヴァレンヌを見下ろす丘の上に彼らが最終的に到着したときには、九時か九時半になっていた。そしてそこから、もう先に行くことはなかった。

ブイエは後に、橋が壊されていて川を渡ることができなかったと主張することになる。だがヴァレンヌの騎兵隊の指揮官はその数時間前に騎馬で川を渡っており、さらにほんの数マイル南に行けば、道がエール川右岸と交差しているところがあったのである。おそらくはこうだったのではなかろうか。将軍は、国王が自分たちよりすでに二時間は先行しており、数千人の武装した国民衛兵に取り囲まれていると知らされていたのだろう。地元住民に四方八方から脅かされ、南へと長いあいだ走らせてきた後なので馬の疲労も心配であり、おそらくは配下の騎兵隊の忠義心についても疑念を抱いていたのだろう——事実、数時間後に彼らは愛国派に寝返ることになる——、将軍はここで考えを変え、ストゥネへと退却した。彼は自分の宿屋でコーヒーをさっと飲み、二人の息子と将校を二〇人ほど集めると、数マイル離れたオーストリア領ネーデルラント〔現在のベルギー〕に馬を走らせて亡命した。(38) その二日後、ここ数ヶ月というものブイエの片腕として働いていた将校の一人であるクラングラン男爵が彼の姉妹に手紙を書いた。彼は「われらの崇高な陰謀」の失敗を嘆いた。「運命を打ち負かすのはなんと難しいことか！　ヴァレンヌのごとき取るに足らない小さい町の指導者たちが国王をはばむとは、なんと奇妙な運命だろう。ああ、わが愛しの友よ、国王を救うことさえできていたら、たとえ死すともその死はいかに甘美であったことか！」[39]

ブイエが退却を始めた頃、国王の馬車列はちょうどクレルモンに入っていくところだった。国王一行の者たちは、パリへと戻るその恐ろしい旅をけっして忘れることはないであろう。六月二一日のヴァレンヌへの急ぎの旅と比べると、帰路は重苦しく単調で、丸四日間もだらだらと続いた。夏の酷暑がいまや居座り、馬車の速度はだいたいがゆっくりすぎて、微風さえ吹き込んでこなかった。車外では徒歩で付いて来る人々の膨大な群れがもうもうと砂塵を巻き上げ、惨めさはただ募るばかりであった。手を縛られてベルリン馬車の御者席に座っていたヴァロリは、その苦行をこう述懐した。「われわれは太陽に焼かれ、砂埃で息がつまった」[40]。

ヴァレンヌを出発したとき、彼らは初め六〇〇〇人ほどの国民衛兵にともなわれていた。この国民衛兵は、パリの国民衛兵と伝令のバイヨンに率いられ、ある程度の秩序を保ちながら二列になって行進した。だが一行が西に進んでいくにつれて、田舎の人々があちこちから合流した。男たち、女たち、子どもたち、しばしば村の全住人が、武器になりそうなありとあらゆるものを携え、荷車や徒歩で大挙してやって来た。目撃していた者たちは、人々の数があまりにも多く、道路からまわりの田野へとはみ出し、蝟集する動物の群れのようについて行く光景に愕然とした。護衛のムスチエが回想したように、この「数知れぬ大群には、老いも若きも男も女も、ありとあらゆる人々がいて、マスケット銃、サーベル、熊手、槍、斧、鎌で武装していた」。国王一家の帰路の残り半分に同行した議員ペチヨンは、ほぼ同じことを述べている。国民衛兵に加えて、「老いた男や女や子どもたちがいて、ある者は鎌や長い鋤を、またある者は棍棒や剣や時代物の銃を携えていた」[41]。

多くの者は、見たこともなければ見る日が来ようとも思わなかった国王や王妃に、ぽかんと見とれるだけのためにやって来た。他の者たち、彼らの町や村の民兵たちは、国民と国王の両方を守護するために駆けつけた――というのも、君主が誘拐されたという噂が初め流れていたからである。しばしばそれは、彼らにとって、団旗と、パレードで町の広場を回ったときに着用したことがあるだけの新しい色鮮やかな制服を、用いることができる初めての機会だった。ときに群衆は、前夜パニックに陥った市町村を国王の馬車列が通過していったときはとりわけ、祝賀気分になった。勝利に酔い痴れた人々は、歌い、踊り、国民と国王のために乾杯した。町長たちは、国民議会での議論の記録を読んで覚えた美辞麗句を手本に、すばらしい演説をした。忠実なトゥルゼル夫人は、国王が辛抱して聞かなければならなかった地元の名士たちの数々の長広舌に衝撃を受けた。自分の民を棄て、かくも恐ろしい思いをさせることが――たとえ王が不忠な顧問官たちの助言を聞き入れたにすぎないにせよ――、いかに思慮のないことであったかを、彼らは熱心に説き聞かせようとしたのである。町役人たちは、と夫人は感じた。「ただひとつの感情しか抱いていなかった。自分たちの勝利と国王一家の屈辱を喜ぶ感情である。不運な君主に痛罵を浴びせかけることが、彼らには嬉しくてたまらなかったのだ[42]」。

とはいえ、恐怖も濃厚に漂っていた。ヴァレンヌへの道を全速力で駆けてきたブイエ将軍とその四〇〇名の騎兵たちは、田舎の人々のあいだに凄まじい恐怖を巻き起こした。その恐怖は村から村へと急速に伝染し、付近一帯の他の兵団の動きによって倍増した。数千人もの兵士たちが、おそらくは全オーストリア軍が、悪党将軍に率いられ、国王を捕えたかどでロレーヌとシャンパーニュの住民を処罰しにやって来るという噂がすぐに広まりはじめた[43]。国王の馬車列について行った群衆のあいだでも、くるくる変わる噂に煽られて、お祭り気分があっというまに怒りや復讐欲に転じることもありえた。憤怒はたいてい、君主にではなく――「国王万歳!」という叫びが道中ずっと聞こえていた――、王を感化した、あるいは誘拐したとされる者たちに向けられていた。けれども群衆は、王妃を標的にすることにはほとんど痛痒を覚えなかった。例によって、マリの性生活についての野卑な言葉や、王太子の「本当の父親」を云々する嫌味が発せられた。マリが一片の鶏肉を、とくに親切に世話をしてくれた一人の国民衛兵に差し出したところ、それは毒だ、若者よそれを食べるな、という大きなどよめきが上がった。だが憎しみは、何よりも、三人の護衛に集中した。彼らは、派手な黄色のお仕着せの上衣を着た姿のまま、御者席に座って見世物になっており、アンシャン・レジーム下の憎むべきもののすべてを象徴していた。彼らは逃亡の煽動者だと多くの人に思われていたので、ひっきりなしに脅し文句を言われたり、岩や糞を投げつけられたりした。何度か、さまざまな集団がベルリン馬車に近づいて彼らを襲撃しようとしたが、国民衛兵によって押し戻された。(44)

ソース自身は、クレルモンまで国王の馬車列に同道した後、ブイエの攻撃があるかもしれないのでヴァレンヌの防御を監督するために引き返した。この行列は、そこから本筋の郵便街道を進んでサント゠ムヌーまで行き、そこで町長がまた公式演説を行い、ドゥルエとギヨームは――夜のあいだに町に戻っていた――、これ見よがしに行進に加わった。町の西側では、サント゠ムヌーで町長の演説を聞いていたダンピエール伯爵という地元貴族が、騎馬でベルリン馬車に近づいて国王一家に話しかけようとした。衛兵たちが彼を押し退けると、彼は「国王万歳!」と叫び、マスケット銃を空中に発射して、自分の城館へと走り去った。この伯爵は地元住民のあいだですでに広く憎まれていたので、人々の集団がその後を追いかけ、彼を馬から撃ち落とし、畑で殺した。国王自身がその虐殺を見たかどうかは不明であるが、護衛たちは馬車の上から慄然として眺めていた。[45]

その日の終わりに行列がシャロン＝シュル＝マルヌに到着したときには、国王一家はほぼ四〇時間も眠っていなかった。ある目撃者が言ったように、彼らは「およそ見当をつけることができないほど疲労困憊していた」。[46]だがここで、彼らは緊張と疲労から数時間解放されることになる。市門で出迎えてくれた市長と県の指導者たちによって宴が催され、旧地方長官の館に宿泊場所が用意された。それは、二一年ほど前に、若きマリ＝アントワネットがオーストリアからフランスへと旅したさいに一夜を過ごしたのと同じ建物であった。ここの権力者たちは、君主の窮状により深い同情を明らかに示していた。その晩、少数の人々が脱出の手引きをすると申し出さえしたが、家族を置いていくことは考えられないとルイが断ったので、その計画は無に帰した。翌朝、国王と王妃は聖体の祝日のミサに参列したが、ミサが終わらないうちに、ランスから到着したばかりの別の国民衛兵の中隊に慌ただしく連れ出された。ヴァレンヌとサント＝ムヌーが軍隊に攻められ略奪されて燃やされたという新しい噂が流れており、国王をパリに速やかに移動させねばならないと国民衛兵たちが主張したからである。[47]

国王一行はふたたび昼近くに出発し、いまやその数一五〇〇〇人から三〇〇〇〇人のあいだと推定される大群衆にともなわれ、逃亡のために使ったモンミライユ経由の長いほうの経路ではなく、マルヌ渓谷に沿う道を、痛ましいほどのろのろと進んでいった。彼らはエペルネにしばしとどまり晩餐をとったが、暴動が街路で勃発してふたたび大急ぎで街道に戻った。だがトゥルゼル夫人はあわや群衆のなかに引きずり込まれそうになった。[48]それから、晩の七時半頃、開けた田園のなか、道がマルヌ川沿いを走っているところで馬車列はにわかに停止し、前方の道にいた群衆は静まりかえり脇によけた。パリの国民議会から派遣された三人の議員たちが到着し、議会の護衛官に先導されて、徒歩で近づいてきていたのだ。国民議会は、それより二〇時間ほど前に国王がヴァレンヌで阻止されたことを知り、議会のさまざまな政治的党派を代表するようにと彼らのうちから入念に選び出された三人を即座に派遣したのである。アントワーヌ・バルナーヴが先頭に立っていた。彼は穏健なジャコバン派で優れた弁論家であり、まだ二九歳であったが、外見はさらに若く見えた。その後に続いたのがいささか年長のジェローム・ペチヨンで、熱烈な民主主義者にしてマクシミリアン・ロベスピエールの盟友、そして急進的なジャコバン派であった。そして最後がマリ゠シャルル・ドゥ・ラトゥール゠モブールで、君主政主義者にしてラファイエットの友人であった。恐怖と不安の長い時間を過ごした後、これらの男たちの出現に、車中の女性たちは込み上げてくる感情を抑えることができなかった。かつてはひどくさげすんでいた男たちが、いまや自分たちの安全を約束してくれるように思えたのだ。エリザベト内親王は議員たちの手を取って、リンチするぞと脅されたばかりの三人の護衛たちを守ってほしいと懇願した。慰めの言葉を二言三言かけた後、バルナーヴは、国王のパリへの安全な帰還を保障する役目にこの者たちを任ずるという旨の議会の法令を正式に読み上げた。それから彼は、ベルリン馬車の御者席に上ると、沈みゆく太陽にくっきりと照らされながら、群衆のために法令を再度読み上げた。それは、主権が国王から国民に移行したことを明確に示す、フランス革命におけるもうひとつの特筆すべき瞬間であった。[49]

　議員たちは、穏健な愛国派にしてアメリカ独立戦争でも戦った軍将校のマチュー・デュマをともなっていた。デュマはすかさず国民衛兵分遣隊の指揮をとり、膨大な行列をそれなりに整然と整えた。バルナーヴとペチヨンは、二人の子どもたちを女性たちの膝に抱えさせると、大きいほうのベルリン馬車に身を縮めて乗り込んだ。背がずっと高いモブールは、カブリオレで乳母たちの横に座を占めた。一行は、その晩はドルマ

国王一家がパリに近づく
ジャン＝ルイ・プリウール、『フランス革命の歴史的光景』より
撮影ヘレン・チェナット

国王のベルリン馬車と乳母たちを乗せた小型の乗合馬車が、シャン＝ゼリゼへの入口の真北にあるル・ルール入市税門の下を通過している。モンマルトルの丘が、高さが誇張されているが、背景に見える。

ンという小さい町に宿泊し、真夜中をとうに過ぎて就寝した。翌日、シャトー＝チエリという町を通過しているとき、デュマは橋のところで巧みな動きをして、有象無象の民衆からなる行列のほとんどを切り離したので、一行は速度を上げてモーへ行くことができ、六月二四日の晩は司教館に宿泊した。だがもっと大勢の人々や国民衛兵、そして見物人が夜のあいだに町に押し寄せたので、夏の暑熱のなかでの首都への最後の行程は、以前と同じようにふたたびゆっくりと、群衆に邪魔されながらの旅であった。「かくも長くかくも疲弊した日はいままで経験したことがなかった」とペチヨンは書いた。(50)

行列がパリ郊外を通過しているとき、雰囲気は、明らかに一段と攻撃的なものとなった。おそらくは護衛たちを狙ったのだ

国王一家がチュイルリ宮殿に帰還する
作者不明
カルナヴァレ博物館　撮影 PMVP

ベルリン馬車は、ルイ一五世広場（今日のコンコルド広場）を横切り、チュイルリ庭園に入ろうとしている。ほぼすべての見物人たちは、国王を明らかにさげすんで、帽子や縁なし帽をかぶったままでいる。脱帽した男性に対峙する女性たち（右）に注目せよ。

ろう、ベルリン馬車への一斉襲撃が何度かあった。バルナーヴとペチヨンは乗客たちの安全を懸念しはじめ、国民衛兵たち——いまやそこにはパリから来た国民衛兵たちの姿もあった——に守ってくれ、と叫んだ。二人の将校が重傷を負い、デュマはあやうく馬から落とされそうになったが、一行はついに、ラファイエット将軍が騎兵分遣隊の大軍とともに待つパリの市門へと辿り着いた。[51]行列は、それから、市の周辺を回っていく進路を取り、ふたたび労働者階級の住む界隈を避けながら、シャン＝ゼリゼを経由して北西から市中に入った。パリの全市民が国王の道行きを逐一把握しており、数万人の老若男女がぎっしり立ち並んで行列が大通りをゆっくりと進んでいくさまを見守り、さらに数百人が木や屋根の上にしがみついていた。馬車の乗客はくたびれ、汚れ、よれよれになっているように見えた。議員たち、長い道のりを踏破し行進の先頭に華々しく立っていたドゥルエとギヨーム、そしてヴァレンヌから来た国民衛兵に向けて幾分かは歓声が上がった。だが群衆は、おおむね沈黙したままであり、君主をあからさまに侮蔑するしるしとして、帽子や縁なし帽を脱ごうとはしなかった。同じく反感を示す身振りとして、通りに沿って並んでいた国民衛兵のいくつかの部隊が、マスケット銃を逆さに構え銃身を地面に向けていた。パリでは、地方とは異なり、「国王万歳！」というお定まりの喝采も起こらなかった。[52] 群衆の喝采につねにきわめて敏感なルイにとって、それは大いなる悲しみの瞬間でしかなかっただろう。

大通りの端で、一行は大きな広場——今日ではコンコルド広場として知られている——を横切り、チュイルリの庭園に入り、宮殿の入り口近くで停止した。いまや規律はほぼ崩壊し、群衆のなかの人々が馬車に駆け寄り、三人の護衛たちにつかみかかろうとした。デュマとペチヨンと他の何人かの将校たちは、叩きのめされ血を流しているその三人の男たちを、すこぶる難儀しながら、なんとか安全な所まで運ぶことができた。そのあいだに、国王一家は速やかに馬車を降り、歩いて無事にチュイルリ宮殿に、ほんの五日前、永遠におさらばしたいと願った宮殿に入った。[53]

事後分析

「なんと数奇な運命だろう！」とクラングラン男爵は慨嘆した。ほんのもう一五マイル、真夜中に一、二時間ダンへと馬車を走らせれば、国王一家はブイエ将軍と数百名の騎兵からなる軍勢の保護を受けることができただろう。国王が捕えられたまさにその瞬間から、ヴァレンヌへの逃亡に関与した者たちとそれを目撃した者たちは、どこが問題だったのか、どうして失敗したのか、最終的に責任を負うべきは誰なのか、と自問しはじめた。逃亡の失敗が大いなる勝利となる愛国派でさえ、逃亡の成功に後一歩まで迫っていたフランス国王をはばんだ運命の不可思議な働きに長々と思いを馳せた。実際、何世代もの歴史家たちが、「反事実史」による異なる世界を心中で辿り、ルイがモンメディに首尾よく到着していたら、すべてがいかに変わっていたことだろうと思案してきた。ヴェルサイユ宮殿の小間使いが怪しまず、国王一家が出発をやむなく延期することがなかったとしたら、ラファイエットが会談を求めてチュイルリ宮殿に夜遅く訪ねてこなかったとしたら、ショワズール公爵がソム゠ヴェル近くの草地でもう一時間待機していたとしたら、ドゥルエが宿駅に戻る前にもう数分間自分の畑にとどまっていたとしたら、クレルモンの御者たちが納得づくであれ、買収されてであれ、力づくであれ、馬替えをしないでヴァレンヌの先へ旅を続けていたとしたら、どうなっていただろう。「もしも」の連続は、ほとんど尽きることがない。というのも、実際、ヴァレンヌの「出来事」は――歴史におけるほぼすべての出来事がそうであるように――、ほとんど無数の副次的出来事の連鎖からなり、そのどれもがあの日の結末を変えたかもしれないからである。

とはいえ、出来事のこの連なりから、微細な個々の行動と反応から一歩退いてみれば、二つの主要な要素がヴァレンヌの経験を形成したと論じることができよう。まず第一に、この冒険を通じての主要人物、すなわちルイ一六世自身の性格と振る舞いがある。国王の常習的な優柔不断と頼りなさは、フランス革命全体の起源と進路に深遠なる影響を及ぼしていた。この事件に関して言えば、逃亡を早くから断固として決断していれば、成功の見込みはほぼ確実に大きくなっていたことだろう。ルイがついに逃亡を選択したと思われる一七九一年四月以降でさえ、すべての手筈が遅くとも五月初旬までには整っていたにもかかわらず、逃亡の決行は幾度となく先延ばしにされた。逃亡が延期され一日一日と過ぎていくうちに、複雑な陰謀はますます発覚しやすくなる――六月初めのどこかで、実際に王妃の小間使いが見破ったように。逃亡が延期され一日一日と過ぎていくうちに、フランス軍兵士は――愛国派のクラブにどんどん感化され――、貴族の指揮官に従うことを拒み、自分たちが拒否する目標をもつ行動はなんであれ阻止すべく攻撃的に振る舞うようになるだろう。出発前の数ヶ月のあいだ、ブイエ将軍は麾下の軍隊の信頼性と計画全体の実行可能性について悲観の念を募らせていた。[54] 最終的に、外国生まれのドイツ語を話す騎兵に頼ることにしたが、その決断によって、彼らの動きに目を光らせる村人や町民の疑念を大いにかき立ててしまった。だがそのときですら、国王が窓の日よけを下げたまま馬車を走らせることによって、車外に出て居合わせた者全員に自分の姿を公然とさらすことによって、運命に挑むことさえなかったなら、逃亡は成功していたかもしれない。そのような行為は、もちろん、国王がフランス革命の真の意味とその広範な訴求力を理解できなかったことと密接に関わっていた。彼は、フランス革命によるおぞましいもろもろの変化は、国民議会における少数の急進派と彼らがパリの「ごろつき」を煽動し支配することによって惹起された、と考えていたのである。

だがこの意味において、ヴァレンヌの失敗の二番目の根本的な原因はまさに、フランス革命によって生じたフランス人の態度と心理の全面的な変容にあったのである。自信、独立独歩、地域共同体だけではなく総体としての国民に属しているというアイデンティティの新しい感覚――ヴァレンヌという小さな町でわれわれが目にしたような変容――は、フランス人の大半に浸透していた。このような進展こそが、サント＝ムヌーやヴァレンヌという小さな町の役人が国王をはばもうとして発揮した驚くべき主導力を説明する助けとなるのである。ドゥルエやソースによる個人的行動を軽視してはならないが、そうした行動は、町議会、いやそれどころか市民全体の支持がなければ果たしえなかっただろう。逃亡前の数日間に傭兵の騎兵たちが異例の理由不明の動きを見せていたこと、それらの連隊を率いていた貴族将校たちに対して住民があまねく猜疑心を抱いていたことも、そのような支持が得やすくなる追い風となった。サント゠ムヌーにもクレルモンにも、国王の旅の一行が到着する前から、騒擾に近い状況がすでに存在していたのである。新しい革命の心性という文脈において、いまや「どの村も越えられない壁となってあなた方の行く手を遮るでしょう」とメルシ゠アルジャントゥイユが国王夫妻に警告したとき、彼は間違っていなかったのだ。

実際、ある観点から見ると、真に問うべきは、なぜ国王の逃亡が失敗したのかではなく、どうしてそれがあわや成功しそうになったかということである。誰にも見咎められることなくチュイルリ宮殿を脱出し、パリという用心深く猜疑に満ちた大都市から逃れ、主要な郵便街道を通ってオーストリア国境まであと数十マイルのところまで旅する——国王一家のそうした華々しい離れ業すべてが、ブイエ将軍の、そしてとりわけアクセル・フォン・フェルセンの組織力を明確に示している。彼ら二人は協働することによって、史上最も偉大な脱出のひとつに数えられることは確実であった脱出を、成功の一歩手前まで導いたのである。

第四章　われらが良き都市パリ

ルイとその家族が六月二五日に帰還した都市、その後は幽閉同然の生活を送ることになる都市は、王国の他のどの町や地域とも劇的に異なっており、それ自体がひとつの宇宙をなしていた。およそ七〇万の人口を擁するパリは、すべてのキリスト教国の都市のなかで二番目に大きく、世界では上位一〇位に入る大都市であった。ノートル・ダム大聖堂は、この巨大都市の中心に位置するセーヌ川の島に建つ大聖堂であるが、その塔に登ったならば、人がひしめき合い、活気溢れる、複雑なこの世界のもつ驚異的な多様性の感覚をいささかなりとも摑むことができただろう。[1] この見晴らしの良い地点からだと、一八世紀の旅行者たちがすでに見物のために群がっていたパリの記念碑的な建造物の多くを、すぐに目にすることができるだろう。ちょうど西側には、かつてパリ高等法院が置かれていた巨大なゴシック様式の裁判所があり、北側の川向こうには、ルネサンス様式の壮麗な市庁舎がある。川沿いのさらに西のほうには、アカデミー・フランセーズのバロック様式のドームがあり、その真向いにはルーヴル宮殿の巨大建造物群と、その西側に拡張されたチュイルリ宮殿が右岸にあった。

そうした世俗の建築物の小塔や塔以外にも、カトリック教会によって数世紀にわたって建てられた尖塔や鐘を二〇〇ほども数えることができたが、その多くは、聖職者の財産や収入のかなりの部分とともに、いまやフランス革命によって没収されていた。訪問者はまた、パリ市の総じて西部に、そしていくつかの他の地点にもぽっかりと、明らかに密度の薄い地域があり、より新しい建物が緑のあいだに点在するさまも認めることができただろう。これらは貴族の邸宅や庭園であり、貴族の名家がヨーロッパ中でおそらく最も集中しているところがそこなのである。フランス革命はこれらの家系がかつて享受していた歴然たる法的・政治的特権を一掃してしまったが、彼らは——聖職者とは異なり——、莫大な富のほとんどと文化的影響力の大半を保持していた。

富と権力を表すこれらの堂々たる記念碑的な建造物と比較すれば、パリ市のかなりの部分はより暗く、すこぶる安っぽく見えたことだろう。そこは、こじんまりした多層階の建物の寄せ集めで、なかには危うげに前に傾いていたり、互いに寄り掛かっていたりするものもあった。東の郊外に見えるのは、労働者階級の住居が独自の集落をなしているさまであり、とりわけ、サン＝タントワーヌ地区では、いまや解体されたバスチーユ牢獄が建っていた広場から田園地帯へと向かって、蹴爪のように東へと突き出していた。そしてサン＝マルセル界隈では、南東からセーヌ川にうねりながら流れ入る小さめのビエーヴル川に沿って、そうした住居がぎっしりと建ち並んでいた。フェルセンは、六月二一日の深夜に国王一家をパリから馬車で脱出させたとき、そうした地区を注意深く避けていた。だが、似たような住居群は市のほぼ全域で見られたし、宮殿や教会にじかに隣接していることもしばしばだった。ここそが、最近までみずからを「第三身分」と呼んでいたパリの平民の大部分の住まいであった。

市全体に散らばるおそらく一〇万ばかりの平民の多くは、政府職員や専門職に就いている人々、商人や商店主あるいは職人の親方の家庭であり、安楽で安定した生活を営んでいた。この集団のかなりの部分は市内で生まれ、男性のほぼ全員と女性のほとんどは読み書きができた。このきわめて重要な「中産階級」の塊は、王国の他の地域すべてを合わせたよりもパリでの人数のほうが多かったが、すでにパリの革命指導層の中核になりつつあった。だがパリの住民の大半は、より不安定な生活を送っていた。職人、店員、洗濯女、行商人、

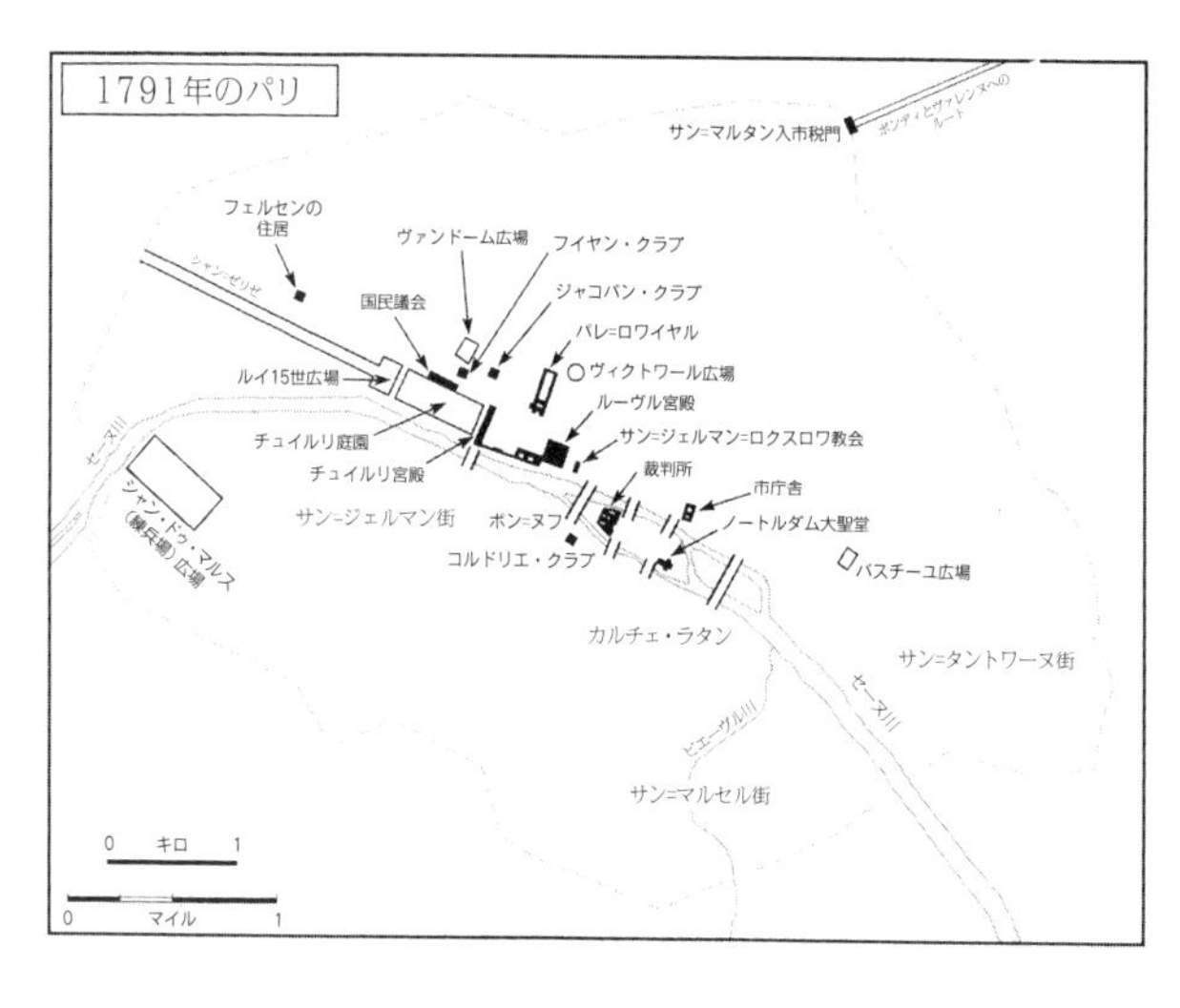

下男、日雇い労働者、娼婦（ある見積もりによれば、その数およそ四万人とされる）がいた。すなわち、雇用が安定していない者、失業者、路上生活者たちである。その多くは、王国の多くのさまざまな地域から、そして外国からさえやってきた移住者であり、衣服も訛りもごたまぜの混成であった。商売をしていたり才覚があったりで、すぐに日常世界に溶け込める者もいれば、読み書きができず手に職もなく、ふらふらと惨めに周縁を漂っている者もいた。この都市にきわめて特異な性格を与えていたのは、偉大な者と取るに足らない者、富裕な者と貧窮した者、高い教養のある者と読み書きのできない者――そしてその中間にあるほぼすべてのもの――という、対極的な人々がおびただしく存在することであった。実際、一八世紀後半のパリのあの飽くなき観察者であるセバスチャン・メルシエは、いみじくも、パリを「人類の坩堝」と評した。(2)

一七八九年以降のパリにおける騒乱はジャコバン派や民衆煽動家という少数派の仕業である、と国王は想像したがったが、フランス革命の衝撃がパリ社会のありとあらゆる層に及んでいたという証拠は十分にある。一七九〇年と一七九一年にパリ市を通過した外国人旅行者たちは、この変化を示す外的なしるしについて例外なく口にしていた。見知らぬ者同士でさえも街路で政治を論じ合う光景、ほぼすべての男女が身に着けている愛国派の三色のバッジあるいは花形帽章、いたるところで販売され配布されている革命的な新聞や小冊子、民衆的劇場やオペラで幕間に詠唱される愛国的な歌。[3] パリの日常生活のこのような政治化は、ここ二年のあいだにヴァレンヌの農夫や町民を感化していたものとよく似た革命的過程の一部であった。国民議会が、人民の主権と平等の名のもとに、アンシャン・レジームの諸制度に猛攻撃をかけることによって、ほぼいたるところで、男たちや女たちが権威や不公正をより広範に問い質すようになったのである。だがパリでは、民主主義と平等という心に食い入る論理が、ある層の住民を世界の根本的な変革という至福千年説めいた期待へと急速に駆り立てていた。

この尋常ならざる急進化は、まず第一に、一八世紀のパリがまぎれもない文化的闘争の場になっていたという経験と関わっていた。君主政の財政・宗教政策に対する高等法院の政治闘争、カトリックの権威にあらがうジャンセニスムの反体制運動、あらゆる形態の教権主義と蒙昧主義を敵とする啓蒙思想家たちによる知的闘争。それらすべてが、フランスやヨーロッパの他のどこよりもパリで激しくおこなわれてきた。実際、パリは啓蒙思想の首都として広く知られ、知識人たちを全大西洋世界からサロン、カフェ、編集所へと惹き寄せた。これらの複雑でしばしば相矛盾する運動は、パリ住民のなかでも卓越した学識をもつ高い教養のある人々を多く感化し、批判的で独立した思考の雰囲気を醸成するのに寄与した。

だがパリの急進化は、より最近の出来事にも結びついていた。一七九一年の初頭までには、パリは数十もの日刊紙と散発的な無数の他の出版物で溢れ返っていた。そのような刊行物には、政治的な領域におけるほぼすべての立場が表明されていた。パリの多くのセクションにおいて、議論の論調や内容は、つねにより民主主義的でより平等主義的な原理を唱道する傑出した才能をもつ急進的な書き手の一群――カミーユ・デムラン、ジャン゠ポール・マラ、ニコラ・ドゥ・ボンヌヴィル、ルイーズ・ケラリオとその夫のフランソワ・ロベールのような人々――によって、しだいに影響されるようになった。(4) フランスの大半の地域において、新聞は、急進的であろうがなかろうが、大多数の男女にはほとんど直接的な影響を及ぼさなかった。彼らは活字に触れる機会がほぼなかったのである。けれどもパリでは、機能的識字率がいちじるしく高いばかりか、読み書きができない者でさえもが最新の政治論評を知りうる他の手段があった。市中の七〇〇あまりのどのカフェでも、常連であれば、そうした店を牛耳っている「弁士頭」を自任する者たちの一人によって、新聞や小冊子が夜毎に朗読され論評されるのを聞くことができただろう。(5) そうでなければ、街路をうろつく数百人ものパンフレットや新聞の呼び売り商人から、その日の出来事を知る――あるいは不正確に知る――こともできた。部数をさばくため、彼らはひっきりなしに「見出し」をわめき立てたり、それらの見出しを自分で煽情的に膨らませて講釈したりしていたのである。トマス・ジェファソンのお気に入りで、パリでアメリカ公使を務めていたウィリアム・ショートは、民衆的な新聞が甚大な影響力をもつことに目をみはった。「それらの新聞は街路で呼び売りされており、パリのいたるところで叫び立てられ、安く売られたり無料で渡されたりするのですが、人々はそれを驚くほど貪欲にむさぼり読むのです」と彼はジェファソンへの手紙で書いた。メルシエは、新聞売りのもつ潜在的な影響力に眉をひそめていた。彼らの多くは実際、読み書きができなかったのである。「ただの法令案が正式な法令に化け、起こってもいない出来事に近隣全体の住民が判断をくだしたりおびえたりする。こうしたでたらめな知らせにいままで幾度となくだまされてきたのに、民衆はなおもこの怒声をあげる呼び売り商人の言うことに耳を傾けるのである」[6]。

最後に、パリの急進主義は、フランス革命の開始以来、政治的結社が顕著に増加したことによって影響を受けてきた。ヴァレンヌと周辺の町々において、地元の愛国的クラブが及ぼした影響についてはすでに見た。パリにおいては、国王の逃亡時には、そのような結社が少なくとも五〇はあった[7]。これらの団体のいくつかは――地方の大多数のクラブと同様――、どちらかと言えばエリート主義的であり、会費を高く設定して会員を中産階級ないしは上流階級の人々に限っていた。そのような例が、有名なジャコバン・クラブである。このクラブは、チュイルリ宮殿にほど近い右岸に集い、王国中に張り巡らされている「憲法の友の会」の組織網の本部であった。だが、パリのクラブの多くは、社会のより卑賤な層、すなわち、財産規定による資格を満たすことができず国民議会から投票権と公職就任権を与えられなかった「受動的市民」の勧誘を目的として創られていた。

パリのクラブのなかで、「人間の権利の友の会」――歴史的にはコルドリエ・クラブという名で最もよく知られている――ほど、より低い階層の人々を政治参加へと誘うのに熱心なクラブはなかった。セーヌ左岸の、カルチエ・ラタン近くの出版地区の中心に拠点をもち、会員は、一群の急進的な知識人――デムラン、マラ、ロベール、ジョルジュ・ダントンのような男たち――と、地元の商人や職人の男女のかなりの数の一団からなっていた。コルドリエ・クラブは、初めから、二つの目標を追求していた。ひとつは、民主主義と平等の拡大を促進し、庶民の諸権利を擁護することであった。もうひとつは、フランス革命を脅かしているとほとんどの会員が信じていた謀略や陰謀を根絶やしにすることであった。[8] だが、このクラブは、三〇あまりの「友愛協会」、すなわち、一七九〇年と一七九一年にパリに出現していた民衆的な政治的結社のなかで最も古く最も有名であるというだけにすぎない。そうした結社のなかには、パリの特定の地区で指導力を発揮することを目指す個人を軸として発展したものもあった。また――「貧窮者のための友愛協会」のように――、コルドリエ・クラブの会員たち自身によって、平等主義的な政治という彼らの旗印のもとに民衆を動員するという固有の目的をもって、一七九一年の初めに設立されたクラブもあった。すべての友愛協会が、財産をもつ男性だけではなく、すべての男性が投票し公職に就く権利を得ることを求めた。いくつかのクラブは女性が参加することも認めていた。そうした女性のなかには、女性の愛国派により大きな役割をより広範に与えるよう強く主張する者たちがいた。一七九一年の春までには、フランソワ・ロベールとコルドリエ・クラブの会員たちは、そのような協会すべての活動を「中央委員会」を中心に取りまとめようと試みていた。「人間の権利の友の会」は、このように、ジャコバン派の全国的なネットワークときわめてよく似た、パリを拠点とする政治クラブのネットワークを順調に構築しつつあった。[9]

都市の結社の第二のかたちは、パリの四八の「セクション」を軸として発展した。一七九〇年の春、旧来の「ディストリクト」を廃止して設けられたセクションは、公職者を定期的に選出するための選挙区として意図されていた。しかし、一七九一年の初めまでには、セクションはほぼ恒常的に集会を開き、地元の問題を幅広く掌握し、当今の政治問題についてしばしば意見を表明した。メンバーになる権利は「能動的」男性市民に限られていたが、指導者層は地元のもろもろの共同体と密接な絆を育み、それによって、ある種の草の根的な性格がセクションに与えられた。実際、大部分が労働者階級からなる選挙区を抱えるセクションの多くは、コルドリエ・クラブや友愛協会の見解に通じるような、平等主義的で民主主義的な立場をとっていた。セクションの権力と影響力は、セクション同士で意思疎通を図り、政策をすり合わせるために合同集会を開催するようになって、さらに大きくなっていった。一七九一年の春までには、セクションと友愛協会のいずれもが、国民議会や正規のパリ市政府からますます独立した、影響力のある機関になりつつあった。[10]

国王の逃亡に先立つ数ヶ月のあいだ、一連の事態の進展によって、パリの諸地区は輪をかけて神経質で疑い深くなっていた。労働者によるストライキと他の集団行動の大波によって、冬と春のあいだはずっと、パリはほぼたえまない騒乱状態にあった。労働する男女を不穏にさせていたのは、一部には、政府が大量の紙幣を乱発したために生じた物価の急激な上昇によるものであった。とはいえ、世情不安は、フランス革命の過程そのものと結びつけることもできるだろう。というのも、熟練職人は、他の者たちが政治的・社会的諸制度に対して用いたのと同じ平等主義の論理を用いて労働制度に異を唱えたからである。これらの労働者たちの多くは、一七九一年三月、親方に過大な権威を与えていたギルド制度を国民議会が正式に廃止したとき、闘争心を鼓舞されていた。しかしながら、国王逃亡のわずか数日前、国民議会は労働者にとってはるかに条件の悪い法令、つまり労働者の結社と団体交渉を違法とする有名なル・シャプリエ法を可決した。[11]

下層階級も中産階級もともに、反革命的な陰謀の噂がたえず流れていることによって動揺もしていた。ライン川を渡って侵略するぞと脅す亡命貴族たちのこけおどしの広言によって、そしてまた、フランス革命の最初の二年間にたくらまれたまさに現実の世に聞こえた陰謀の数々によっても恐怖が煽られていた。そうした緊張は、パリに大勢の貴族が住んでいることによってさらに悪化した。それらの貴族の多くは、お抱えの反動的なクラブや出版社をもち、国民議会内部の保守的な少数派と密接なつながりがあった。一七九〇年の終わりに、もっぱら貴族と聖職者を会員とする君主政クラブが創設されたことは、アンシャン・レジームの悪弊すべてを復活させようとする陰謀の具体的証拠であるように思われた。おそらくさらに人心をかき乱したのは、聖職者市民化法と聖職者の宣誓の義務化によって始まった教会の分裂である。首都とその近郊の教区司祭のおよそ三四パーセントが宣誓を拒否した。ヴァレンヌの人々にとってと同様、パリの人々にとっても、「宣誓拒否」聖職者は、自分たちのただなかに潜んでいる反革命勢力の目に見える象徴となった。宣誓拒否司祭や貴族によってたくらまれる陰謀への恐怖が、冬と春を通じてパリで起こった無数の暴動の主要な原因であった。(12)

この緊張に満ちた騒乱の都市を制御し支配する責任は、いずれも一七八九年七月に国民議会そのものによって選ばれた、パリ市の政治における二人の主要人物の肩にかかっていた。市長のジャン＝シルヴァン・バイイと国民衛兵司令官のラファイエット侯爵である。著名な天文学者、権威あるアカデミー・フランセーズの会員、ヴォルテールとベンジャミン・フランクリンのかつての友人であるバイイは、国民議会の並外れて有能な初代議長としてその政治的名声を築いた。彼よりずっと年下のラファイエット侯爵は――ヴァレンヌ事件のさいは三三歳の若さであった――、アメリカ独立戦争における活躍のみならず、フランス革命前夜のフランスにおいて自由主義的なさまざまな大義に関わってきたことでもよく知られていた。一七九一年、バイイとラファイエットは、五万人を超える国民衛兵を自由に動かすことができた。その軍勢のうちおよそ一万人は――そのほとんどは元軍人であった――常勤の職業軍人であり、給料を支払われ兵営に住んでいた。残りは市民の志願兵で、兵役は交替制であったり緊急時であったりと限られていた。志願兵は、自分で制服を調達し、多少の教練を受けるために十分な自由時間を確保する必要があったので、その大部分は中産階級の出身であった。[13]〔国民衛兵の〕総兵力は際立ったものと見え、アンシャン・レジーム下に存在したどの軍隊をもはるかにしのぐ規模であったが、問題がないわけではなかった。正規軍を悩ましていたのと同じ権威への疑念が、国民衛兵をも感化しつつあったのだ。いくつかの国民衛兵分遣隊が、四月一八日に国王一家がチュイルリ宮殿から出かけるままにすることを――ラファイエットが正式に命令したにもかかわらず――拒絶したのは、そのことをよく表していた。だが、四月一八日の出来事の影響で、将軍は軍を改革する自由裁量権を与えられ、不服従な国民衛兵は除隊させられ、より強い規律が課せられた。[14]

一七九一年の前半を通じて、国民衛兵はたゆみなく活動しており、労働者の抗議運動、市場での喧嘩、反革命や内乱を画策していると噂された聖職者や貴族に対する暴動といったさまざまな事件にほぼ毎日介入していた。パリ市民の観察者も外国人訪問者も、ひっきりなしに騒乱が起き、社会的な暴力の脅威と現実がつねに存在し――二月二八日と四月一八日の暴力沙汰はその最も劇的な事例でしかない――、パリを支配していることが脳裏から離れなかった。「騒擾が毎日起こる」とイギリスの秘密諜報員ウィリアム・マイルズは書いた。ラファイエットと配下の者たちは、「大勢のペニー郵便配達夫さながら、つねに走り回っていなければならなかった」。イギリス大使のジョージ・グランヴィル・ガワー伯爵は、「この国が苦しめられている全面的な無秩序状態」について伝えた。ウィリアム・ショートは、果てしない騒乱が「パリの社会に、そこでの暮らしを極度に苦痛に満ちたものとする陰鬱と不安の影」を投げかけていると感じた。初老のパリ市民であるギタール・ドゥ・フロリバンも、きわめてよく似た感情を抱いていた。「みんないっしょに生活するだけでは、どうして平穏で幸福になれないのか。このような暴力沙汰すべてに、私はすっかり打ちひしがれてしまった」と彼は訴えた。[15]ヴァレンヌ前夜、パリはすでにいつ爆発してもおかしくない危機的状況にあったのである。

不実王ルイ

何ヶ月ものあいだ、国王誘拐の陰謀の噂がパリに流布していた。早くも〔一七九一年〕一月には、そのような脅威があると議員の一人が報告しており、同様の報告が二月および春中ずっと新聞に掲載されていた。陰謀の詳細は概してきわめて漠然としていたが、大筋はたいてい以下のようなものであった。他の誰か――外国勢力、「アリストクラート」、おそらくは王妃さえも――が、あらがう国王を力づくで拉致するだろう、というものである。[16] 逃亡前夜、急進派のジャーナリストであるスタニスラス・フレロンは、マリ゠アントワネットと王妹のエリザベトがそうした逃亡を実際に試みたという噂が市中に流れていると報じた。マラは、彼のお定まりの破滅の予言で色づけし語り直して、さらに漠とした話を公表した。王妃の小間使いの一人から告発を受けて、ラファイエットと彼の副官たちは王宮警備の国民衛兵を増員していた。とはいえ、それに先立つ数ヶ月のあいだ、あまりにも多くの噂が市中に流れており、そのどれひとつとして現実化しなかったため、その新たな告発を誰もあまり真剣には受け止めていなかった。[17]

ともかく、チュイルリ宮殿の従僕たちは、六月二一日の朝七時、国王の寝台のカーテンを開けてなかがもぬけの殻であるとわかったとき、愕然とした。初め彼らは、国王は王妃の部屋に行ったのだろう、と希望を交えて考えたが、彼女の寝床に寝た形跡がなく、国王の子どもたちやエリザベト内親王の姿も消えていることがわかったとき、宮殿中は修羅場と化した。召使いたちの多くは即座に街着に着替え、共謀のそしりを受けるのではないかと恐れて、命からがら逃げだした。[18] ラファイエットとバイイが、初めは彼らも信じるのを拒んだ新手の噂を耳打ちされて到着した頃までには、そのニュースはチュイルリ宮殿の外に拡がり、驚くべき速度で巷間を駆け巡っていた。[19] あるパリ市民は、その経験をこのように述懐している。「嵐によって強められた波がたてるうなりに似たどよめきが聞こえた。そのどよめきは近づいてきて、大きくなり、さらに勢いを増しながら広まっていった」。若き司法官僚でポワチエ選出の議員であるフェリックス・フォルコンは、部屋で書き物をしているとき、街路と隣家で叫び声がしたのに気づき、国王がいなくなったという言葉を耳にした。やはり議員で、弁護士にして歴史家のアントワーヌ・チボドーは、セーヌ川近くで大砲が警告射撃をしている音で目が覚めた。すぐにみなが窓辺に行き、通りの向かい側の家々や下にいる人々に何があったのかと呼びかけていた。八時と九時のあいだに、ニュースが広まるにつれて、パリ市のすべての教区で教会の鐘が鳴りはじめた。「武器を取れ」という太鼓の不吉な連打音が湧き起こると、男たちは、国民衛兵の隊形に加わろうと、制服のボタンをまだ留めながら、街路を駆け抜けていった。[20]

多くの人々が自分の目で見届けようとチュイルリ宮殿に駆けつけたので、八時半までには大群集が宮殿の各門を突破して乱入し、国王の居室に通じる階段を上り、衛兵や脱出しないでとどまっていた召使いを脅したり大声でののしったりしていた。王妹の担当兵士は、書棚に組み込まれた発見されたばかりの秘密の扉が群衆に示されるまで、壁に押しつけられ脅されていた。人々が国王一家の肖像画や王妃の部屋のいくつかの家具を破壊しているという報告があった。だが、ほとんどの場合、人々はただぽかんと眺め互いに喋っていただけであった。自治体役人が到着し、証拠を保全するためにその一画を封鎖する必要があると訴えると、群衆はすぐに出ていった。[21] 別の場所では、敵意に満ちた人々の集団がバイイとラファイエットを取り囲むなか、二人は市庁舎へと向かおうと試みていた。彼ら二人は当初、国王の逃走に関与したとみなされていたのである。だが冷静沈着な将軍は一歩も引かず、ほんの数名の国民衛兵にともなわれて、市長バイイを安全な場所まで導いた。チュイルリ宮殿を夜間警護する衛兵の指揮官であるドーモン公爵は、それほど幸運ではなかった。大群衆に追い詰められ、殴られ衣服をひどく引き裂かれたあげく、民兵の部隊によって救出された。パリ市の他のセクションでは、危険な反革命家たちが牢獄に収監されており、彼らはすぐに脱獄して人々を襲うだろうという噂が広まったため、自治体軍が駆けつけて虐殺が起きるのを防がねばならなかった。[22]

にもかかわらず、総じて、最初の衝撃と興奮が過ぎると市は平静を保ち、観察者たちはほぼすべて、比較的穏やかな反応であったと論評した。「完全な静寂が支配している、それと同時に、誰もが卒中にかかったかのような、麻痺したような感覚も支配している」とスペイン大使は書いた。「パリにかくまで感情が渦巻き、かくまで穏やかなのは、かつてなかったことである。とりわけ庶民が完璧な秩序を保っている」と『ル・バビヤール（喋り屋）』紙の記者はあちこち歩き回りながら述べた。若いドイツ人文筆家のコンラート＝エンゲルベルト・エルスナーは、街路を支配する断固たるほとんど陽気な楽天主義の雰囲気に驚嘆した。「動きや好奇心はずいぶんあったが、破壊や狼藉はどこにも

国王の失踪を知ってチュイルリ宮殿に駆けつける人々
作者不明
カルナヴァレ博物館　撮影ラデ、PMVP

なかった。憤懣は、怨嗟の声というよりは、面白い戯言によって表現された。人々は、互いに尋ね合い、まったくの見知らぬ人に話しかけ、議論し、冗談を言った。途方もない出来事が、共同体全体に影響を及ぼし、百万もの人々を日々の営みから引き離した。彼らを些末な関心事から引き離し、互いにより親密に触れ合わせたのだ」[23]。短期的に見れば、陰謀がなされたという公然たる現実よりも、それに先立つ噂や陰謀への恐怖のほうがはるかに人心をかき乱すこととなった。

民衆の抑制への鍵のひとつとなったのは、明らかに、パリ市当局が間髪入れず精力的に行動を起こしたことであった。その朝一〇時、バイイによって慌ただしく招集された市議会は、続く六日間、昼夜の別なく開会された[24]。市議会議員たちは国民議会と速やかに連携を図り、そこから所定の役人がほぼ毎時間、行ったり来たりした。市議会はまた、近隣セクションの諸委員会と緊密に協働しようと試み、地域組織との意思疎通を確保するため、各セクションの委員会に二人の代表者を市庁舎に常駐させるようにと要請した。このようにして、国民議会が可決した危機に対処するための、もろもろの新法は、市中くまなく街角でトランペットの音とともに迅速に布告された。さらに、バイイと市議会議員たちは、荒唐無稽な告発さえも速やかに調査した——牢獄破りがいまにも起きそうだとか、「敵」が周辺の丘陵からパリを砲撃しようとしているといった報告である。彼らはこうして、恐怖が生じるやいなや、それをみごとに鎮静化したのである[25]。

市長が連絡する前からでさえ、ほとんどのセクションは、すでに一気に行動に移っていた。偶然にも、その朝、多くのセクションは新しい立法府を選出するための集会を開いていた。緊急事態の一報が届くと、彼らはすぐさま常時開会を宣言し、近隣の国民衛兵の部隊に動員をかけた。初めて、より慎ましい「受動的市民」——選挙権をもつ資格が得られないほど貧しい人々——が、部隊に広く迎え入れられた。こうした住人のなかには、政府の軍需品倉庫に押し入ってみずから武器を奪取した者もいた。少数のセクションはさらにその先を行き、地域の民兵に関する完全な権限を有すると主張して、国王の失踪に加担したと多くの人々が疑っていたラファイエットの権威を否定した。将軍と市の指導者たちは、セクションの急進主義を長いあいだ警戒していたので、とりあえずは、国民衛兵の全部隊に対する統括権を改めて主張し、独立した民兵組織の創設をはばむことができた。だが国家的危機のさなかにあって、市当局は、セクションの常時開会を許容し、セクションは事実上の行政単位であるとする彼らの主張を黙認した。それは意義深い先例となった。ヴァレンヌ以降一年以内に、セクションは、武装した急進派の「サン＝キュロット」の主要な制度的基盤と化し、国王の打倒とパリにおける恐怖政治の台頭の原動力になるであろう。[26]

フランス革命の先行きにとって同じくらい重要なのが、国王に対する態度が劇的に変化したことであった。フランス革命の最初の二年間を通じて、ルイは、政治的信条にかかわらず大多数のパリ市民のあいだでいちじるしく肯定的なイメージを保っていた。国王の老齢の叔母たちが二月にローマに亡命したとき、レ・アルの友愛協会の女性代表団が国王に手紙を書いた。「私たちは、良き父としてあなたを愛しておりますので、あなたの家族があなたを見棄てていくことをひどく悲しんでいるとお伝えしたいと存じます」。一ヶ月後、重い風邪と喉の痛みからルイが回復したときは、パリのいたるところで愛情と善意がいっぱいに溢れ出し、ノートル・ダム大聖堂では感謝ミサがあげられ、礼砲が次々と放たれ、特別のイルミネーションが街を夜通し彩って、人々の歓喜を示した。六月二一日以前には、対立の最も由々しい原因は、国王が「立憲派の」聖職者のミサにあずかるのを拒否していたことであった。これが四月一八日の出来事を動機づけたまさに最も重大な不満であり、そのとき以来、急進的な刊行物においては、ルイに対する態度は明らかに冷たくなった。だが国王は、速やかに己れの過ちを認めおこないを改めているように見えた（実際は、われわれが知るように、逃亡計画を隠そうとしてのことであったが）。ほとんどのパリ市民は、「悪しき助言を受けた善良な王」という伝統的な決まり文句を思い起こし、彼の「過ち」を貴族や王妃の影響力に帰することにやぶさかではなかったのである。[27]

しかしながら、国王の逃亡ですべてが変わった。ルイがいなくなったことだけではなく、フランス革命の大部分を否定し、もろもろの新法を受諾したのは強いられたためであると宣言する手紙にも、パリ市民は愕然としたのである。エルスナーは、大勢の人々が街路で国王の手紙の写しを読んだり議論したりしているのを見て強い印象を受けた。ここで、みずから筆を執ってしたためた短い手紙のなかで、逃亡はすべて自分自身の考えによるものであり助言者たちの仕業ではない、と国王は明言していた。ルイがフランス人民に嘘をついていたことは、いまや明白であると思われた。ちょうど一年前に彼が立てた厳粛な誓い――神と国民の前でなされた憲法を支持するという誓い――は、不誠実なものだったのだ。[28]

実際、六月二一日以後、国王についてなんであれ肯定的なことを述べている新聞――最も反動的な王政派の新聞は別として――を一紙たりとも見つけることは難しくなった。『クロニーク・ドゥ・パリ』は、国王の「不実な裏切り」について、逃亡を画策するさいの彼の「非道で腹黒い欺瞞」について書いた。たいていは穏健な『ジュルナル・ドゥ・ペルレ』も、国王が過去に述べたことと彼の新しい声明文が正反対であることを取り上げげた。「いかにすれば、国王のことばをふたたび信じることができようか？」とその編集者は問うた。[29]君主に対する反応の辛辣さ、まぎれもない軽蔑の嵐、反感、嫌悪は、同時代のすべての観察者の心に刻み込まれた。国王が大臣や王政派の支持者を棄てて群衆の怒りの餌食にした卑怯なやり口について言及した

家畜小屋に連れ戻される豚の一家
作者不明
カルナヴァレ博物館　撮影アンドレアーニ、PMVP

チュイルリ宮殿への帰還の図。グロテスクな姿と化した国王一家が、おもちゃの馬車に乗って引かれて行く。

記事もあった。記事やパンフレットが氾濫するなか――続く三週間のあいだに刊行されたものは百を超えた――、国王は、「裏切者」、「嘘つき」、「卑怯者」、あるいはたんに「不実王ルイ」と、さまざまなレッテルを貼られた。「口に出せるかぎりの最も屈辱的な表現を想像してみてください。あなたの想像することは、実際に言われていることよりまだましでしょう」とパリの学者にして書籍商のニコラ・リュオーは書いた。「恥辱に満ちた呼び名はどれも容赦なく、最大限の侮蔑を込めて繰り返された」とスイス人文筆家のエチエンヌ・デュモンは同調した。[30]

パリの急進派は、策略や陰謀にすでに異常なほどに敏感になっていたので、とくに動揺し、辱められたとさえ感じた。この、すべての陰謀のなかでも最大級の陰謀に、あやされて眠らされ気づかずにいるとは、どうしてかくも盲目でありえたのか。「われわれは、この〔国王の〕すばらしい誓いを信頼していた。われわれは眠り込んでいた。国王の約束を厚かましくも疑うなど犯罪であった。なんてことか、この「愛国派の」国王は逃亡した。〔……〕いきなり仮面を外したのだ」と野心的なジャーナリストでパリの政治家であるジャック＝ピエール・ブリソは主張した。国王を「誓約を破る者（parjure）」とする言及は無数にあった。ウィリアム・ショートの見たところ、パリでは誰もが彼をそういうふうに、すなわち「裏切王ルイ、不実王ルイ」というふうに呼んでいた。「不実であったとはいえ、あれほど誓ったにもかかわらず、彼は逃げた。天地にかけて、そして彼が過去に犯した過ちを許した国民が立ち会うなかであの誓いを宣誓した〔全国連盟祭のほぼ一周年に当たる〕時期を〔逃亡の時期として〕選んだのだ」と『クロニーク・ドゥ・パリ』は書いた。コルドリエ・クラブの会員たちは、ヴォルテールの人気のある戯曲『ブリュチュス』からの一節を言い換えて発表した。

思い起こすのだ、シャン・ドゥ・マルス広場で、尊い祭壇で
ルイはわれらに永遠に忠実で公正であると誓ったことを。
だが人民と王座を結ぶ絆はあまりにも強いので
彼がみずからの誓約を裏切ったとき、われらの誓約も引き裂いたのだ。[31]

国王の表象の変化ほど、民衆の憤激の深さをはっきりと証しするものはなかった。ヴァレンヌ以前、ルイの素朴な版画の肖像画は、パリのほぼすべての家庭や店の壁に貼られていた。だがいまや、ほぼ一夜にして、それらは取り外され、大量の肖像画がこれみよがしに溝に投げ込まれたとされている。[32] 実際に、国王を描写

するうえで用いられる図像には、いちじるしい変容が見られた。なかでも、国王は動物の姿で、とりわけ豚として描かれた。それは、彼が大食漢であるという評判をあからさまにあてこすったものであった。かつては微笑ましいともみなされていた特質が、いまやおぞましいものとして描かれたのだ。その後数週間にわたって、「豚としての王」は、新聞や小冊子、ポスターや版画といたるところに出現した。しばしば、豚の家族全員が描かれていた。豚としての王妃と国王一家の他のさまざまな豚の成員が、豚のルイとともにいる図である。逃亡のすぐ後、誰かがチュイルリ宮殿の壁に張り紙を貼りつけさえした。「大きい豚がチュイルリ宮殿から逃げた。この豚に出会った者はすぐに豚小屋に連れ戻すこと。些少ながら謝礼金あり」とそこには書いてあった。(33)

サン＝キュロットの誕生

失踪中の君主が、実際に「豚小屋」に戻されることをパリ市民が知ったのは、六月二二日の夜遅くなってからであった。一〇時半頃、ほぼ二四時間前にヴァレンヌから派遣された理髪師親方のマンジャンが、ついにパリに到着した。彼は通りを馬で駆けながら、「国王は捕まった！　国王は阻止された！」と叫んだ。長時間の乗馬で土埃にまみれ、明らかに疲労困憊していたが、彼は国民議会に報告文書を提出すると、いささかしどろもどろで不正確ではあったが、故郷の町での出来事を息を切らせつつ物語った。その報告は、国民議会内まで彼を追ってきて、それからその話を友人たちに聞かせようとして外に飛び出していったパリ市民たちによって、さらに脚色された。だが捕捉という基本的事実はすぐ理解され、そのニュースは市中に速やかに広まった。ほとんどの人々はすでに就寝していたが、騒音で起こされ窓辺に駆け寄ったり街路に走り出たりして、さらなる詳細をしきりに尋ね、その晩の大半はこうした予期せぬ事態の展開がどのような結果をもたらすのかと思案しながら過ごした。彼らはみな、今頃はもう国王一家は外国に逃れており、すぐに宣戦布告されるだろうと考えていた。ロレーヌの小さな町で捕まったことは奇跡以外の何ものでもないと思われ、歓喜、自信、力の新しい感覚をもたらしていた。いまふたたび、運命が、おそらくは神自身がフランス革命に味方していると見えたのである。[34]

偶然にも、翌日は〈キリストの聖体の主日〉に当たっていた。それは、聖体の秘跡を祝う日であり、カトリックの教会暦における主要な祭日のひとつである。色鮮やかなタペストリーや花々や他のさまざまな装飾物で飾られた街路を通って、聖体を運んで市の五二の各教区を巡っていくための計画が――毎年この時期になるとそうであるように――、何週間にもわたって進められていた。聖歌が歌われることになっていた。国民衛兵が地域の聖職者の後に行進し、その後にはさまざまな労働者集団の信心会が種々の団旗を携えて続くことになっていた。夜には大かがり火や花火があり、まぎれもない祝祭の雰囲気が漂うのである。[35]

だがいまや、その儀式は、国王の捕捉を祝う市を挙げての祭りに変貌した。すべての行列のなかで最も壮麗だったのが、ルーヴル宮殿の真東にあるゴシック様式の建築物でチュイルリ宮殿の正式の教区であるサン＝ジェルマン＝ロクスロワ教区教会のまわりを取り巻いた行列であった。その行進には、もともとは、国民議会からの大人数の代表団と、ラファイエット自身が率いる数百名の国民衛兵の精鋭とともに、国王と国王一家も加わることになっていた。だが国王がいなくなり、捕えられたという知らせがもたらされたいま、伝統的な宗教音楽はほぼ影を潜め、かわりに愛国歌の数々が歌われた。観察者たちは、とりわけ、意気盛んで前向きな民衆歌が市中くまなく繰り返し歌われていることに感銘を受けた――「ああ、サ・イラ！　サ・イ

ラ！　サ・イラ！（なんとかなるさ！　すべてうまくいくはずさ！）」。その場に居合わせてこの歌を初めて耳にした愛国派の司祭トマ・ランデは、「フランス人の勇気をかき立て、生来の陽気さをふたたび燃え上がらせるのを助けた」として、無名の作曲家に祝意を表した。また、行列中の王の場所を不在の王にかわって占めたのが国民議会の議員たちであったという事実が帯びる象徴性は、誰の目にも明らかだった——国王はまだパリへの帰路にあり、シャンパーニュのどこかを馬車で走っているところだった。ある新聞は、こう述べた。国民議会議員たちの登場には「どことなく勝利感が漂っていた。国民衛兵の楽器の音に、割れんばかりの拍手と歓喜の叫びが混じっていた」[36]。

計画的なものなのかその場の思いつきなのか、行列に加わり行進した国民衛兵たちの多くが議場まで議員たちについて行き、国民議会がその前日に軍人であるすべての議員にさせたのと同じ憲法への忠誠の誓いを自分たちにもさせてほしいと求めた。夕食のために休憩した後、市の全域から他の国民衛兵たちが議場にやって来て、同じ誓いをしたいと声高に主張した。その出来事は、一部はおそらくラファイエットの演出によるものであろう。国王の逃亡を阻止できなかったため、愛国派に対して名誉挽回したいと彼は躍起になっていたのである[37]。だが将軍は、その後に起こったすばらしい出来事は計画していなかった。その日早くにおこなわれた行列を再現するかのごとく——そしてまた、宗教的行為を政治的行為に変容させるかのごとく——、深まりゆく夕闇のなか、一般市民がパリ中から国民議会の議場へと行進してきて、地域ごとあるいは労働者の信心会ごとにまとまって到着すると、自分たちも誓約させてほしいと要求したのである。楽師たちが、議場の右側のほとんど人のいないベンチに座を占めた。そこは、原則として保守的な貴族議員たちが座る場所であったが、彼らはたいてい姿を見せなかったのである。ふたたび、楽隊が「サ・イラ！」の一節と他のさまざまな愛国歌を奏ではじめた。市民たちの行列が次から次へとひとつの扉から入って、蠟燭の火で照らされた議場を通って、別の扉へと抜けていった。彼らは、歌声に加わり、国民議会議長の前を通りながら手を挙げて「私はかく誓う！」と叫んだ。お祭り気分を漂わせたまま、彼らは、驚くほど多様なスタイルと色の服装をまとってやって来た。鮮やかな青か緑に白を合わせた制服姿の国民衛兵、半ズボン、バックル付き靴、三角帽子という中産階級のより地味な格好をさまざまにした男たち。だが大勢の庶民もいた。エプロンと縁なし帽を身に着けた女たち、労働者用の長ズボンをはいた男たち――彼らはいまや、「サン＝キュロット」（半ズボンをはかない人）と呼ばれるようになっていた。六列縦隊になって議場を行進していったのは、肉屋、炭焼き人、魚売り女、穂先にパンの塊を突き刺した槍をもつパン屋、中央市場から来た大きい丸帽をかぶったがっしりした荷物運搬人といった人々であった。あらゆる年齢と職業の男女がいて、女たちの何人かは、皆がしている国民に対するこの忠誠の誓いに次世代も参加すべきだと言わんばかりに、誓いの言葉を叫びながら自分の赤ん坊を高々と掲げた。彼らは少なくとも二時間にわたって、矢継ぎばやに行進していった。ギタールは、その数は一万五千人を超えていたと見積もった。五万人はいたのではないかと考える者もいた。東部郊外の民衆街であるサン＝タントワーヌとサン＝マルセルからは、とりわけ多数の参加者があった。マリ＝ジャンヌ・ロラン〔ロラン夫人〕は、ある地方役人の三七歳の妻で彼女自身が熱烈で急進的な革命家であったが、こう主張した。サン＝タントワーヌ街のほぼ全住民が一列になって到着したが、その列を遡れば、市中を通って二マイルばかり離れた地元界隈まで延々と伸びていた、と。(38)

不安と恐怖の長い時間を過ごした後、この色彩豊かな夜の祝祭は、緊張からの解放を示し、団結と自信の新たな感覚を強化するように見えた。いくぶんかは友愛協会やより急進的なセクションによって動員されたことは明らかであったが、そこにいた庶民は、ある種の素朴な政治的なメッセージで身を固めてもいた。「自由に生きるか、しからずんば死を」という言葉の書かれた旗を携えた者もいた。またある者は、貴族と国王をともに悪魔のところに送り込むという新しい一節を「サ・イラ!」につけ加えた。人々の忠誠心はおおむね国民議会に向けられていたが、議会の決定が好ましいものでなければ、そうした決定に従うつもりはないことも明らかにしていた。「善い議員たち万歳! だがそうじゃない者たちは用心しろよ!」と彼らのうちのある者は大声で叫んだ。[39] また、彼らの雰囲気は概して喜びに満ちていたが、人々は鎌から熊手にいたるまで、棍棒から槍にいたるまで、信じられないほど雑多な武器を携えてもいた。槍の多くは、鮮やかな赤色の「自由の帽子」――愛国的な労働者たちのあいだでいまや好まれている帽子――を穂先にかぶっていた。だが、帽子の下には剃刀のように切れる刀状や鎌状の切っ先があり、それはもともと騎兵の馬を切り裂くために考案されたものであったが、ここ最近は、民衆の暴力の犠牲となった人々の生首を運ぶという用途を果たしていた。そうした槍のいくつかは、ほぼ確実に、ここ二日のあいだに市の武器庫から不法に奪取されたものであった。[40] そのような武器が国民議会で見られたのは、一七八九年一〇月のあの悲惨な事件以来であった。それゆえ、象徴的な意味において、この尋常ならざる夜の行列行進は、自意識の強い整然と組織された政治勢力としてのサン゠キュロットの出現という大きな節目をはっきりと示していた。それは、国民議会とフランス全体にとってすぐに侮りがたい力となることだろう。

国王は必然的なものではない

千年をゆうに超える歳月のあいだ、パリの住民たちはつねに国王を戴いてきた。王が死ぬと、理論上では、別の人間、すなわち王に最も近い血縁の男性継承者が王権を担った——「国王崩御、国王万歳！」。当該の君主がほんの子どもで、王権が摂政によって行使されるのであっても、そうであった。だがいまや、きわめて多くのパリ市民にとって、王権の神話は粉砕されてしまった。ひとたびルイがヴァレンヌから連れ戻され、パリの街路を引いて行かれ、チュイルリ宮殿に元通り収容されるや、みなの心中に浮かんだのは、国王は、そして君主政はどうなるのかという大いなる疑問であった。書籍商のニコラ・リュオーは、兄弟へ宛てた手紙のなかで状況をこう評価した。「いまや名のみの王となったこの国王をどうするのか、われわれは決めなくてはならない。その問題は、このうえなく微妙で厄介である」[41]。パリでは誰もが、状況を勘案し解決法を提案しはじめた。ルイは国王の座にとどめおくべし、ただしお飾りとして。憲法が完成するまではルイのすべての権限を剝奪すべし、それから王座を差し出して受け入れるか否かを決めさせればよい。ルイはパリから、あるいは国内から追放すべし。あるいは収監し大逆罪のかどで裁かれるべし。ルイは退位させ、王権は幼い王太子に委譲し、王太子にはフランス革命の理想を入念に教え込むべし。だが、国王が逃亡したまさにその第一日目から、混乱の渦中にありながらも、さらに先へと踏み込んだパリ市民たちもいた。彼らは君主政そのものが真に必然的なものなのか、フランス人は国王のいない共和国で自立して生きるときが来ているのではないか、と自問したのである。

たしかに、「共和政」という語がパリで言及されたのはこれが初めてではなかった。ほぼ一年前、やがて国民公会の議員となるルイ・ラヴィコントリは、君主のいない政体を公然と唱道する「人民と国王について」という論文を発表していた。ルイーズ・ケラリオは、急進的な出版業者に転じた小説家にして歴史家であるが、『メルキュール・ナショナル』という自分の新聞で早速その観念を取り上げ、その年の終わりには彼女の夫のフランソワ・ロベールが小冊子のなかでさらに詳細に論じた。一七九一年の春までには、共和主義という概念は、ある特定の急進的な知的サークルにおいて流行っている、と言えるほどになっていた。にもかかわらず、そのような議論には、どことなく思弁的で学問的なところがつねにあった。急進派の主要な関心事は、依然として、収入の多寡にかかわらず全男性に投票権を拡大することにあった。そして、国王のいないフランス政府という観念は、民衆の支持を事実上まったく得られなかった。若きシャルトル公爵——一八三〇年に「フランス人の王」となる、後のルイ゠フィリップ——は、ヴォルテールの『ブリュテュス』の上演に対する愛国的な観客の反応をこう語った。ある役者が「ああ、自由であり王がいないということは」という台詞を口にすると、拍手したのはほんのわずかな人々で、大多数の観客は「国王万歳！」と叫びはじめ、その後に「国民万歳、法律万歳、国王万歳！」という「三つの言葉からなる決まり文句」が続いたというのである。(42)

にもかかわらず、ヴァレンヌへの逃亡は、多くのパリ市民に劇的な態度の変化をもたらした。そのニュースが伝えられるや数時間以内に、王権の象徴に対する民衆の猛攻撃が市中くまなく始まった。国王や王権を思わせるものはなんであれ、撤去され、取り壊され、覆いを掛けられ、あるいは汚損された。どのようなものであれ王族を示唆する名前をもつ施設——〈王妃のホテル〉や〈王冠を戴く牡牛の食堂〉のような——は、看板が取り去られ壊される羽目になった。公共の建物や公証人事務所についているブルボン家の紋章は、煤と油を混ぜ合わせたもので黒塗りされた。兵士や国民衛兵は、王家のユリの花の記章を制服から取り除くようにと促された。国王たちの胸像は脇に寄せられ、王族のより大きい彫像は、動かすにはあまりにも巨大なので、黒布で覆われた。ロワ・ドゥ・シアム（シャムの王様）通りといった通りの名前すら、より愛国的な名称に改められた。[43] マリ＝ジャンヌ・ロランは、新しい観念が市の民衆地区に驚くべき速さで根を下ろしたと見えたことに瞠目し喜んだ。「一般大衆は健全で正確な理解力をもっている。「共和政」という語が、昨日はいたるところで口にされていた」と六月二二日に彼女は書いた。[44]

庶民が君主政の象徴を自発的に攻撃したことに加えて、パリではかなりの数の知識人、政治家、急進的な新聞の編集者が共和政に賛成すると公然と表明した。数日のうちに、最も進歩的なジャーナリストたちのうちの幾人かが、共和政を支持すると声を挙げた。ブリソは、ルイ一六世を痛罵しつつ、とりわけ声高に主張した。ルイは「みずからの手で王冠を破壊してしまった。専制君主を自由の大義に帰依させることはけっしてできない」。作家で〈真実の友の会〉という人民主義的な協会の創設者であるニコラ・ドゥ・ボンヌヴィルは、共和政を推進する活動を始めた。友人たち、すなわち、高名な数学者にして哲学者のコンドルセ侯爵とイギリス系アメリカ人の自由主義者トマス・ペインとともに、ボンヌヴィルは共和主義の理想にささげられた新聞を発刊した。「六月二一日の出来事があってはじめて、われわれは共和派の出現をにわかに目撃することとなったのです」とアベ・シィエスはペインに書いた。[45]

そのような党派にとって最も有能で精力的な指導者集団は、当初から、新しい立場をとることに最も熱心なジャーナリストの多くが会員となっていたコルドリエ・クラブからもたらされた。国王が逃亡したまさに当日、このクラブは、ここ二年にわたって国民議会が練り上げてきた立憲君主政という観念全体に異を唱えることを決めた。その会員たちは、両面作戦をとったように思える。一方で、彼らは憲法の草稿を共和政に則って書き直すよう議員たちに迫った。だが他方で、きちんと情報を与えられ啓蒙されないかぎり、フランスの市民たちの大半はそのような方策に反対するであろうこともわかっていたので、会員たちは、その問題をめぐる議論をあまねく喚起するために、国民投票をおこなうことを支持した。国民議会に宛てた正式の請願書において、彼らはこう書いた。「立法者諸君、諸君はもはや、「国王」と呼ばれる国家の吏員に対するほんのわずかの信頼すら人民のあいだに呼び覚ますことは望めない。この事実にもとづき、祖国の名において、フランスはもはや君主国であることをやめ共和国とすることをただちに宣言する、あるいは少なくとも、すべての県とすべての第一次選挙集会がこの重要な問題について意思を表明するまで待つ、そのいずれかをわれわれは諸君に懇願する」と。[46] それ以降、クラブは、精力的な活動をめまぐるしく繰り広げ、自説を広め説明した。会員たちはポスターを印刷させ、それを市中の辻という辻の壁に貼りつけた。また、きわめて緊密な関係にあるパリのすべての友愛協会に対して、一丸となって努力し、議論し、同じ立場をとるようにと促した。さらに、請願書を国民議会に提出するための、支持者による市内全域におよぶ行進を組織した。[47]

六月二四日のデモは、民衆の急進主義の発展とサン＝キュロットの政治化におけるもうひとつの瞠目すべき出来事だった。それは、いくつかの点において、フランスの歴史における最初の

王権の象徴を覆うパリ市民
作者不明
撮影フランス国立図書館、パリ

国王が逃亡した後の日々、人々は、宝くじ販売所に記された「王立の」という文字や<黄金の王冠亭>の王冠を黒布で覆い、ユリの花の盾形壁飾りを公証人事務所から取り外している。

近代的な政治デモとみなすこともできよう――その形態と精神において、一九世紀と二〇世紀にパリで生じた大規模な政治行進の先駆をなすものであった。人民協会とセクションのネットワークを通じて組織された人々が、ヴァンドーム広場の定められた集合地点を目指して、パリのいたるところから徒歩で出発した。その主催者たちは、前日の、国民議会を通っていった〈キリストの聖体の主日〉のパレードの成功にあやかろうとしていた。この意味において、アンシャン・レジームの宗教行列と一般大衆の民主主義的な文化という新しい形式のあいだには、また別の興味をそそる関連があったと言える。男たち、女たち、子どもたち――目撃者によれば、そのほとんどは労働者階級の家族に属していた――が、互いに腕を組み、七列ないし八列縦隊で行進し、ときおり歌ったりスローガンを叫んだりしながら、街路を練り歩いた。多くの者が、コルドリエ・クラブとその使命である陰謀家の追及を象徴する目の図案の腕章をしているか記章を外衣につけていた。コルドリエ・クラブからほど近いところに住む初老の資産家ブルジョワであるギタール・ドゥ・フロリバンは、数千人が行進していくさまを見物していた。彼は初め、暴力や暴動を恐れて怯えていた。だがそれから、行進への参加者たちが冷静で整然としていることに気づいた。国民議会での前夜の行進とは異なり、誰も武器をもっておらず、ステッキや杖さえ携えていなかった。彼がその後をついて行くと、一行はポン＝ヌフを通って川を渡り、ヴィクトワール広場へと進み、そこでパリ東部からやって来た数千もの人々と合流した。国民議会議場のちょうど北側に位置するヴァンドーム広場では、ラファイエットが一行を待ち構えていた。彼はデモがあるという情報を明らかに内々に知らされており、国民衛兵の一大分遣隊を組織し、大砲やマスケット銃を準備しておいたのである。だが群衆は平穏を保ち、三万人の署名がある請願書を国民議会に提出したいとだけ告げた。緊迫した対峙の後、群衆から七名が代表として議会に請願書を引き渡しに赴くことを許された[48]。

デモ参加者たちは、国民議会が請願書の朗読を翌日まで延ばしたとき、落胆しか感じなかったことであろう。コルドリエ・クラブのある会員によれば、請願書が取り上げられたとき、それは一介の書記によって「誰にも聞こえないような読み方」で読み上げられ、それから委員会に送られて速やかに忘れ去られた。それに続く三週間というもの、コルドリエ・クラブの会員たちとパリの他の友愛協会は運動に邁進した。ある計算によれば、一七通の請願書が六月二一日から七月一七日のあいだに作成されたが、そのどれもが国民議会によって即座に却下されるか無視されるかした。この期間中ずっと、コルドリエ・クラブの会員たちと友愛協会は、国王について、そして彼にふさわしい運命はなんであるかについて夜毎に議論していた。マリ＝ジャンヌ・ロランは、毎晩出かけて傍聴し参加したが――というのも、そのような会合の多くが女性の参入を促したからであるが――、自分が目にした、至福千年が訪れたかのような変化に驚愕した。パリの庶民が、数年前であれば権威者に言われたことにはなんであれ「仰せの通りと唱えるしか能がなかった」のに、いまや啓蒙されつつあり、「われらの正当な大義」を支持し、「正義の支配」を要求するまでになっていたのだ。「私たちは、たった一日で一〇年分の進歩をとげている」[49]。

人民協会による共和政推進運動は、さらに、他の二つの事態によって深い影響を受けた。まず第一に、それは、かつて目撃したなかでかくまでみごとに組織され、かくまで激烈なものはなかったと同時代人たちが感じた一連の労働者によるデモと時期が重なっていた。七月の最初の週までには――たとえば、帽子製造職人、石工、道路工夫による――労働争議やストライキの企てを抑えるために、国民衛兵がほぼ毎日派遣されていた。そのようなストライキは、国民議会が制定したばかりのル・シャプリエ法によっていまや違法とされていたのである。ほぼ同じ時期に、市政府は、一七八九年に失業者のための救済措置として導入されたが、いまやあまりに高くつくものとみなされていた公共事業制度を、国民議会の支持を得て解体しはじめていた。そうした取り組みは多大な不安と怒りを引き起こし、六月下旬と七月初旬、労働者たちはいくつもの抗議行進を組織したが、その多くはヴァンドーム広場をふたたび結集の地としていた。こうした労働運動は政治的出来事とかならずしも連動してはいなかったが、危機の雰囲気を強め、サン゠キュロット運動を活性化するのに一役買った。[50]

第二に、コルドリエ・クラブの会員たちと友愛協会は、パリのより急進的なセクションのいくつかとともに、彼らの怒りを国民議会そのものにしだいに向けるようになっていった。国民議会が自分たちの請願書にほとんど一顧だにしないことに幻滅した彼らは、帰還した国王と王妃に議員たちが対処する仕方にもしだいに疑念を募らせていた。まるで何事も起こらなかったかのごとく、チュイルリ宮殿に元通り、召使いや助言者たちとともに住まわせているのである。そして、議員たちが国王を赦免する方向に動いているという噂が七月の第二週目までに露見すると、彼らは怒りと焦燥でわれを忘れた。[51] 偏執狂的なものの見方にすでに陥りやすくなっていたため、コルドリエ・クラブと友愛協会の男女は、陰謀が国民議会でたくらまれつつあると感じはじめた。議員たちが「宮廷側に寝返った」という噂や、国王の個人的な証言――とりわけ、国を出るつもりは毛頭なかったというルイの陳述――は議員たちの改竄ないしは捏造であるという噂が広まった。議員たちの大半が、コルドリエ・クラブの立場に共感するペチヨンやロベスピエールのような国民議会の急進派の小集団を暗殺しようと目論んでいるという噂さえあった。危機のただなかにあって、国民議会は新しい立法府の選挙を延期したため、一七世紀イングランドにおける長期議会の議員たちのように、代表たちは権

力の座に居座るためにこの状況を利用しているという非難がいまやなされていた。(52)

七月一二日、コルドリエ・クラブとその盟友たちは、さらに新たな請願書を起草した。ふたたびそれは、議長のシャルル・ドゥ・ラメトが数行読んだだけで「憲法に反する」と表明した後、国民議会によって退けられた。コルドリエ・クラブは、この冷たいあしらいに激怒した。それは、アンシャン・レジーム下で彼らが経験した上流階級の見下すような態度にあまりにもよく似ていた——それに、ラメト自身も元伯爵であった。そこで彼らは国民議会を飛び越して、自分たちの主張をフランス人民にじかに訴えようと決意した。彼らは、出版して国中に流通させるべく「国民へ宛てる」を起草したが、それはすぐに近隣の友愛協会のほとんどによって支持された。その時点まで、急進派は、法律の枠内で活動することに細心の注意を払っており、請願書に関する国民議会の法令に入念に従い、街路デモをおこなうときはつねに市政府にきちんと通知してきた。だが、その新しい声明文は、蜂起へのまぎれもない呼びかけとみなしえるものであり、一七九二年夏の国民公会の成立を予示していた。請願者たちは、新体制の行政単位であるフランスの八三県のそれぞれに、パリに代表を派遣するようにと強く求めた。「国民が前国王の運命を定め、政府の新しい形態を決めることができるまで」、国王に——そしておそらくは、国民議会にも——取って代わる新しい「執行権力」を設置するためであった。彼らはまた、議員たちが新たな選挙の実施を拒否したことについて、「議員任期のこの恣意的で濫用的な延長」と議員たちを非難した。県はただちに単独で新しい選挙をおこない、「国民の信頼を失った」現職議員たちの首をすげ替えるべきである、と。そして最後に、選挙権に租税条件を課している国民議会の法律は無視して、男子普通選挙による選挙を組織すべし、と地方行政官たちに迫ったのである。(53)

同じ時期に、急進的な新聞の多くは——そこから発信されたメッセージはすぐにカフェで朗読され、市中の街路という街路で叫ばれた――、さらにあからさまに蜂起を後押ししはじめた。ブリソは、国民議会と、議会が国王に対してとっている立場を、「破廉恥、笑止千万、醜悪」と糾弾した。フレロンとボンヌヴィルは、迫りくる反乱を予言しかつ促した。おそらくはコルドリエ・クラブのピエール＝ガスパール・ショメットによって書かれたのだろう、ある記事はさらに露骨であった。筆者は、バスチーユ牢獄の総督が一七八九年に辿った末路を議員たちに思い出させた。総督は世論に反する行動をして、蜂起した群衆に斬首されたのである。「蜂起がいかなる義務にもまして最も神聖であるときがある」と彼は書いた。[54]

一七九一年のバスチーユ記念日

バスチーユ牢獄襲撃の二年目の記念日がめぐってきたのは、危機のさなかであった。六月二一日の後には行事中止の話も少しは出たが、パリの役人たちは最終的には当初の計画通り進めることを決定した。コルドリエ・クラブと誕生しつつあるサン＝キュロットは、パリの複雑多様な住民すべてを代弁してはいなかった。実際、国民議会議員の大半を含む、大多数のパリ市民は、労働者や政治的急進派による頻発する街頭デモにぞっとしていた。ルイの逃亡を喜んだ者はほとんどおらず、ほとんどの人々は国王にかなりの怒りを感じていた。だが、群衆による暴力や暴力の脅威が持続し、コルドリエ・クラブが国民議会に対して蜂起せよとほとんどあからさまに呼びかけているなか、パリの人々は恐怖を覚え、憲法を根本的に変更することにひときわ慎重になっていた。いまや、市の指導者たちは、一七九〇年の全国連盟祭の再演が前年の魔術と統一感をどうにかして蘇らせ、立派な市民たちが共和主義者のデモに対抗する手段を提供するのではないかと願っていた。ある穏健派のジャーナリストが言ったように、それは、「君主政を破壊することを望んでいる狂信者ども、共和政賛成と叫ぶことしかできない背信の徒」に対する断固たる応答となるであろう。いずれにせよ、市の西端にあるシャン・ドゥ・マルスの巨大な練兵場は、昨年よりもさらに多くの人々を収容できるように改築され、その中央にある「祖国の祭壇」はこのときのために造り直されたのである。[55]

市を挙げての祝祭は、七月一三日の夕方、革命のさまざまな重鎮たちやあの巨大な中世の要塞への襲撃を二年前に率いた人々が臨席するなか、ノートル・ダム大聖堂における大がかりな音楽行事をもって幕を開けた。感謝の讃歌である「テ・デウム」が革命派の聖職者たちによって歌われ、『バスチーユ陥落』と題された音楽ショーが作曲家のフランソワ＝ジョゼフ・ゴセックの采配で催された。[56] 祝典は翌朝も続き、長い行列が一〇時にいまや解体されたバスチーユ牢獄の跡地から市を横切って練兵場の方向へと出発した。行進はバイイと市当局によって先導され、政府の省、司法機関、軍隊、四八のセクションから来た役人たちが延々と列をなし、列のあいだに楽隊、鼓手隊、国民衛兵の部隊がちりばめられ、バスチーユ牢獄の模型がアンシャン・レジーム期の行列における聖遺物箱さながら運ばれていった。三時間というもの、鳴り物入りのパレードは市中を蛇行しながら練り歩いた。市庁舎を過ぎ、セーヌ川右岸に沿って下り、チュイルリ宮殿近くで川を渡り、左岸のサン＝ジェルマン地区を通って、練兵場に入った。二時頃、一同が揃ったとき、新たに選出された「立憲派の」パリ司教のもとでミサが挙げられ、ふたたび「テ・デウム」が歌われた。式典は、白馬にまたがったラファイエット将軍が指揮する国民衛兵による一連の軍事演習をもって幕を閉じた。[57]

ある点において、その催しは成功したように見えた。ほとんどの観察者たちは、群衆は一七九〇年のときと少なくとも同規模か、おそらくはさらに多かったのではないかと考えた。また、より好天に恵まれたことは誰も否定できないだろう。当日の夜明けは暖かく晴れており、一年前の惨めな雨と泥とは大違いであった。[58]

だが、前年とは態度ががらりと変化していることや、政治的立場のいちじるしい相違がいまやパリ市民を分断していることを示すしるしも十分に見られた。国民議会は、議論に忙殺されていると主張し、一七九〇年〔の全国連盟祭〕には全議員が列をなしてやって来たのに、たった二四人の議員しか派遣しなかった。さらにはっきり目についたのは、国王と国王一家の人々の不在であった。憲法への誓いを新たにするようルイに頼もうと、誰も考えすらしなかったのだ。幾人かの目撃者たちは、無名の芸術家たちによって祖国の祭壇に明らかに土壇場で修正が施されたことにも気づいた。「ヴォルテールの勝利」の浅浮き彫りが施されており、それは、啓蒙思想の祖を讃えてほんの数日前におこなわれた反教権主義的な行列を暗示していた。別の場面もあったが、目撃者たちはそれを、ヴァレンヌの英雄である市民ドゥルエを顕彰する記念碑であると考えた。そして、何よりも目立っていたのは、「国王」という語が祭壇から抹消されていたことであり、いまや「国民、法律」に続く箇所は空白になっていた。君主を表現するものも、国民衛兵のほぼすべての隊旗から除去されていた。式典のあいだ、いくつかの時点で、人々は「ルイ一六世はもう要らない、国王はもう要らない！」と叫びさえした。(59)

一二ヶ月前にはまったく知られていなかったたぐいの緊張と暴力が生じたという報告もあった。訪問中のクレオールの貴族アンリ＝ポラン・パノン・デバサンは、アンシャン・レジーム期には貴族身分のしるしであった聖王ルイの十字架を身に着けるという間違いを犯したため、群衆にののしられ手荒な扱いをされた。さらにひどい目に遭ったのが、宣誓拒否聖職者を支持する二人であり、彼らは祖国の祭壇に石を投げたのである。式典の初めの頃、人民がシャン・ドゥ・マルスにいるのをいいことに、国民議会が国王の赦免を投票で決議しようとしているという噂が広まり、何人かの人々が街を横切り議場へと駆け戻った。実際、コルドリエ・

クラブを含め、いくつかの人民協会の会員たちは式典に参加すらしていなかった。彼らは、その日の早いうちに自分たちで行列を仕立て、政策反対を引き続き訴えるために国民議会に赴き、議員たちにさらに新たな請願書を提出した。彼らは、フランスのすべての人民が国民投票で意思を問われるまで議員たちは国王について何も決定すべきではない、とふたたび要求した。そして今回、彼らはさらに先へと踏み込んだ。真の主権をもつ集合体は、国民議会ではけっしてなく「人民」である、と彼らは主張した。この現実を認識できないのであれば、内乱が生じかねない、と彼らは続けた。[60]

明らかに、すべての目がいまや国民議会の議員たちへと向けられていた。ほんの数ヶ月前には「国民の父たち」とみなにもてはやされていた男たちが、パリ住民の声高な小数集団によって譴責され、蜂起するぞと脅されているのである。いまや議員たちには、行動する以外、選択肢がほとんど残されていないであろう。

第五章　国民の父たち

二年以上にわたって、議員たちは、国民議会で仕事に取り組み、憲法の草案を作成し、国を上から下まですっかり造り直してきた。[1] 多くの点において、彼らは尋常ならざる男たちの集団であった。一七八九年に国王政府によって急ごしらえされた選挙制度は、地方の、地域の、そして全国的なレヴェルの名士を国中からもたらしてきた。貴族は三〇〇名近くいたが、そのほとんどは爵位ある大富豪で、フランスの最も偉大な名家の代表であった。貴族の司教や大司教が数十名、そして国中の町や村から来た教区司祭が二〇〇名以上いた。そして六〇〇名ほどの第三身分の議員がいたが、その大部分は平民であり、職業も多岐にわたっていた。弁護士、判事、医師、商人、地主、さまざまな行政役人である。第三身分の議員たちのほとんどは財産所有者であり、多くは市町村での政治経験を有していた。だが彼らに共通する文化的特徴は、法律の素養があることだった。おそらく、その三分の二は法学を学んだことがあっただろうし、幾人かは同時代における最も優れた法曹人のうちに数えられた。

全国三部会の平民議員にとって、そして彼らを支持する少数派の自由主義的な貴族や聖職者にとって、フランス革命初期の数週間は、とてつもないほとんど魔法のような瞬間であった。彼らは、大半の貴族が頑として妥協せず、国王政府が権力をほぼ全面放棄するという事態に直面しつつも、パリの群衆の支持に後押しされて、互いに学び合い、互いに刺激し合い、一八世紀のありとあらゆる改革思想から得た着想を継ぎ合わせた。彼らはすぐに、自分たちのうちの誰一人としてかつて想像もしなかったような急進的な改革に向かってさらに先へと急速に進んでいることに気づいた。一七八九年六月半ばまでには、彼らは、主権を有する国民議会へと生まれ変わり、フランスで最初の憲法を起草することに——あの劇的な「屋内球戯場の誓い」によって——粛々と身をささげていた。その数週間後の八月四日、とりわけ衝撃的な夜間審議において、彼らはアンシャン・レジーム期の政治的・社会的制度の大部分と領主権および身分特権に関わる制度すべてを一掃した。その後ほどなく、彼らは「人間と市民の権利の宣言」を発布したが、それは、それからちょうど二年後にアメリカ合州国で批准される権利章典の条項の多くを先取りしていた。十月事件の後、彼らは国王を追ってヴェルサイユからパリに来ると、チュイルリ庭園の真北にある屋内調馬場を転用しそこに議場を移動させ、それから国を再構築する仕事に不屈の精力をもって取り掛かった。旧体制の大部分を解体してしまったので、彼らはほぼすべてを一から建て直さざるをえなかった。中央政府、地方行政、裁判所、法典、税制度、軍隊と教会の編成、そのすべてを、である。

革命を終わらせるために

だが、フランス革命の二年目に入るにつれて、議員たちの雰囲気や見通しに微妙な変化が見て取れるようになった。一部には、それは激しい疲労のためであった。己れの使命を真剣に受け止めている者たち、会合に定期的に出席し、委員会に参加し、他の議員が作成した提案書を際限なく読み、みずからの選挙区と連絡を取り合っている者たちにとって、仮借ない責任は、極度の疲労や倦怠を引き起こしやすくした。ほとんどの議員は首都に来る前にはこれほどめまぐるしい生活に馴染みがなく、いま秘書を雇うほど懐具合がよい議員もほとんどいなかった。「われわれの頭脳は、かくも熾烈で持続的な作業には耐えられない」と議員の一人は書いた。自分たちは「あまりにも多い仕事、あまりにも多い会議、あまりにも多い軋轢によって疲れ果てている」と別の議員は思った。彼らは、書簡のなかで、自分たちが「疲れ果て」、「くたくたになり」、頭痛、不眠、体重減少に悩まされていると語った。一七九一年の初めまでには、長期欠席が急増していた。大半の貴族と大勢の聖職者はただたんに出席しなくなり、一二〇〇人近くいる代表のうちおよそ四〇〇人だけが、定期的に姿を見せていた。(2)

疲労と過労は、フランス革命二年目の特徴をなす激しい党派抗争の一因となったかもしれない。「国民議会はもはや最初の時期ほど立派な仕事をしていない。議会は疲弊しきっており、激情に捉われやすくなっている」と議員のジャン゠フランソワ・カンマ医師は書いた。一七八九年が終わる頃から、最も進歩的な代表たちは、議場から一、二ブロック北に離れた、廃院となった大きい修道院に自分たちだけで夜間に集うようになった。ここで、〈憲法の友の会〉、あるいはジャコバン派――聖ヤコブ修道院にちなんだ名称――は、議会での会合に先んじて問題を議論し政治戦略を立てたが、それは多くの点において現代の政党活動を先取りするものであった。やがて彼らは、「パリのジャコバン・クラブと」連携した協会のネットワークを全国に張り巡らすこともおこなった――ヴァレンヌの愛国派が一七九一年初頭に加わった、まさにそのネットワークである。だが、クラブの創設からほんの数ヶ月後、ジャコバン派は、より穏健な議員たちからなる一派と対立することになり、穏健派は分離して〈一七八九年協会〉を結成した。これら二つの愛国的な「クラブ」は、いずれも、個人的・政治的な抗争によってひっきりなしに分裂を起こしていた。ジャコバン・クラブを早々と去り「一七八九年クラブ」に加わったラファイエットは、一七九一年五月、友人のジョージ・ワシントンにそうした状況を嘆いている。「さまざまな色合いの愛国派のあいだですら、党派への激しい情熱は血を流さずにはいられないところまで来ている」[3]。

議員たちが直面していた難題の数々は、一連の予期せぬ事態によってさらに複雑なものとなった。一七九〇年の春、イギリスとスペインのあいだの外交危機が、まず初めに、フランスの国内情勢に対する諸外国の介入という脅威を引き起こした。それは、国王の逃亡直前まで国民議会の関心事であり続けた脅威であった。戦争が起こるかもしれないという見通しは、平民の兵士と貴族将校とのあいだで募っていた敵意――ブイエ将軍がルイの逃亡をお膳立てしようと骨折っているさいに遭遇したのと同じ敵意――のためにフランス軍が崩壊寸前であることを考えると、とりわけ不安をそそるものであるように見えた。よりいっそう不穏なのが、聖職者市民化法と聖職者の宣誓の義務化によってフランスの特定の地域で生じた対立であった。ほとんどの愛国派の議員たちは、この法律を、教会組織の合理的で必要な改革であるとみなしていたが、住民のある部分は、国民議会がカトリック信仰そのものを変革しようとしていると信じ込んでいた。危機の深刻さを議員たちが痛感したのは、彼ら自身の選挙区の一部の者たち――ときには妻や親友も含まれていた――が、国民議会の宗教政策を攻撃しはじめたときであった。

と同時に、代表たちは、増えるばかりの民衆の暴動や騒乱という問題に対処することを強いられてきた。パリで、議員たちが暮らし働くまさにその界隈で生じている「無秩序状態」という日々の脅威――食料騒擾、労働争議、国民衛兵の部隊の不服従――は、多くの愛国派の人々に、己れがいままで信奉していた民主主義的な立場を疑問視させることになった。パリの庶民は、かつてはフランス革命の救世主と考えられていたが、やがて、穏健派の多くの者たちによって恩知らずで気まぐれで危険であるとみなされるようになった。この見方によれば、コルドリエ・クラブと急進的なメディアの無責任な煽動によって、彼らはますます危険になったとされた。一七九〇年から九一年にかけての冬から、ジャコバン穏健派の一群が、民衆の急進主義を骨抜きにするという意図をもつ一連の法令を強力に通過させはじめた。それらの方策には、より貧しい市民たちを国民衛兵から排除すること、「出版物の犯罪」を取り締まる諸法の施行、そして労働者の組織やストライキを禁止するル・シャプリエ法が含まれていた[4]。この集団を率いていたのが、グルノーブル出身の若き弁護士アントワーヌ・バルナーヴとその親友たち、すなわち、貴族のシャルル・ラメトとアレクサンドル・ラメトの兄弟——ともにアメリカ独立戦争に参加した経験をもつ——およびパリの自由主義的な司法官僚アドリアン・デュポールである。バルナーヴと彼を取り巻く人々にとって、いまこそが、フランス革命を終わらせ、フランス人を生活の通常な営みへと戻し、ある種の安定の感覚と市民的規律をふたたび植えつけるときであった。

アントワーヌ＝ピエール＝ジョゼフ＝マリ・バルナーヴ
F・ボヌヴィル
撮影フランス国立図書館、パリ

　とはいえ、革命を終結させることは、革命を始めることと、すべてにおいて同じくらい困難であることがやがてわかる。穏健派の方策はことごとく、ジェローム・ペチヨンとマクシミリアン・ロ

ジェローム・ペチヨン
作者不明
撮影フランス国立図書館

ベスピエールが率いる国民議会における少数の急進的なジャコバン派によって猛反対された。ロベスピエールは、生き方は禁欲的であるが、政治的信条は熾烈なまでに情熱的で、ペチヨンと同様、庶民は権利を有し根本的に善良であるという信念を頑として棄てなかった。実際、この二人の男と彼らに従う一群の議員たちは、フランス革命は実はまだ終わっていないと信じていた。民主主義を拡大し、選挙権を、身分や経済状況にかかわらず、男性市民全員の手に届くようにしなければならないのだ。

だが、一七九一年の春、ロベスピエールとその盟友が優位に立てることはめったになかった。かつて急進派であったある人物が言ったように、「穏健であるべき時節が到来した」のである。[5] パリにおける民衆の影響力を抑えフランス革命を終息させたいという願いは、穏健派の多くの人々を、国王の権力と威信にてこ入れするほうに動かしてさえいたのである。スペイン大使は、一七九〇年の終わりには、政策のこの方向転換をすでに察知していた。「民主的な指導者たちは、内々の仲介者を通じて、君主政と折り合いをつけようとしており、煽動的な著作や反乱を促す噂をやめさせることによって、速やかな秩序回復に取り組むことを約束している」と彼は一二月に述べた。一七九一年四月までには、バルナーヴと穏健派がジャコバン・クラブに姿を見せることはほぼなくなったうえ——ロベスピエールが、証明することはできなかったが疑っていたように――、ルイ一六世と秘密裏に交渉を始めさえしていた。[6] 大多数の人々が君主政を強化したいと望んでいたことは、大勢の愛国派の議員たちが国王に対していちじるしく肯定的な態度をとり、ルイの行為すべてを希望的観測にもとづいて推し量っていたことを説明する一助になる。同じ理由によって、国王の自由への不意の突進は、ひどく手痛い一撃と感じられることになるのである。

空位期間

六月二一日の朝九時に国民議会議長がその恐ろしいニュースを発表したとき、議員たちは唖然として言葉もなく座っていた。ある議員は、みながその出来事の意味合いを理解しようと努めるなか、「どの顔にも驚愕の色があった」ことを鮮明に覚えていた。ジャン゠フランソワ・ゴチエ・ドゥ・ビオザは、会合のあいだ膝の上でペンを走らせ、たった一言、「神よ、われらを助け給え」と書いた。[7] ここ数週間にわたって、彼らはみな、国王が誘拐されるかもしれないという予言を耳にしていた。だが数十もの根拠のない噂がつねに流れており、証拠を分析的に選り分けるのに長けている法曹人として、彼らは噂のほとんどを即座に退けることを学んでいた。それに、かりに真実が告げられようと、それは議員たちが信じたいと願う噂ではなかった。君主を立憲体制の要としてしだいに思い描くようになるにつれて、国王は信頼できると自分たちに思い込ませていたのである。

困惑した役人たちがすぐにぞろぞろと議場に到着し、自分を正当化するとともに何が起こったかを説明しようとした。チュイルリ宮殿の警備の最高責任者であるラファイエットは、「陰鬱かつ悄然たる面持ちで」入ってきた。それまでに流れていた噂の調査を任されていたバイイ市長と何人かの議員たちも発言し、自分たちの失敗を認めた。実際、問題の噂は、ほとんどの議員たちが思っていた以上にはるかに実体のあるものといまや見えた。王妃の小間使い――逃亡前の数週間、国王夫妻がひどく恐れていた当の女性――は、逃亡が起こりそうだということをきわめて正確に役人たちに通報していた。彼女が示した扉近くに追加の衛兵が置かれていたはずなのに、国王一家は魔法のごとく消え失せてしまった。ラファイエット自身が陰謀に加わっていたか、さもなければ、知っていながら見て見ぬ振りをしていたのだろうと憶測する議員たちもいた。[8] だが、より可能性がありそうなのは、将軍がそうした噂を真に受けていなかったことである。彼の回想録が信用できるのであれば、彼は噂についてルイ自身にじかに切り出したことがあったが、国王は「いとも厳かにまた力強く否定したので、[ラファイエットは]国王が立ち去ることはけっしてないだろうということに生命を賭けられるほどであった」。他のほぼすべての人々と同様、彼も国王は嘘がつけないと信じたがっていたのである。おそらくはこの理由のために、彼は、とくに厳しく警戒する必要があることを衛兵たちの心に刻み込むことができなかったのだろう。[9]

いずれにせよ、議員たちはすぐに呆然自失の状態から抜け出した。彼らは自分たちがいままでどれほどの試練を潜り抜けてきたかを互いに果敢に思い起こさせ、目下の状況を、さまざまな障害がほとんど克服できないものと思われた一七八九年の夏と比べた。議会を常時開催することを宣言すると、続く数日のあいだ彼らは昼夜を分かたず会議を開き、最小限度の人員の議員がそれぞれの議席で夜を過ごして、いかなる緊急事態が生じてもすぐ対処できるようにした。[10] 未曾有の危機に直面し、彼らは党派争いをいったん収めて結束した。ジャコバン・クラブのかつての改革の雄であったバルナーヴが、積年の敵手であるラファイエットを擁護する声を上げたとき、議員たちはとりわけ感銘を受けた。「この正義と寛容の行為は議会を魅了し、将軍に対する非難すべてを沈黙させた。〔……〕この日は、抗争、手口あるいは個人的利害といったくだらない情念によってそれまで分裂していた者たちがみなひとつになった日であった」。翌日六月二二日の朝、軍隊に属している議員のほぼ全員が、そのほとんどは議場の保守的な右側に座っていたが、前に進み出ると、剣を掲げ、片膝を床に突いてひざまずき、憲法に対する忠誠を厳粛に誓った。その宣誓は、国王への言及がいまや皆無であったため、ひときわ劇的であった。翌日の夜、議会を行進して通り抜けることになるパリの人々の色彩豊かな行列の構成員がおこなったのも、それと同じ誓いであった。[11]

続く二日間にわたって、動議と法令が相次いだが、そのほとんどは満場一致で可決された。まず真っ先になすべき仕事は、国王の逃亡をはばむ手筈を講じることであった。六月二一日に議員たちが参集したときにはもう、ラファイエット自身が伝令を送り出していた。いまや議会もそれに倣って、国王と彼の一家全員を止めるべしという命令とともに、使者たちを街道沿いに派遣した。フランス語では同じ語(arrêter)が「止める」と「逮捕する」の両方に用いられるため、そのはっとするような二重の意味は誰にとっても明らかであった。[12]

それとほぼ同じくらい速やかに、代表たちは、政府機能を維持するための対策を講じた。フランスは、その歴史において、国王もしくは国王の摂政がいなかったことは皆無であり、いまや、この困難な状況にあって、議会は即興でしのがざるをえなかった。議員たちは、議論することなく満場一致で、法令の批准に必要とされている国王の「裁可」をとり止め、さらには、すでに可決され国王の是認を待っている法令はすべて、法律としてただちに成立させることにした。この緊急事態に対処するため、議会から委員を出して執行「公安委員会」を設けてはどうかと提案した者もいた。だが議員たちは現職大臣を通じて事に当たるほうを選んだので、大臣たちがただちに召喚され、議会に対する忠誠を宣誓するよう求められた。全員が誓い終えると、彼らは隣接する建物に拠点を設け、代表たちと緊密な連絡を保ち、政策を調整するさい適切な委員会とじかに連携できるようにした。他の法令によって、財務大臣は君主の署名なしに国庫が支出すべき費用を払い続けることが可能になり、各国の大使は外務大臣を通じて国民議会とじかにやりとりするようにと定められた。[13]

そうした法令はすべて、数時間のうちに急ごしらえされたもので、一時的で緊急避難的な措置であるとみなされた。だが、国王が見つかるのか、はたまた戻ってくることがあるだろうかということは、誰にもわからなかった。実際、政府を迅速に再編成したことは、事実上の第二の革命となり、暫定的なものにせよ、まぎれもない共和政が樹立されたのである。そのような変化は、理論上では完全に法に適っていた。というのも一七八九年に、議員たちはみずからを、新政府を作るすべての権能を有する「憲法制定議会」であると宣言していたからである。だが実際には、彼らは、憲法にかかわる法令であれそれ以外の法令であれ、つねに法令の是認をルイに求めていた。シャルル・ラメトは、その場で練りあげた演説のうち二つにおいて、便宜主義にもとづく正当化という、自分たちの行為を正当化するまた別の根拠をもち出した。「目下のところ」と彼は言明した。「われわれは、立法権と執行権の権能をあいともに担わざるをえない」「危機的な時期にあっては、平時には遵守する義務がある法律の厳密な形式に従うことは不可能である。……国家を失うよりは、束の間の不正を犯すほうがよい」[14]。そのような心情は不吉な意味合いをはらんでいた。多くの点において、ヴァレンヌの危機のあいだになされた決定は、もうひとつの便宜主義による政府、すなわち恐怖政治下の政府の政策の先触れとなることとだろう。

議員たちは、国王の出立がいかなる国際的な影響をもたらすかをいち早く察知した。ヴァレンヌやサント＝ムヌーの人々と同様、彼らは、国王の逃亡は外国からの侵攻計画と連動しており、フランス革命を力づくで終わらせるためになされたと考えた。そのため、国民議会は、国民に戦争準備をさせるための措置を講じた。そのときにパリにいた主要な軍司令官たちが国民議会に出頭を命じられ、憲法、法律、国民議会に対して忠誠を誓うよう求められた。「国王」という語は、またもや宣誓の文句から抜け落ちていた。ワシントンの友人でヨークタウンの戦いの英雄であるジャン＝バチスト・ロシャンボー将軍が宣誓するために姿を現したとき、議員たちは胸躍らせた。司令官たちは、緊急時対応策を立案するため、大臣および議会の諸委員会と協働することを求められた。[15] 議員たちは、フランスの軍隊が弱体であることがつねに念頭にあったため、正規軍での服務という可能性のもと、全国から国民衛兵志願兵を募るという策をとった。この第一世代の「国民総動員令」――戦争に備えて国民をあまねく動員すること――によって、八三の各県において「国家防衛と憲法護持のために武器を取る用意のある」少なくとも三〇〇〇人の市民のリストが作成された。国民議会は、戦争準備を監督し、役人集団の忠誠を確認するために四組の派遣議員を国境の県に派遣したが、それは、一七九三年から九四年にかけて創設されたいまひとつの制度を予示していた。彼ら派遣議員は、どこに行こうが、「公共の秩序を維持し国家の安全を保障するために必要なあらゆる手段を講じる」権限を行使することができた。[16]

多くの議員たちにとって同じくらい気がかりだったのが、フランス国内における、とりわけ国民議会を取り巻く巨大首都における治安を維持することであった。ここ六ヶ月間パリでは民衆騒擾がほぼたえまなく生じていたことに鑑み、ほとんどの議員たちは、パニックか暴力か、あるいはさらに悪い事態が勃発するであろうと思っていた。バルナーヴは、一七八九年七月の危機と「有産者と祖国に真に愛着をもつ市民」が事態を掌握するまでパリの下層階級がもたらしていた大いなる無秩序を思い起こした。代表たちは議場の周囲に武装衛兵を急いで配し、議員以外の者はいっさい入場できないようにした。彼らはまた、もっぱらパリ市民に向けて、秩序を保つよう訴えかけた。「国民議会は……憲法の維持と国民の安全のために、良き秩序と公共の安寧がいまほど喫緊に求められたことはなかったと全市民に告ぐ」。パリ市民は、国王の失踪にひとかたならず動揺し、現にいくつかの暴力沙汰が生じた。とはいえ、だいたいのところ、国王の逃亡直後の数日のあいだ、彼らは実によく平穏を保っていた。議員たちは感嘆し、そのことをきわめてありがたく思っていた。「奇跡とも思えるだろう。大いなる、そして思いもよらぬ幸運である。神の摂理のようなものが憲法を見守っているのだと思いたくなる」とフェリックス・フォルコンは書いた。[17]

初めは、ほとんど誰もが、国王は拉致されたか誘拐されたのだと話していた。六月二一日以前に流布していた噂には、たいていは、むりやりに、ないしは欺いて国王をさらっていく何者かが存在した。誰だって、国王がその企てに唯々諾々と従っていたという可能性は考えたくもなかったのだ。だが己れの行動を説明するルイの自筆の「宣言書」が出現して、事態は一変した。その存在に大臣の一人が最初に言及し、六月二一日の午後二時にそれは議会で公式に読み上げられた。議員たちの演説や手紙から判断すると、その宣言書は、国王失踪の第一報とほぼ同じくらい大きな驚愕を引き起こした。[18]

宣言書の意味合いが十分に理解されるにつれて、最右翼に座っている者以外はまず誰も国王を擁護する気にはなれなかった。議員たちは、ルイがいままで立てた誓いの数々をいともたやすく破ったことに慄然とした。バスキアは、国王の強力な擁護者であったが、ほぼすべての同僚議員の心中を代弁した。「ルイ一六世は」と彼は書いた。「この国王は、善性が弱点を償ってあまりあるとつねに思われてきたが、約束のすべて、誓約のすべてを一瞬のうちに反故にした。自筆で書かれ署名されたこの宣言書によって、彼は、国王たる者の民に対する敬意と義務はクズ同然であることを全世界に知らしめたのである」。議員たちは、己れの行為がいかなる結果をもたらすかをルイが気に留めてもいない様子に、激怒した。その行為は、「内乱と最大の災厄」を容易に引き起こしえたからである。あれほどしばしば「きわめて率直かつきわめて誠実に」フランス革命を支持していると見えた国王が、いまやすべてを否定してはばからないことに、多くの議員は深く幻滅した。彼らはつねに、ルイが「約束を破ったり人民の信頼を裏切ったりすることは絶対にできない」と信じていた。国王は、「かつては彼をあれほど崇拝していたフランス全体を欺いたように、私たちを欺いた」と別の議員は書いた。ほんの数週間前まで「善良な王」、「市民王」であった国王は、いまや「うすのろ」、「馬鹿者」、「愚かな」、「哀れな」、「卑怯な」、「怪物」、「王の惨めなれの果て」と評されることになった。[19]

中道右派の議員たちですら、国王の行動の思慮のなさに対する嫌悪感を表明した。「自分たちが事前に知らされもせず、さまざまな危険にさらされるままにされて、二重に傷ついた」とラファイエットは回想している。保守的なフェリエール侯爵は、妻にこう書いた。「［国王は、］貴族、聖職者、議会の右翼側にいる人々、自分の友人、自分の召使い、自分の大臣を民衆の憤怒の餌食にしている。〔……〕そのような振る舞いは非道である」。激高したはずみで、ある議員たちは当初、国王が公開裁判を受ける、代わりに摂政を置く、あるいは共和政を選んで廃位することさえかまわないという思いでいた。「国王なしですますことができる国民の例を示す用意がフランスはできている。いままでに王座を汚してきた愚か者や極悪人の顔ぶれを吟味すると、そうした輩をすべて倒す気になるにちがいない」と教区司祭のトマ・ランデは弟への手紙で書いた。アントワーヌ・デュランは、その経験は「国王を神として崇めさせる馬鹿げた偶像崇拝からフランス人を癒した」と感じた。[20]

しかしながら、六月二二日の夜遅く、国王一家の身柄が確保されたという驚嘆すべきニュースによって、またもすべてが考え直されることになった。はっきりしない状態で丸二日間過ごした後、議員のほとんどは、国王はすでに外国の領土に入ったと結論づけていた。だが、ヴァレンヌの理髪師であるマンジャンが議場に飛び込んできて、起こったことを物語ったとき、議員全員が長椅子の上に立って喝采した。国王に対する当初の嫌悪感から、ルイを行かせてきっぱり縁を切るほうがよいだろうと考えていた者たちもいた。だがほとんどの議員は、王の捕捉を大いなる安堵をもって歓迎した。フェリエールは、「このニュースがどれほどの喜びをもたらしたか、お前にもわかるだろう」と妻にただちに書き送った。ゴチエは、この話を自分の選挙区に伝えるとき、感謝の祈りから始めた。「私が信じ続けている、われらが運命の星のおかげで、企みは失敗に終わった」とプロテスタントの牧師であるジャン゠ポール・ラボ・サン゠テチエンヌは書いた。[21]

だが、祝賀気分は長続きしなかった。国王がパリへの帰路をゆっくりと辿っているという知らせが届くと、雰囲気は張り詰め陰鬱なものとなった。議員たちは初めのうちは、当座の危機に、すなわち、静穏を維持し、政府を一致団結させ、誰もが起こると思っていた差し迫った戦争に対して国の備えを固めるという仕事に全精力を注いでいた。精神的衝撃と裏切られたという思いがさめやらぬ初めのうちは、驚くほどの数の議員たちが、ルイを政府からきっぱりと放逐し、代わりに摂政か、共和政すら据える気になっていた。だが、そうした思いも、ほんの数百ヤードしか議会から離れていないチュイルリ宮殿に国王が戻っているよりは、国王が不在でおそらくは外国にいるほうが抱き続けやすかった。いまや彼らは、この逃亡が、ほぼ二年にわたって苦労して練り上げ、いまや完成が間近に迫る憲法の前途にいかなる意味をもつのかという中心的な問題に、否応なしに直面せざるをえなかった。それは、議員の一人が言ったように、「われわれが、いままであえて考えようとしてこなかった」問題であった。[22]

それに、考えるべき問題は、どのような手続きを踏むかという基本的な事柄から——それについては先例からも憲法からもなんの導きも得られない——、政治哲学という深遠な問題にいたるまで、無数にあるように見えた。国王をいかに取り調べるのか。国王は罪を犯したのか。国王が罪を犯すことは可能なのか。法のもとでは犯罪にならないとしても、ルイをふたたび信用し執行権を有する立場に置くことがいったいできるものだろうか。きわめて多くの議員たちが、いかなる行動を取るべきかと苦悩し、ほぼ八方塞がりの状態にあると感じていた。彼らは、新しい立憲君主政にすべての希望を賭けていた。その憲法を施行し、フランス革命を終息させ、自分たちの社会の強みそのものを食い荒らしているように見える騒乱と無秩序を止めることを、彼らはしだいに切望するようになっていた。だが今回の出来事の後で、そのような憲法がはたしてふたたび通用するものであろうか。議員の一人が言ったように、「われわれは、四方八方、暗礁に取り囲まれている」。「国王の逃亡によってわれわれが置かれたのっぴきならない立場から、どうすれば抜け出せるのか」、想像するだに難しかった。[23]

六月二五日の午後には、議論の第一ラウンドがすでに始まっていた。国王はヴァレンヌから戻りつつあり、パリからほんの数時間のところまで来ていたので、国民議会は、状況にいかに対処すべきか予備的な決定をするよう迫られていた。逃亡の第一報がもたらされた後で議員たちが経験した目的の一致という感覚はいまや打ち砕かれてしまったことが、すぐにみなに明らかになった。保守派と貴族の反動主義者たちは、国王をただちに職務に復帰させるべきであると考えた。王は宮殿を去ることでいかなる法も犯しておらず、どのみち彼は、国民議会自体がおよそ二年前に投票して決めた国王の不可侵性のもとにあった。保守的な演説家であるピエール＝ヴィクトール・マルエが言ったように、それ以外の策はなんであれ、「諸君が創り上げてきた政体を完全に捻じ曲げることになるであろう」。その一方で、議場の最左翼に座っていた議員たちは、ルイは裁判に、おそらくは新たに設置された控訴院〔破棄院〕で裁判にかけられるべきであると論じた。「いかなる地位であろうと」とロベスピエールは訴えた。「その地位がいかに高かろうと、法によって確立された規則に従うとき、いかなる市民もみずからの品位が貶められたと考えることはできない」[24]。

大いに紛糾した後、国民議会は中道の立場を選んだ。ヴァレンヌへの逃亡についての責任については、国民議会そのものが事実上の査問委員会となることによって決定することになった。事件についての調査は、議会の常任委員会のうちの二つである調査委員会と報告委員会によって監督されることになった。逃亡に加わり拘束された国王一家以外の人々——三人の護衛、乳母たち、トゥルゼル夫人、ショワズール、ゴグラ、および他の主だった指揮官たち——は投獄され、入念に取り調べられることになろう。しかしながら、国王と王妃は厚遇され、宮殿の私室で尋問されることになる。次いで、すべての証拠を検討し議会全体に提言をするために、議員からなる特別委員会が設置されることになった。だが同時に、国民議会は、国王の権限停止を継続するというきわめて重要な決断もくだした。法令の裁可という国王の権利は停止状態に留めおかれ、執行上の活動はすべて大臣や議会の諸委員会がおこなうこととなる。[25]

国王夫妻を尋問するために、いずれも著名な法律家である三人の議員が国民議会によって選ばれた。国王への聴取は、彼が帰還してちょうど二四時間後の六月二六日の晩におこなわれた。だが王妃は、議員たちとの面談を翌日まで延ばした。それは彼女がまだ入浴中であったためとされているが、実際のところは、国王の話と自分の話に齟齬が生じないよう確実にしておくためであった。示し合わせて作られた話は、ソース氏の寝室にいるあいだに彼らが周到に準備し、その後ヴァレンヌからの帰路の旅でバルナーヴやペチヨンに語ったものと同じだった。曰く、国王は国を出るつもりはまったくなく、パリで経験した威嚇や侮辱から自分と家族の身を守れるモンメディに旅行しただけである。曰く、外国勢力と関わりをもったことはない。曰く、旅のあいだにフランスのいたるところで人々が新憲法を支持しているのがわかって驚いた。こういうわけで、ランデの言葉によれば、王はフランス革命に「個人として抱いている不満は忘れ」、協力する「用意があった」。その話のかなりの部分は、一応はたしかにその通りであった。だが、外国政府との関りを否定したことは真っ赤な嘘であった。[26]

聴取結果が議会全体に対して読み上げられると、その件は丸ごと審議のために委員会にゆだねられたが、その委員会は最終的に七つの常設委員会の委員を寄せ集めた合同委員会となった。[27] そしてそれから六月二七日から七月一三日にかけてのほぼ三週間、その案件はすべて忘れ去られた。議会が常時開催となり、昼夜兼行で一二八時間ほど開かれたが、その状態もついに終わりを迎え、議会は通常の業務運営に戻った。ロラン＝フランソワ・ルジャンドル議員によれば、その長い待ち時間は委員会が事件についての調査を完了させるために必要であった。だがパリに駐在し多くの議員を知っていたアメリカの政治家ガバヌーア・モリスにとって、その遅延は法的理由というよりは政治的理由によるものと思われた。国王がいまや安全にチュイルリ宮殿に戻ってきたのだから、議会における穏健派の議員たちが、君主政の維持という長期戦略に回帰したことは、彼にとって明白であると見えた。「議会の意図は」とモリスは七月二日に書いた。「国王の逃亡をできるならば隠蔽し忘れさせることにある、とわかった」。このアメリカ人にとって、そうした策略は稚拙で破滅を招きうるものであるように思えた。「これはどこから見てもすこぶる脆弱な策であることは明らかであり、君主政をおそらくは破壊することになるであろう」。実際、バルナーヴ゠ラメト゠デュポールの党派は、国王一家とまたもひそかに交渉していた。〔議会の〕態度表明が先送りにされているので、そのあいだに国王支持の世論を地方で喚起することができるだろう、と彼らは望んでいたのである。[28]

だが動機はなんであれ、議会と国民は、いまや正真正銘の空位期間のなかにあった。あらゆる実践的な目的のために、政府が「共和主義的な君主政」となっていたのである。すなわち、立法・行政機能ばかりでなく重要な司法的役割をも担う議員たちによって統治される、権限なき国王をもつ王国と化していたのだ。ヴァレンヌへの逃亡の責任について判断をくだすことになるのは、国民議会そのものであった。辛辣な口調で、ランデ司祭は状況をこう評価した。「行政権はいまや間接的に行使されるのみである。筆頭官吏〔国王〕は、飲酒、食事、睡眠にのみ活動を限られるべきである。それこそ彼が完璧にこなせる役割なのだから」。[29]

この期間に議会で見られたひとつの大きな進展は、ブイエ将軍が亡命地のリュクサンブールから送った手紙が届いたことである。将軍自身が述べるところによれば、この手紙は、逃亡が失敗したいま国王が失地回復する手段となればという思いで書かれた。ブイエはここで、逃亡の責任はすべて自分にあると主張した。あざけりながら傲岸に、彼はフランス革命と「諸君の地獄のごとき憲法」をただひたすらさげすんだ。国王と王妃は、と彼は主張した。本当は出ていきたくなどなかったのだ。四月一八日の暴力沙汰と自分からの圧力によってようやく、国王夫妻は逃亡することを受け容れた。「私がすべてを手配し、すべてを決め、すべてを命じた。国王自身は命令を出さず、私だけが出した。諸君の残虐非道な憤怒を向けるべき相手は私一人だ」[30]。その手紙は現実をはなはだしく歪めていた。議員たちは、逃亡計画の細部すべては知りえないにせよ、国王自身が逃亡を見越して軍事行動を指示する数々の命令書に署名していたという十分な証拠をもっていた。[31]

だが、君主政を温存したいと願う議会内の穏健派はブイエの声明にすぐに飛びついたので、この点において、将軍の策略は思いもよらぬほどうまくいったことになる。

国王に関する正式の議論は議員のあいだではほぼ停止されていたが、議会の外では猛烈な勢いで激論が交わされていた。とりわけ二つの議員グループは、空位期間のあいだ、おとなしく我慢していたりしなかった。六月二八日、保守派の大集団――貴族のイルラン・ドゥ・バゾージュによれば、「少数派のなかで最も賢く最も啓蒙されている者たち」――が、状況を議論するために集まった。彼らは、議会多数派による国王の権能の一時停止や行政権の掌握に憤っていた。国王は、事実上、いまや己れ自身の宮殿で幽閉の身となっている。だがルイは、彼らが信じるところによれば、なんの罪も犯しておらず、どこでもいつでも好きなように出かけられるようにすべきである。彼の唯一の過失は、レヴィ公爵によれば、性格の弱さゆえに実際はそうでないのに自分は憲法が好きであると言ったこと、そして「彼が他の人々に与え、その名のもとにいまや虜囚の身となっているもの、すなわち自由を享受したいと願ったこと」であった。ヴォドルイユ侯爵のような、より頑迷な反動派の幾人かは、国王は六月二一日の宣言から後退し弱腰になっていると怒ってさえいた。国王よりもさらに強固な王政支持者であり妥協をいっさい認めない侯爵は、この機会を利用して、聖職者市民化法や貴族身分の廃止を含む、議会が可決したありとあらゆる方策すべてを拒絶すると宣言した。長い議論の末、二九三人ほどの保守的な議員が国王の権限停止に正式に抗議し、そのうちの二五〇人以上が議会での投票は今後すべてボイコットすると誓った。[32] この王政派の議員たちの抗議によって、きわめて多くのパリ市民の陰謀に対する強迫観念が煽られたことは間違いない。市民のなかには、その「二五〇人」がそもそもの初めから共謀して国王の逃亡を謀った、といまや考える者たちもいた。

そのあいだ、政治的立場が対極にあるグループでは、ジャコバン・クラブがとりわけ熱心に出来事の推移を注視して論評していた。穏健派も急進派も、そのすべての会員が、陰謀の発見と糾弾はみずからの主要任務のひとつであるとずっとみなしてきた。[33] だが他のほぼすべての人々と同様、彼らも、柔弱ではあるが善意の人としてたいていは描写される国王に対して、おおむね好意的な気持ちを抱いてきた。いまや、ヴァレンヌへの逃亡とともに、きわめて多くの会員が、国王に裏切られたと感じたばかりか、その裏切りを予測しえず、自分たちの只中に存在したこの最も危険な陰謀家を捜し出せなかったという己れ自身の不明に慄然ともしていた。おそらくは、この罪悪感、そして屈辱感さえもがあったために、多くのジャコバン・クラブの会員は、国王の逃亡にひときわ憤激し、怒ったのだった。

にもかかわらず、ジャコバン・クラブは深く分裂したままであり、六月二一日夜の会合では二つの党派のとりわけ張り詰めた対決が見られた。急進派の指導者であるロベスピエールが最初に姿を現し、ほとんど狂乱状態で仲間の議員たちを痛罵し、「国民議会議員であるわが同僚たちのほぼ全員が、ある者は無知によって、ある者は恐怖によって、ある者は怨嗟と傷つけられた誇りによって、ある者は盲目的な信頼によって、だが他の多くの者たちは腐敗しているがゆえに、反革命の徒である」と非難した。[34] だがクラブに属している穏健派の議員たちが総勢約二〇〇人、主導権を取り戻そうという断固たる決意をもってすぐその後にやって来た。シャルル・ラメトとラファイエット侯爵、バルナーヴとアベ・シィエスといったかつての宿敵同士がみな、危機の渦中にこそ聖なる団結が必要であると訴えた。ロベスピエールの盟友でコルドリエ・クラブの激烈な弁士であるジョルジュ・ダントンがラファイエットを反逆者であると非難したとき、アレクサンドル・ラメトはすかさず彼を擁護した。友愛の感情が最高潮に達するなか、バルナーヴは、ジャコバン・クラブと連携するすべてのクラブに宛てて国民議会を全面的に支持する呼びかけをおこなおうと述べ――「国民議会、それがわれわれの導き手だ」――、その提言は大喝采をもって迎えられた。穏健派の議員たちは事態のこうした展開に有頂天になった。「いまや王政派のクラブも一七八九年クラブの会員もいない。みなが〈憲法の友の会〉に合流した」とフランソワ＝ジョゼフ・ブシェットは書いた。[35]

にもかかわらず、ジャコバン・クラブ内の緊張はいぜんとして高いままで、国王問題は激情を引き起こし続けた。議会が静観している一方、ジャコバン派はその問題をほぼ毎日議論した。演説者のうちの少数が――急進派のピエール＝ルイ・ロドゥレールのような――共和政を提唱していると見えたものの、そうした主張はまれであるうえ、〈憲法の友の会〉が支持する義務を負う憲法に背いているとして穏健派によってすかさず非難された。とはいえ、ルイの行為を擁護しようとする者もおらず、クラブ内の議員以外のきわめて多くの会員が国王裁判と摂政政府の樹立を求めた。穏健派の議員＝会員の多くが、怨恨渦巻く夜毎の会合に出席するのにうんざりし――バルナーヴとアレクサンドル・ラメトは六月二二日以降、二度とクラブに戻ってこなかったように思える――、あるいは議会におけるさまざまな委員会の仕事に没頭するようになるにつれて、クラブは全体として、いやいやながら君主政支持を宣言したにもかかわらず、「裏切り者の王」を容赦なく処断するほうに傾いていったように見えた。[36]

君主政の運命

国民議会そのものにおける大いなる議論は、ヴァレンヌ事件に関する勧告案を起草する任に当たっていた「七委員会」の正式報告をもって、七月一三日についに始まった。三日間にわたって、およそ一七名の議員が国王の運命と君主政の運命という問題について演説し、九名は赦免という合同委員会の見解を支持し、八名はそれに反対した。[37] 彼らのうちの多くは、国民議会における最も優れた弁士のうちに数えられ、またほとんどは演説を入念に準備していた。穏健派の指導者たちは議会における弁論術や戦略に長けており、最大限に有利になるように議論のプログラムと進行を鮮やかに処理した。彼らの敵対者たちは、全員がジャコバン集団の極左に属しており、彼らも力強い議論を展開したが、その提言はより個人的な色合いを帯び、ときに互いに矛盾することもあった。

七委員会は、自分たちの主張を提示する人物に、フランス東部出身の三三歳の司法官僚イアサント・ミュゲ・ドゥ・ナントゥを選んだ。[38] ミュゲはブイエ将軍の手紙を最大限に利用し、ルイは実際に「拉致された」、身体を拉致されたわけではないが、心を——脅迫と圧力によって——拉致されたのであると論じた。曰く、たしかに、道徳的ないしは政治的観点からすると、国王の行動はけっして是認できるものではない。それは浅はかで無責任な行動であった。だが、肝心なのは、議員はその場限りの感情に従うのではなく、法律に従わねばならないということである。そして、法的には、国王はなんの罪も犯していない。彼の六月二一日の「宣言」ははなはだ不得策であったが、それ自体が法に反しているわけではない。逃亡は、国王が国を去り帰還を拒否するという事態になっていれば、廃位の根拠となっただろうが、王の証言によれば、その意図はみじんもなかった。さらに、たとえルイが罪を犯したとしても、国民議会がかれこれ二年ほど前に君主の不可侵性を投票で決議したため、彼を起訴することはできない。[39] 憲法に関する議論のそもそもの初めから、フランスは君主国であるべきだと議員たちは決めたのだ、とミュゲは論じた。「あらゆる部分がおのずとばらばらになりがちな広大な帝国においては」、権力の中心的な場が不可欠であった。実際に、「君主政が樹立されたのは、国民のためであって国王のためではない」。この体制にあっては、国王が起訴から免れていることが不可欠である。国王を起訴することができるとなれば、どの党派も己れ自身の卑小な自己利益を図ろうとして彼を攻撃することがありうるし、まさしく一五〇年前のイングランドで起こったように、内乱と混沌の脅威につねにさらされることになろう。本件における真の悪者は、そして七委員会が提案した法令で名指しされた人々は、ブイエとその部下たちのみであった。フランスは、アメリカが反逆者ベネディクト・アーノルドに対処した例に倣い、法律を最大限に適用してこれらの男たちを起訴すべきである。奇妙なことに、アクセル・フォン・フェルセンへの言及はほとんどなかった。国王と王妃については、まったく言及されなかった。

七委員会の見解に反論するにあたって、急進派はいくつもの戦術を用いた。ペチヨンと他の数名の弁士たちは、国王の不可侵性という観念そのものを攻撃した。当然ながら、国王といえども己れの行動には責任を負うべきである、さもなければ新たなネロ、新たなカリグラが人民に対して言語に絶する暴虐を働くことを妨げるすべはなくなってしまうだろう。一七八九年に議会が投票で決めた国王の不可侵性があてはまるのは、国事行為のみであり、国外へ逃亡し職務を放棄するというルイの決断のような個人的行動には適用できない、と。しかしながら、だいたいにおいて、急進派は七委員会の法律尊重主義的な論議を避け、より高次の道徳律に訴えた。真っ赤な嘘をついて国民議会と全フランス国民をだました男を筆頭行政官として受け容れることがどうしてできようか。「いったい何度、ルイ一六世は憲法に対する忠誠と愛を誓ったことか。必要があって召喚されてもいないのに、彼はまさにこの議会に出向いてきて、憲法への愛着を表明し、自分は憲法の擁護者であると宣言しなかっただろうか」とペチヨンは尋ねた。「そのような行動は、したがって、フランス

国民議会で演説する国王、一七九〇年二月四日
ボレル
撮影フランス国立図書館、パリ

国民議会議長の横に立ち、ルイは憲法を支持するつもりであることを宣言している。視点の向かう先である議場の保守的な「右」側では、貴族たちが「国王万歳！」と叫び、胸に手を当てている。前景にいる「左」側の議員たちは、さほど感情を表してはいない。女性の見物人たちは、バルコニーから歓声を送っている。

国民を間違った安心感のうちに眠り込ませ、よりだましやすくするためのものであった」。厳格なジャコバン派でやがては恐怖政治の指導者となるマルク＝アレクシス・ヴァディエは、議会ではめったに発言しなかったが、怒り狂っていた。ほんの数週間前、彼は自分の選挙区民に、逃亡が差し迫っているという噂をすべて否定する自信に満ちた手紙を書き送っていたのである。いまや彼は、裏切られただけではなく辱められたとも感じていた。ヴァディエはルイをこう痛烈に非難した。この「王冠をかぶった山賊」、この「不実で逃亡した王、政府を麻痺させ、われわれを内戦と無秩序のあらゆる恐怖にゆだねるために、卑怯にも持ち場を捨てた王。裏切りの宣言書のなかで、諸君の憲法をズタズタに引き裂くことも辞さなかった王」と。[40]

弁士のうちの何人かが、公的な信頼と正当性という根本的な政治問題を提起した。ロベスピエールはずばりと切り込んだ。誰も信用していない男が政府の指導者になっているとき、政府が機能することなどできるのだろうか、と。世論の支持がなければ「国内平和を望むことすらかなわない」とフランソワ＝ニコラ・ビュゾは予言をするがごとく言明した。[41] 急進派のすべての者が、議員たちが共和政を病的に恐れていることを察知し、自分たち自身も君主政を廃止することは望んでいないと懸命に主張した。だが、国王は、彼の行動について、正規の司法制度による裁判を通じてであれ、国民投票を通じてであれ、国民公会の招集を通じてであれ、なんらかの方法で裁かれねばならない、と彼らは結論づけた。

穏健派は、急進派の議論のほぼすべてにわたって、ことごとく異を唱えた。彼らは、世論が国王に敵対しているという主張を否定した。一握りの煽動的なジャーナリスト、クラブ会員、「憲法を破壊することしか望んでいない邪悪極まるこれらのマキャヴェリストども」によって煽られているパリの群衆の激情など、判断の根拠にはまずなりえまい。国王にいかなる欠点があろうとも、と穏健派の主張は続く。大多数のフランス人は君主政に深い愛着を抱いており、国王という人格を――ルイ＝ピエール・プリュニョンの言葉を借りれば――「必然的に神聖なるもの」とみなしている。[42] いずれにせよ、社会は、世論の揺れ動く激情ではなく法律にもとづかねばならない。バルナーヴは、パリで先頃発生し、その多くが国民議会そのものに矛先を向けていた民衆デモに対する議員たちの恐怖に巧みにつけ入った。国王の裁判を求めている者たちは、言葉でいかに否定しようが、共和政の創出を心から望んでいるのだ。だが共和政は、衆愚政治と無秩序しか意味しえないものだ。フランス革命はここで終わりにしなければならない、さもなければ、安定した社会と個人財産がまさにその根幹から危険にさらされることになるであろう、と。[43]

けれども最終的には、穏健派は、法律尊重主義と恐怖に訴える戦術だけでは十分ではあるまいと感じた。七月一五日、当該の王であれ、将来のいかなる王であれ、国王を廃し替えることを可能にする根拠を明記した修正条項を付加するという約束がなされたうえで、ようやく七委員会の原案が可決され、法律として成立した。翌日の夜、七月一六日に、修正条項の最終版が提出され、可決された。いまやこう決定された。ルイはすぐには復権せず、憲法が完成し受諾の署名が公式になされるまで王権は停止したままとする、と。署名を拒むのであれば、彼は即座に廃位され、息子が摂政のもとで国王になるものとする。さらに、議員たちは、今後国王を退位させるための他の二つの根拠も投票で決議した。軍隊を率いてフランス国民に戦争を仕掛けたり、過去におこなった憲法への忠誠の誓いを撤回したりした君主は、まさにそうした行為によって、王座を捨てたとみなされるものとする。誓約の撤回に関する法律が一ヶ月前に存在していたならばルイは王冠を失っていたであろうことは、誰の目にも明らかだった。[44]

最終投票は、いっさい記録されなかった。アントワーヌ・チボドーは、多くの議員は国王の赦免に当初は反対するつもりでいたと思った。だがさまざまな議論に耳を傾け、さまざまな修正条項が可決された後、七委員会の法案を拒否したのは、数百名の議員のうち八名にしかすぎなかった。[45] 議員たちがなぜそのような投票行動をとったのか、われわれには知る由もない。故郷への手紙のなかで、彼らは、自分たちの決断を友人や家族に説明しようと四苦八苦している。多くの者が、それがいかに苦渋に満ちた選択であったかと訴えた。ほとんどの者たちは、ミュゲやバルナーヴやその他の人々の主張を詳細に要約し、ときには演説を一言一句引用しながら、どの議論が最も決定的であったかは示さないまま、理由を山のように積み上げた。曰く、法律に従うことは必須である。国王はなんの罪も犯さなかった。国王は不可侵であり起訴できない。（どの議員も共和政を実際に提唱することはなかったとしても）共和政はフランスのような大国では絶対に機能すまい。国王を裁判にかけたり廃位したりすることは国内の蜂起と対外戦争を招くだろう、と。[46] 重要なことに、議員のうちの二人が、国王を裁判にかけることに反対した。というのも、国王は有罪であり、したがって処刑台に送られるだろうと、彼らは確信していたからである。「国王の起訴は冗談事ではない。というのも、起訴された国王はすべて、確実に首を失うとわれわれは思うからだ」[47]。公表された討議において、とりわけ広く共有されていると見えながらまったく言及されなかったひとつの主題は、長きにわたって取り組んできて、多大な精力と感情を注ぎ込んできた憲法を廃棄しなければならなくなることへの議員たちの怖れである。フェリクス・フォルコンは、急進派にとっての勝利とは、「二年以上にわたって多大な苦闘と犠牲を強いてきたこの憲法が、完成すれば暴力的な擾乱を終わらせ、その代わりに公衆の幸福をもたらすであろうこの憲法が、この憲法がもはや存在しなくなること！」を意味するのだろう、とした。ブルゴーニュの葡萄酒商人であるクロード・ガントゥレは、ほぼ同様のことを淡々と語っている。「新しい政体に関する仕事ではひどく苦労してきたので、それを変えるなど考えることさえできない」[48]。

　とはいうものの、きわめて多くの議員たちは、私的な通信において、その経験全体に深く失望し、将来を悲観していると表明した。多数派に同調して票を投じたにもかかわらず、ガントゥレは、アンリ・グレゴワール司祭の言葉は忘れることはできないと認めた。つまり、国王が憲法に署名するにせよ、三つか四つの誓いをすでに破っている男をふたたび信用することなどいかにしてできようか、という言葉である。デュランは、自分がくだした決断のことを思うと「恐怖心」を覚えた、と告白した。国王を維持するほうに最終的に投票したと思われるランデは、事のすべてに嫌気が差す、と後に公安委員会の委員となる弟に打ち明けた。「われわれは国王が欲しい。だがわれわれが受け容れねばならないのは、愚か者、でくの坊、偽善者、誓約破りだ。人民が軽蔑するであろう男だ。〔……〕その名のもとにペテン師どもが統治することになろう男だ」。

また彼は、バルナーヴと他の者たちが、国王に対する民衆の抗議を少数のジャーナリストによる煽動のせいにしたのは間違いであり、不当であると確信していた。パリの庶民は、明らかに国王を軽蔑していた。「かくも堕落した指導者に、われわれは何を期待できよう。平和と安定が長く続くと期待することは難しい」[49]。

シャン・ドゥ・マルスの虐殺

さてそのあいだ、当の「庶民」であるパリの市民は、議員たちの議論をつぶさに辿り、ほぼその話題でもちきりの日々を送っていた。空位期間が長く、国民議会が立場を鮮明にすることを先延ばしにしたことは、大勢の人々に自分たちの頭でその問題をじっくり考えるようにと促し、多くの人々は、いずれの側にくみするか、現王を維持することに賛成か反対か、共和政に賛成か反対かをすでに思い定めていた。七月一五日の国民議会の投票は、遅い午後の市中を稲妻が走るがごとく口伝えで駆けめぐり、人々がすでに大きな群れをなして集まっていたカフェや街路や公共広場で議論の爆発を引き起こした。かなりの数のパリ市民が、とりわけより豊かな地域のパリ市民が、議会の決定を熱心に支持したが、それは、他の解決策はどれもあまりに不確かで危険なものになるだろうと怖れてのことであった。パリ北部サン＝マルタンのカフェでは、一〇〇人を超える人々が賛同の喝采を叫んだとされる。だが同様に、大勢の人々が法令に激しく反対し、「弱腰」であるとか国王の「裏切り」に加担しているとか言って国民議会を非難した。左岸のカフェ・プロコープ――ヴォルテールや他の啓蒙思想家たちがかつて集った有名な酒場――では、立場を異にする者たちのあいだで猛烈な怒鳴り合いの喧嘩が勃発した。国民議会はと言えば、議場の外のパレ・ロワイアルと中庭は、反対を大声で叫んでいる「きわめて騒々しい無数の集団」でいっぱいだった。クレオールの訪問者アンリ＝ポラン・パノン・デバサンは、さまざまな意見の衝突と党派心の高まりに動転し、恐怖を覚えた。「いずれの側も怒りをひどく募らせているので、お互いを個人的な敵とみなしあうようになっている」。「庶民は怒り狂っている」と書籍商のニコラ・リュオーは書いた。「国民議会の前面の広場から最も小さいカフェにいたるまで、市中くまなく恐ろしいざわめきが起きている。国王と七合同委員会に対する人々の苛立ちが頂点に達しているように私には思われた」。(50)

混沌とした反応がこのように沸き上がるなか、コルドリエ・クラブやさまざまな友愛協会は、より組織的な対応をすみやかに考えはじめていた。彼らの支持者——出版街から来た人々とパリ全域のサン゠キュロット——の数千人が、その日の早いうちに作成された新たな請願書を提出するためにほどなく国民議会へと行進し、議員たちに決定を見直すように訴えた。このデモ参加者のうち五人が、国民衛兵が作る列のあいだを通って議場に入ることを許されたが、国民議会は残念なことにすでに決定をくだしており請願書はいまや無駄になった、とロベスピエールとペチヨンから直々に告げられた。群衆の一部は、失望し怒って、次いでより富裕なセーヌ右岸地区に押し寄せ、一七八九年七月の暴動のさいに彼らがしたのと同様に、劇場やオペラ座を「弔意のしるしとして」力ずくで閉鎖させた。他の者たちは、近くのパレ・ロワイアルに流れ込み、急進派のクラブである〈真実の友〉がその晩はじめた大規模な屋外集会に加わった。その弁士たちは、反対の立場をかつてないほど硬化させ、すべてのフランス市民による国民投票がおこなわれないかぎり議員が可決した法令は絶対に受け容れられないと宣言し、国民議会の正当性を彼らがもはや受け容れていないことを明らかにほのめかした。そして九時頃、数千人のデモ参加者は、自分たちと同じ立場をとらせようとジャコバン・クラブへと向かった。(51)

群衆がジャコバン・クラブに来てみると、ここでは会員たちが新しい法令にいかに応じるのが最善であるかをめぐり言い争っている最中であった。デモ参加者のうち数百人がクラブの施錠された扉をなんとかこじあけて室内になだれ込むと、集会場は大混乱になった。群衆の圧力戦術に衝撃を受け、急進派が国民議会の決定に反対し続けていることに憤激して、居合わせたほぼすべての議員たちが、クラブにはもう参加しないと誓いながら出ていった。その場に残った者たちは、当初は、コルドリエ・クラブや友愛協会の者たちと交渉を試み、自分たちも独自に請願書を作成し提出すると約束した。だが人民協会はいまや共和政を要求し、国民議会を拒否せよと要求していたので、ジャコバン派――ロベスピエール、ペチヨン、そしてクラブに残っていたわずかな数の他の議員を含む――は、自分たちが所属する国民議会を否定することはできないとした。交渉は、群衆が立ち去った後、その晩と翌日にかけて続けられた。だが最終的に、ジャコバン派の指導者たちは請願書という考えそのものを放棄したので、コルドリエ・クラブの会員とその同盟者たちは独自に進んでいかざるをえなくなった。[52]

国民議会の議員たちは、そうした出来事を怒りと苛立ちをもって見守っていた。ここ数日間、議場の外の広場は国王との和解に反対する人々すべての集結地点となっていた。国民衛兵分遣隊の大軍が配置され待機しているのにもかかわらず、代表たちは、怒れる男女が列をなして大声でののしり、議員たちを裏切り者であると非難したり、ときには槍を振り回したりするあいだを、棒打ち刑に処せられた者さながらにくぐり抜けていかないと自席に辿り着くこともできなかった。[53] 国民議会を支配する穏健派は、数ヶ月にわたって市中で狼藉が拡大しているのに激怒して、武力を用いて対決し民衆の脅威を一気に排除しようといまや心を固めていた。七月一六日、バイイ市長が国民議会に召喚され、群衆の行動を容認していると叱責された。シャルル・ラメトはとくに強硬であった。擾乱のすべては、おそらくは外部の人間に金で雇われ、パリ市民を己れのためにならないような行動に導いている少数の厄介者どもによって煽動されたのである、と彼は主張した。彼は市長とパリ市の指導者たちを、「そうした無秩序に目をつむっている」と厳しく叱責し、「無秩序を抑え、その張本人を発見して処罰し、全市民に平和と静穏を保障するために、憲法が許すかぎりのあらゆる手段」を用いるべきであると彼らに要求した。(54)

七月一六日の午後から夜まで、コルドリエ・クラブの会員とその同盟者たちは、ジャコバン派の支持があろうがなかろうが、翌日に開催される大規模な請願書署名集会に備えて入念な計画を立てていた。パリ全域からやって来る活動家たちが解体されたバスチーユ牢獄近くの開けた広場に朝一一時に集合し、それから、三日前の七月一四日の祝典のさいにパリと国の指導者たちが辿ったのとまさに同じ道を通って市内を横切り、シャン・ドゥ・マルスの練兵場へと行進することになっていた。その象徴性は明らかであるように見えた。すなわち、いまや友愛協会が、もはや彼らが権威を認めていないエリート行政官たちに取って代わりつつあるのだ。反対派の指導者たちは、デモの平穏を保つことにも心を砕き、誰も武器を携行してはならない、棍棒や杖すらももってはならないという指示が出された。だが、もめ事が起こることを明らかに見越している者たちもなかにはいて、国民衛兵に攻撃されたときに備えてポケットや前掛けに石を詰めているという話もあった。少数の男たちは、外套の下に拳銃を携えていた。(55)

結局のところ、パリを横断する行進が実現することはなかった。ラファイエットと彼の部下たちは活動家の計画を知らされていたので、国民衛兵は街路での集会を見つけしだい解散させることで夜通し大忙しだった。翌朝早く、七月一七日の日曜日に、人民協会と近隣の集団がバスチーユ広場で合流しようとすると、数百人の国民衛兵がその一帯を占拠し、行く手を塞いでいることがわかった。しばし呆然とした後で、デモ参加者は、集団行進という考えはあきらめ、経路には構わず各自てんでにシャン・ドゥ・マルスへと向かった。(56)

主催者の努力にもかかわらず、当日はいくつかの暴力沙汰があった。人々は街路にいる国民衛兵に何度か石を投げ、一人の男はラファイエットを撃とうとさえした――拳銃は不発に終わったが。だが、最も深刻な出来事はシャン・ドゥ・マルスの練兵場内で起こり、それはこの催しの性格全体を一変させることになった。正午近く、友愛協会の人々とその支持者たちが到着しはじめる前、シャン・ドゥ・マルスに隣接する地域から来た一群の人々が、練兵場の中心にある祖国の祭壇の下に二人の人間が隠れているのを見つけた。かつら職人の若者と木製の義足を付けた年かさの男が、食べ物とワインと大工道具をこっそり持ち込み、うずくまっているところを発見されたのである。後に論評した人々は、彼ら二人は穴を開けて、女たちが請願書に署名するため祭壇を横切るさいに下から盗み見ようとしていただけであると、確信していた。だが、彼らは愛国者たちを爆弾で吹き飛ばそうとたくらんでいたという噂が急速に広まった。群集のある者たちは、尋問のために犯人たちを地元当局に護送しようとした。だが他の者たちが――近隣に住んでいる船頭、洗濯屋および他の労働者の一団に率いられて――、二人の男を捕えると、彼らを引きずっていき、街灯に吊るしてリンチにかけたうえで斬首した。(57)

請願書の署名活動そのものは、いったん始まるや、万事が滞りなく穏やかに進んでいくように見えた。ジャコバン派が戦線を離脱したので、フランソワ・ロベール――前年の一二月に共和政支持の小冊子を出版したジャーナリストで筋金入りのコルドリエ・クラブ会員――が祭壇の階段に座り、膝の上に厚板を置いて、新しい請願書を作成した。その文書は、ルイ一六世を強く非難し、人民の意志は王権を終わらせることであると高らかに謳っていた。国民議会は国王の権能停止を拒んだ二五〇人の保守的な議員にいまや牛耳られている、とそれは示唆していた。ロベールは注意して「共和政」という語を用いないようにしていたが、その意味するところは完全に明らかだった。すなわち、議員たちは「あの法令を再考し」、「犯罪者［国王］の裁判、そしてとくにその交替と新しい行政権力の組織化」を保証する「新しい憲法制定権力を招集すること」を迫られていたのである。それは、新しい革命と国民公会の選挙への明快な呼びかけであり、国王のいない中央権力を創出しようとするものだった。[58]

請願書の写しが七、八枚、速やかに作成され、練兵場のあちこちの場所に置かれた。署名もしくは印を付す人々の長い列がすぐにできた。原文書を調査した人々――それが一九世紀に［一八七一年の火災で］破壊される前に――の伝えるところから少なくとも言えることは、活動が中断された時点で、六千人ほどの人々がすでに署名していたということであった。彼らはパリ住民のありとあらゆる階層を代表していた。少数の専門職に就いている男性、地元役人と国民衛兵、そしてきわめて多くの下層市民が男女ともにいたが、その多くは自分の名前が書けなかった。他に、その数五万人と推定される人々――男たち、女たち、子どもたち――も、日曜日の外出にうってつけの暑い夏日を利用して、活動の様子を見ようと繰り出していた。[59]

だが、国民議会の目から見ると、請願者の大多数は穏やかに振る舞っていたとはいえ、その前に起きた殺人や一枚岩であるべき革命指導層を潜在的に脅かしていることは見過ごせるものではなかった。午後早々、国民議会はバイイ市長と市議会に宛ててさらなる怒りの書簡を出し、「すべての混乱を収拾しその張本人を発見すべく可能なかぎり最も苛烈で確実な策」を講じるよう強く求めた。「今こそ法の厳格さを発揮すべき時期だ」とフランス南西部出身の雄弁な若き議員ミシェル＝ルイ・ルニョーは怒号をあげた。実際、自分がその任を託されたなら「私は戒厳令の即時発令を求めるだろう」と。[60] 不透明感が募りゆく状況のなかで、そしてまた国民議会からの持続的な圧力を受けて、市議会はついに行動することを決断した。演説のなかで、市長は出来事全体を、外部者と外国のスパイによる陰謀、「われわれを分断せんとする外国人によって資金を提供された、憲法と祖国に対するあからさまな陰謀」に結びつけた。「さまざまな偽装のもとに正体を隠して民衆運動を煽っている」のは、そうした者たちなのである。[61] 市長が本心からそう言ったのか、きわめて困難な状況のなかで自分を正当化したかっただけなのか、われわれには知る由もない。だが午後五時半に、啓蒙主義者のアカデミー会員にして科学者、ヴォルテールとベンジャミン・フランクリンのかつての友人であるジャン゠シルヴァン・バイイは、戒厳令を示す赤旗を市庁舎の上に掲げるようにと命じ、全軍出動を発令した。

六時半、彼は、市議会の議員の一部と武装した歩兵と騎兵からなる二つの分遣隊にともなわれて市庁舎を出発した。そこに加わっていた目撃者の主張によれば、市を横切って行進しているとき、パリ市民のほとんどは彼らに喝采を送ったが、とりわけセーヌ川を渡って左岸に入ってからは、怒号もちらほら聞こえてきた。練兵場付近で、彼らは、すでに現場に来ていたラファイエット将軍およびさらなる国民衛兵分遣隊と合流した。[62] このときまでには、練兵場にいたデモ参加者と見物人たちは、軍隊が到着しつつあることにはっきりと気づいていた。だが戒厳令を命じる公式の法令は、市長が群衆に三度続けて解散命令を発するまでは武力を行使してはならないと謳っていた。デモの指導者たちは、三度の命令のうち最初の命令が出されるまでは、平静を保ちその場を離れないようにとみなに求めた。

武装した国民衛兵の第一陣が、特別観覧席の用途を果たしている東側の築堤を通って練兵場のなかに入っ

シャン・ドゥ・マルスにおける戒厳令の宣言、一七九一年七月一七日
ジャン＝ルイ・プリウール、『フランス革命の歴史的光景』より
撮影ヘレン・チェナット

軍隊と国民衛兵が祖国の祭壇上にいる共和政支持の請願者たちを攻撃している。祭壇の頂上では一人の男性が請願書の写しを天に向けて掲げている。市長の肩帯を着けたバイイの姿が、前景左の戒厳令の赤旗の近くに見える。

て来たとき、デモ参加者の多くは非難の声を上げはじめた。「銃剣反対、赤旗反対！」やがて幾人かが、周囲の観覧席から国民衛兵に岩を投げつけた。その後に何が起こったかはいささか混乱しており、その解釈は、目撃者の政治的立場に左右されている部分もある。どうも、以下のようなことが起こったらしい。少し後に、一発の銃声が鳴り響き、銃弾はバイイ自身を危うくもかすめるように飛んでいき、騎兵の腰に命中し、彼を落馬させた。すると国民衛兵は、自分たちに向けられたこの暴力に危機感を覚え、速いテンポで太鼓を打ち鳴らしながらシャン・ドゥ・マルスに早足で入り、中央の祭壇に北側から向かい合うようにして、練兵場内に陣取った。法律に定められているような、解散させるための正式な勧告は、いっさい発せられなかった。兵士たちは、空中に向けてまず何発か威嚇射撃をしたと主張した。だが、頭上に石が雨あられと降り注ぎ、他のデモ参加者が兵士たちの太鼓の革を切り裂こうとしているなかで、国民衛兵は群衆に向けて発砲した。狙われたのは主に観覧席にいる人々であったが、銃口は練兵場のグラウンドにいる他の人々にも向けられた。ほどなく、国民衛兵隊の第二陣が祭壇の反対側から入ってきて北に向かって突撃し、多くのデモ参加者を挟み撃ちにして捕えた。何人かの騎馬の兵士は、練兵場の外へと、そして周囲の野原や庭園にまで人々を追いかけていき、踏みつけたり、サーベルで切り伏せたりの狼藉さえ働いたようであった。その場に居合わせたがデモ参加者たちの目的にはまったく賛同しなかった初老のニコラ゠セレスタン・ギタール・ドゥ・フロリバンによれば、銃撃は少なくとも三分間は続いたとされる。あたり一帯にパニックが拡がり、「自分自身が助かろうとして、人々は女性や子どもを押し倒し踏みつけていった」。彼の伝えるところによれば、死傷者の多くは見物人であり、「好天と祭日と好奇心からその場所に繰り出した、あらゆる身分の人々」であった。(63)

軍隊がついに攻撃をやめたとき、練兵場内や周囲の野原では、負傷したり瀕死の状態にあったりする数十人の男女が横たわっていた。その人数がきちんと数えられることはなかった。バイイ自身は、翌日の報告のなかで、死んだのは一二人のデモ参加者と二人の兵士だけであったと主張した。だがつねづね慎重なギタールは、バイイの声明を聞いて憤った。「彼の言っていることは正しくない！ ひどすぎる！ 死者が大勢出たことは誰でも知っている」。練兵場の外の病院を訪れたある近隣住民は、「そこら中、死者と死にかけている者だらけだった」のを見たと証言した。同時代のさまざまな推定によれば、その数は数十人から二千人以上までと幅がある。だが首尾よく逃げてマリ゠ジャンヌ・ロランとその夫とともにしばらく身を隠していたフランソワ・ロベールは、約五〇人の人々が殺され、はるかに多い人々が負傷したと主張した。恐怖政治のあいだにおこなわれたバイイの裁判のさいに用いられたのはこの数字であり、おそらくそれは、歴史家にとって最も正確な推定人数であると言えよう。[64]

国王の逃亡未遂とその影響に対処しようとする国民議会の努力は、パリ郊外の大虐殺を引き起こした。国王に関する国民議会の決定に共鳴していたパリ市民たちでさえ——その数は間違いなくきわめて多かった——、シャン・ドゥ・マルスでの発砲事件には衝撃を受けた。「この恐ろしい残虐行為」を誰一人としてけっして忘れることはないであろう、とギタールは書いた。[65]

第六章　地方における恐怖と弾圧

フランス革命期の多くのパリ市民にとって、そしてそれ以降のほとんどの歴史家たちにとって、シャン・ドゥ・マルスの虐殺は、国王逃亡の結果として生じたまさに最も劇的な出来事であった。とはいえ、一七九一年において、パリ市はフランス国民全体のほんのわずかな部分しか代表していなかった――おそらく、王国全土に数万存在する村や町に住む二八〇〇万人ないしは二九〇〇万人のうち、七〇万人ほどだったろう。セーヌ川の岸辺を離れ、北海から地中海まで、ライン川からピレネ山脈まで、ブルターニュ半島からアルプス山脈まで、広大なフランスの全土にわたる反応を辿ることなしには、ヴァレンヌの衝撃を十全に理解することはできない。

パリにおいてと同じく地方においても、国王が脱出しその後捕えられたというニュースは、すさまじい騒ぎを引き起こした。「フランスは、電撃に打たれたかのようであった。それは、王国の一方の端からもう一方の端へと信じがたい速さで駆け抜けていった」とランデ司祭は書いた。[1] 当初、一報は首都から公式の使者たちによって伝えられた。六月二一日の早朝、ラファイエット将軍は、国王が失踪したことを知るやいなや、何人かの信頼できる部下たちに、国王一家を発見して阻止すべく、それぞれ異なる道筋に沿って全速力で馬を駆るようにと命じた。数時間後、国民議会もほぼ同様の手順を踏み、議員たちが最初に発した法令の手書きの要約を携えた議会自身の伝令を、最も可能性の高い逃亡先であるオーストリアとドイツ国境へと向けて放った。[2] だがすぐに、ありとあらゆる種類の非公式の使者も首都を発った。国民議会の幾人かの議員は、自分の選挙区にできるだけ早く知らせるために私的な騎手を雇ったが、騎手たちは行く先々で手当たり次第に話を広めた。いくつかのパリのクラブや議会近隣のセクションですら、同じことをしたように思える。だから、フランス北部のサン＝カンタンは、その出来事を、おそらくコルドリエ・クラブにそそのかされたと思われるキャトル＝ナシオン・セクション〔の使者〕から初めて聞いた。パリの新聞各紙もすばやく動き、ニュースが新鮮なうちにと新聞を速やかに地方に発送した。[3]

そのニュースは、首都の市壁を突破して出ていくや、さまざまな人々が馬や馬車や徒歩によって国中に拡がって伝えていくという二年前の〈大恐怖〉のときとほぼ同じように、地域の伝達網を通して迅速に波及していった。通りすがりの旅人や地域のにわか仕立ての使者たちが、正式な伝令たちとともに活躍した。ときには歪曲され、空想で色づけされたその話を、非公式な情報源から聞いた町や村の人々は、緊張をさらに高めた。「ときがのろのろと過ぎていき、さらなるニュースを待ちわびているうちに、不安が膨らんでいった」とバル＝ル＝デュクの市民たちは回想した。不安に駆られた役人たちは、自分たちも使者を出して伝達網を逆に辿らせ、ニュースの確認やさらなる詳細を求めた。やがて、騎手たちが押し寄せてあちこちを駆け回り、道ですれ違うとみなが互いに情報や誤報を取り交わした。[4]

六月二一日火曜日の真夜中までには、国王失踪の知らせは、パリから約一〇〇マイルのところ、主要な街道に沿ってアメーバ状に伸びている地帯まで広まっていた。[5] パリの市門を通過するのに手間どったため――職務に熱心すぎる警備兵が、初めすべての通行を止めたため――、使者たちは、東はシャロン＝シュル＝マルヌ、北はカンブレまで行けたかどうかというところであった。だが水曜日の終わりまでには、時速約五、六マイルで日夜「導火線を伝う火のごとく」馬を走らせたので、国王逃亡の知らせは、北はほとんどの国境地帯、東はメスやナンシー、西はルアン、南はムランまで届いていた。[6] ある使者――おそらくは、ブルターニュ選出の議員たちによって送り出されたのであろう――は、ロワール川の河口にあるナントにまで達してさえいた。木曜日までには、逃亡のニュースは、ドイツとスイスに接する北東部の国境地帯とダンケルクからラ・ロシェルにいたる大西洋沿岸部の大部分に拡がっていた――ブルターニュ半島を除いて。騎手たちは、朝の五時にはライン河畔のストラスブールに、その晩の一〇時半までにはフランス第二の大都市であるリヨンに入った。金曜日の夜明けまでには、大海港都市であるボルドーが報告を受け取り、その驚くべきニュースをさらに、ガロンヌ川をさかのぼってトゥルーズへと送ったが、使者はそこにその晩八時頃到着した。土曜日、五日目の終わりには、伝令たちはマルセイユと地中海に到達しており、海岸沿いを猛進して、東はトゥロン港、南はスペイン国境から二〇マイル以内にあるペルピニャンまで行った。ほぼ同じ頃、一報はついに、ブルターニュの先端のブレストに届いた。だが、ピレネ山脈、アルプス山脈、中央高地の孤絶した村々に知らせが届くにはもう一日か二日かかるだろう。オモンの村は、ジェヴォダン地方南東部の山地を抜ける山道が通っているだけなので、翌週の始めになってもまだ知らせを受け取っていないようであった。[7]

ルイとその一行が発見され阻止されるや、もうひとつのニュースの波がヴァレンヌからほぼ同じように拡がっていった。理髪師親方のマンジャンは、昼夜兼行で馬を走らせ、二四時間経たないうちに国民議会に事の顛末を語っていた。だがほかの場所では、ニュースのその第二波は、しばしばややゆるやかに進んでいった。おそらくその理由は、六月二三日に公式の通知を首都から中継で送れるようになるまで、最初のうちは、もっ

ぱら地域の使者網に頼っていたからであった。そのニュースは、国王が捕捉されてから五日目にようやくボルドーに、トゥルーズには六日目に、ペルピニャンには七日目の朝に届いた。多様な情報源から発せられ、情報の流れが交差しぶつかり合うなかで、多くの町は、チュイルリ宮殿から国王が失踪したことを耳にしたほんの数時間後に——場合によっては、それを知らされる前に——、ヴァレンヌ〔での国王の逮捕〕について知ったのである(8)。

　それは、きわめて激しい感情的衝撃をともなった出来事であり、そのことを最初に知ったとき、どこにいて何をしていたかを生涯覚えているようなたぐいの出来事のひとつであった。さまざまな使者たちが到着した日時によって、そのニュースは、人々が田畑で農作業をしていたり、店で働いていたり、聖体行列に加わって行進していたり、家で眠っていて夜中に教会の鐘の音で起こされたりしたときに、不意にもたらされた。いくつかの町では、市民たちが、新しい立法府を選出するために招集された第一次選挙集会に参加していたさなかであり、「国王の拉致という嘆かわしい出来事は、一同を騒然とさせた」(9)。ほぼどこでも、市民たちが国民議会に宛てた数々の悲痛な手紙のなかで物語っているように、その予期せぬニュースは、激しい悲嘆、驚愕そしてとても信じられないという呆然たる思いを引き起こした。南部の町のオシュでは、「感情は頂点に達した」。パリの北にあるボヴェでは、誰もが「国民をひどく悲しませるこの恐るべき出来事をめぐる激しい苦しみでいっぱいになった」。フランス中央部のシャトルーでは、「人々は悪の底知れぬ深みを感知し、胸を引き裂くような状況にひどい苦しみを味わった」。モンモリヨンのジャコバン派は、革命がついに終わった、反革命の脅威は消失した、いまや普通の生活に戻れるだろうという希望をヴァレンヌ〔逃亡事件〕前夜にはもっていたと回想したが、それは他の大勢の人々の気持ちを代弁していたに違いない。「だが国王の拉致によって、われわれのこの甘い希望はすべて潰え、そのような元への復帰を軽々しく期待してはならないと警告されたのである」[10]。

友愛の意味

フランス全土にわたるこの未曾有の緊急事態に直面していたのは、新たに変革された地域政府の役人たちであった。フランス革命は、行政制度の劇的な再編と民主化をもたらしていた。アンシャン・レジーム下で国王が任命した地方総督である三〇人あまりの地方長官は、選挙で選ばれた数千人の役人に取って代わられた。新しい官僚制度を担うのが彼らであり、この制度のもと、フランスはいまや以下のように分割された。すなわち、八三の県、五〇〇の郡、四〇〇〇〇の大小さまざまな市町村である。役人たちは、そのような役職にほとんど、あるいはまったく経験がなかったので、ここ一年にわたって膨大な実地訓練を積んできた。ときに彼らは、国民議会から大量に下りてくる経済、財政、宗教、農業の営みのほぼすべての側面に及ぶ新しい法律や指令と格闘したこともあった。とはいえ、ほとんどの場合――とりわけ、県や郡のレベルでは、また大きめの町では——、新しい行政官たちは、専門職や商業に従事する教養あるエリートの出身だった。彼らはフランス革命をそれが始まったときから注視し続け、歓迎していた人々で、己れの義務を精いっぱい果たす用意があり、確信があり、固い決意があった。

これらの役人たちは、危機によって行動へと駆り立てられ、速やかに緊急委員会を組織し、みずからの地域におけるさまざまな権力の場から代表者を呼び集めた。典型的な地方の中心地においては——リヨンやボヴェやオシュにおいては——、県当局は、主要裁判所、愛国派のクラブ、国民衛兵、正規軍からだけでなく、郡の指導部や地方の市町村議会からも代表を招集した。ひとつの都市が隣り合う複数のセクションに分割されているなら——最大規模の都市がそうであるように——、あるいは選挙集会がたまたま開催中であるならば、それらの組織体も代表を派遣するようにと要請された。かくして、フランス北東部の町チオンヴィルでは、一〇〇人を超える人々が、集会場として利用できる最も広い空間である町長執務室に数分のうちに押し寄せてきて、その多くの者たちは、続く三日間、昼夜兼行でそこに居続けたのであった。[11]

危機管理へのこの集合的な対処法が、可能な選択肢のなかで最も有効な手段であったかどうかはともかく、それは切望される統一と連帯の感覚をまさに与えた。とりわけ、多様なレヴェルの権力が並存する大きめの共同体においては、しばしば熾烈な競合関係——県と郡（ディストリクト）、郡と町、あるいは県と町のあいだで——が前年に生じていた。[12] だがいまや、寝耳に水のこの驚くべき緊急事態に見舞われ、どこの役人たちも、統一と協調を第一の優先事項とした。大勢の愛国派が、国民議会への手紙のなかで、彼らが新たに見出した調和の感覚について証言している。「この町では、権力を有するさまざまな団体のあいだに最大の団結が支配している」とイギリス海峡に臨むディエプの指導者たちは書いた。リヨンでは、「すべての権力のただひとつの権力への速やかな編成、そしてこの権力が呼び起こす人々の信頼」にみずからの安全がかかっている、と愛国派は確信していた。[13] 目的を共有するという感覚を強めるため、サン＝カンタンの町は、「団結！　自由に生きるか、然らずんば死か！」という言葉が書かれた特別製のリボンを男女全員が身に着けるよう要求した。実際に、多くの町では、地元当局が、パリで愛国派の象徴のひとつとなった三色の同心円状のバッジ、すなわち革命的な花形帽章を公然と身につけて連帯を表明せよと、全市民に命じた。[14]

統一感のさらに劇的な象徴は、国王の失踪を知るやいなや、人々がほぼいたるところで感情のこもった誓いを準備したことであった。フランス中央部のジュイヤックという小さい町の住人たちは、選挙集会で集まっていたが、そのニュースが届いた瞬間を鮮やかに記憶していた。初め一同は、「沈痛な沈黙」のなかで愕然として座っていた。すると突然、選挙集会の議長が立ち上がり、天に向けて手を挙げると、情熱溢れる宣誓をした。「私は、国民、法律、国民議会を、己れの血の最後の一滴まで護り抜くことを誓う！　私は、自由に生きること、然らずんば死ぬことを誓う！」たちどころに、その場にいた他のすべての者たちが立ち上がり、手を挙げて、大声で唱和した。「私もまた、そう誓う」と。それからみなが、新しい目的意識に力を得て部屋から列をなして出ていくと、市庁舎へと行進し、そこで地元のジャコバン・クラブの会員と国民衛兵が同様の宣誓をした。[15]

町から町へと、指導者と一般市民、老若男女、国民衛兵、兵士、そして少数の愛国派の貴族や聖職者でさえもが、すべて、自分たちも誓いを表明したいと声を上げげた。彼らは、六月二三日にパリで同様の宣誓がかくも熱烈になされたことをまだ知ってもいないのに、たいていは、自発的にそうしたのであった。そして、ほとんどの場合、彼らは以前に用いられていた定型的な誓いの言葉の「国王」を「国民議会」に置き換えた。

オーストリア国境に近いヴァランシエンヌでは、「われわれはみな、自由の擁護と国民の幸福のために血を流すことを誓った」。トゥールでは、その儀式はロワール川近くの戸外でおこなわれ、「千人もの声が」憲法の護持のために自分の生命を犠牲にするという誓いを一斉に唱えた。ブルターニュ半島にあるサン゠マロの城壁下では、四〇〇〇人の武装した国民衛兵が、二〇〇〇人の女や子どもたちとともに、国民と憲法に忠実であることを誓った。フランス南央部のカオールでは、宣誓は、男たちと同じく女たちによってもなされ、両者は別々の場所に陣取っていた。「庭園のなかで近くに立っていた女たちは、男たちに倣って、心打たれる風情で友愛と愛国の証言を繰り返していた」[16]。

危機の瞬間にとり憑かれたかのように宣誓するなかで、フランス人は、ほぼすべての者が馴染んでいた象徴的な言語を用いていた。彼らは、この種の厳粛な誓いが宗教的性格を帯び、軍隊に入るとき、聖職に就くとき、法廷に出るときに求められる世界に生きていた。少しでも教養がある者たちは、古典古代のギリシアとローマにおける宣誓の伝統にも慣れ親しんでいた。その伝統は、フランス革命の初期に国民議会がなした感動的な誓いによって新たな同時代性を与えられた。一七八九年六月一七日の誓い——そのとき国民議会が創設された——とその三日後の屋内球戯場の誓いは、世に広く伝えられ、全国民を鼓舞して同様の誓いが喚起された。それよりさらに拡がりを見せたのが、一七九〇年の二月と七月における宣誓の波であった——後者の波は、国中で祝われた連盟祭の儀式の一部として生じた。だが、そうした初期の宣誓は、つねにいささか漠然としており、おおむね平穏な時期になされていた。いまや、フランス人は、侵略と戦争というまさに本物の危険に直面していたのである。彼らがしばしば「自由に生きるか、然らずんば死か」という言葉を最後に付け加えるのは、このような文脈においてであり、大いなる緊張の時期にあってのことであった。国王のいない国家、その国家の統一性をつねに代表してきたあの一人の人間のいない国家で生きていくという前途をいまや突きつけられた人々にとって、宣誓をすることは、さらなる妥当性を帯びていた。それは、愛国的な団結と、国民共同体のより大いなる善のためにともに働き、ともに死ぬことをいとわないという意志を表現する目に見える象徴であった。このようにして、一七九一年六月に生じた宣誓の大きなうねりは、不安を和らげ、共通の目的意識を植えつけるうえで主要な役割を果たした。[17] それは、フランスのナショナリズムの出現における注目すべき瞬間であった。

外なる敵

だが、忠誠の誓いと国のために死ぬ覚悟だけでは、危機に立ち向かうにはとうてい十分ではなかった。フランス全土の緊急委員会が、みずからの共同体が遭遇しうるさまざまな危険に組織を挙げて即座に対処する必要に迫られていた。国民議会が最初に出したもろもろの法令には、最低限の大雑把な行動指針しか示されていなかった。六月二二日に出された印刷された布告書は、行政官たちに、人、武器、弾薬、貴金属、馬の国境を越えての移動をいっさい停止すること、「公共の秩序の維持および祖国の防衛のために行動する準備をしておくこと」を命じた。[18] だが、地元の人々がそれらの法令を解釈し実行する方法は、地域によってはなはだしく異なることになるであろう。

海岸線や他国との国境に接している町にとって、最も切実な懸念は外国からの脅威であった。パリにおいても地方においても、きわめて多くの人々にとって、国王の逃亡が含意するところは明白であるように見えた。ルイがみずからの意志で去ったのであれ、誘拐されたのであれ、誰もが彼は国を出ていくだろうと思った。そして、国王一家がひとたび国境を越えてフランスから出てしまえば、戦争は避けがたい結果であると思われた。国境から数マイルしか離れていないメジエールの町にとって、その逃亡は「フランスに戦争を仕掛けるという最も明白な意志をいまや示しているオーストリア王家の願望によって決定された」ものでしかありえなかった。スイスとドイツの国境に近いドルの町の指導者たちは、「目下のところ、われわれは戦争と差し迫った危難の時期にある」という見解でおおむね一致した。そこで彼らは、社会全体を動員するための詳細な指示を発出し、国民を守るために全市民が時間と金の両面から貢献できるようにするための手順を確立した。[19]

国境地帯や沿海部の指導者たちは、危機について知るやいなやほぼ即座に、防衛線を張って侵略に備えるために国民衛兵と正規軍の部隊を派遣した。ストラスブール市は、ライン川の上流と下流に率先して国民衛兵を配置した。リュクサンブール近くの北部国境地帯にあるロンウィは、国境周辺のすべての市町村に武装して戦争に備えよと促した。プロヴァンスでは、隣接するイタリアの諸国家に沿って防備のための非常線が張られ、ペルピニャンでは、分遣隊は、ピレネ山脈の峠とスペイン近くの地中海沿岸の両方を警備するよう指示された。大西洋沿岸でも同様の措置がとられた。ボルドーとディエプは、パリからの指示のはるか先を行って、港を一時的に閉鎖した。ルアンは、ル・アーヴルからル・トゥレポールの県境までイギリス海峡沿いに監視所を設けた。不審なものを視認したという知らせをいち早く伝達するために、腕木信号機のネットワークがブルターニュ半島南岸沿いに整備された。[20] だが、海岸や国境からかなり離れた場所ですら、街路を巡回し、市門や橋を警備するために、民兵が出動を要請された。地元の弾薬店と公金を入れた金庫を護るため、錆びついた大砲が引き出されて配置された。誰もが恐れていたが誰もそれがなんであるかをはっきりと名指しできない漠然とした脅威に対処するために、バリケードがもろもろの主要地点――市庁舎、裁判所、県や郡の役所――に築かれた。[21]

フランスの北東部では、状況はことのほか緊迫していた。ここは、国王が逃亡を図ったときに横断した地帯であり、行く先はオーストリア領ネーデルラントの国境であろうというのは、天才のひらめきがなくてもわかることであった。ブイエ将軍と麾下の幕僚全員が敵方に逃亡したため、その地域の軍隊から指導者がいなくなってしまった。そのため、文民当局が介入し、急場しのぎできるだけのことをしなくてはならなかった。[22]メスからジヴェとロクロワにいたるまで国境に沿ってくまなく、市民の志願兵からなる旅団や愛国派の兵士たちが、三〇年前の先の戦争このかた荒れ放題になっていた国境各所の砦を補強するために駆けつけた。スダンでは、市の行政官たちが祖国防衛にささげられた特別な祭りを催しさえしたが、それは、都合の良いことに聖体祭と重なっていた。祝典の後、およそ三〇〇〇人の市民が、近隣に駐屯している歩兵も加わって、町を防護する壁や堀を補修する仕事に取り掛かった。[23]

だが市民の一団は、防衛の強化を手伝うことはできても、武器の問題についてはなすすべがなかった。そして、ほぼどこの自治体でも、手持ちのマスケット銃と火薬の貯えが哀れなほど乏しいことに気づいていた。ブイエ将軍は、ロレーヌにある要塞のほとんどから武器をこっそりと運び出し、国王の守護のためモンメディに集中させていたのである。地域の行政官たちが何が起こったかを発見したとき、多くの者は、それは侵略を見越して防衛力を弱体化させようという陰謀全体の一部であろうと考えた。北東部のいたるところで、人々は、ヴァレンヌ以降何時間も何日間も、敵の軍隊がやってくるのではないかと警戒の目を光らせるようになっていた。だから、そこにはいない敵の軍隊の姿を見始めた者たちがいたのは、おそらく驚くべきことではない。[24]

フランス北東部を席捲した侵略へのパニック的恐怖の起源は、正確に特定できる。六月二二日の早朝、国王救出の希望をいまだ抱いていたブイエ将軍は、フランスに雇われていたスイス人歩兵の連隊に、メスの町から西に行軍し、ヴァレンヌからほんの一〇マイルしか離れていないムーズ川に向かうよう命じた。実際、この連隊がその夜遅く目的地近くに到着したとき、兵士たちのほとんどが反抗し、自分たちはフランス人と戦うために給金を支払われているわけではないと言って、前進することを拒否した。すると将校たちが逃げ、残りのスイス兵たちはヴェルダンに整然と退いた。だが、それがこのうえない緊張状態の時期に起こったため、重装備でドイツ語を話す数百人の兵士たちが国境から田野を横断して移動するというこの奇妙な動きは、地元住民のあいだに大混乱を引き起こした。[25]

六月二二日の午後遅く、ヴェルダンの当局は、軍隊がヴァレンヌ方面へ移動しているので、出動できる国民衛兵はすべてムーズ川に向かって行進し、攻撃を阻止するために必要ならばすべての橋を燃やすべし、と周辺の村々に伝言を送った。その後すぐ、パニックをきたしたヴァレンヌの指導者たちは、緊急の救援要請を自分たちで出した。[26] 数時間のうちに、国王の逮捕の報を広めた使者網が、迫り来る「敵の」軍隊を知らせるために、ふたたび始動したのである。引き続き二日目の晩も、ヴァレンヌの救援に駆けつけるため、国民衛兵が地域一帯で動員された。

いつものことだが、いくつかの町や村では、増援要請を次に送るさい、もとの伝言が誇張されたり膨らまされたりすることがあった。恐怖と緊張が漂うなかで、誤解や伝達の誤りが生じたのはしかたがなかった。だが、恐怖におののく役人たちが、他の人々が自分たちの救援に駆けつけるほど事態は深刻であるようだと確信させるために――そして自分たちのパニックを正当化するためにも――、少しばかり誇張することもまた自然なことであった。こうして、クレルモンの市民たちが、「武器を取った同胞を急いで助けに来てほしい」というヴァレンヌの嘆願を伝え送ったとき、彼らは話をいささか膨らませ、愛国派と「敵」とのあいだにすでに戦闘が始まったと告げた。南にある次の村は、その伝言をさらに脚色し、いまや激しい戦闘が繰り広げられており、多くのフランス市民が殺されたと断言した。翌朝までに、そのニュースがムーズ県の南端に届いた頃には、「敵」という語は意味を微妙に変化させていた。すなわち、脅威はもはや、フランスに雇われたスイス人傭兵隊からではなく、「帝国軍」そのものから、ムーズ川を越えていまや急速に前進しつつあるとされたオーストリアの侵略軍に由来するものとなっていたのだ。(27)

そのあいだ、ニュースは、アルゴンヌの森を横切って西へと伝わり、サント＝ムヌーに届いた。その小さい町は、疲労と苦悩の一夜からちょうど立ち直りつつあるところだった。ダマの率いるドイツ人竜騎兵との対峙、国王と王妃の突然の出現、ショワズール公爵の騎兵隊が町のちょうど北側を駆け抜けていったことから引き起こされた大混乱によって、市民たちはほとんどパニック状態に陥っていた。いまや彼らは、オーストリア兵がヴァレンヌを占領して破壊した後まっすぐ西に進みつつあり、サント＝ムヌーの自分たち自身をすぐに襲撃するだろう――おそらくは、国王の捕捉に彼らが一役買ったことで、ヴァレンヌを罰したように、彼らをも罰そうとしているのだ――と聞いたか、聞いたと想像したのであった。「帝国軍は、ヴァレンヌですべてを略奪した」と彼らは必死に救援を求めて書いた。「祖国の名において、われわれを助けに来るよう諸君に乞う。武器と弾薬を早く！　われわれには、それらが、とりわけ男手が不足している」(28)。

六月二三日の朝までには、侵略の噂は、一七八九年の〈大恐怖〉のときとよく似た恐怖の波をもたらしていた。九時頃には、その話は、国王一家がパリへの帰路で一夜を過ごしたばかりのシャロン＝シュル＝マルヌに伝わった。オーストリア人がやって来て市門のすぐ外にいるという噂は、町全体に急速に広まった。護身のために人々が必死で武器を求めるなか、すぐに暴動が勃発した。市庁舎の扉が打ち破られ、市長は怒れる群衆に取り囲まれ、市の武器庫を開放するようにと強いられたが、二階の窓から飛び降りて脱出した。想像上のオーストリア軍によってだけでなく、行動を求めて叫ぶ仲間の町民たちにも恐怖を覚え、役人たちは、国民衛兵を県全域で動員し、自分たちを助けに来てほしいと全市民に訴えた。「勇気を出そう！　これは最後の挑戦だ。自由を守るすべを心得ていることによって、われわれが自由にふさわしい人間であることを示そうではないか！」[29]

多くの人々にとって、オーストリア人は国王を奪還しようとしてフランスに侵攻したのだということは、いまや明白であるように見えた。そしてこの時点以降、パニックは、パリへの帰路にある国王の行列のすぐ後を追っていった。どの道にも、ときには女たちや子どもたちをつき従えた国民衛兵の姿があり、ヴァレンヌやクレルモンやシャロンへと救援に向かっていたり、敵が「退却した」ことがわかって帰還しているところであったりした。他の数千人の人々は、国王の護衛に加わろうと急いでいた――いまや、部分的には、国王をオーストリア人から守るために。暑く乾燥した日だった。行進する男女のおびただしい群れが、北部シャンパーニュの軽い白亜質の土壌から土埃をもうもうと巻き上げていた。埃、混乱、夜間の、あるいは薄明かりのなかの太鼓の音や重いゆっくりした足音は、侵略軍が丘の向こうまで来ているのではないか、川向こうの森にいるのではないか、という最悪の不安を容易に裏づけうるものであった。

二日以内に、その恐ろしいニュースは、シャンパーニュの大半とロレーヌ、ピカルディ、イル・ドゥ・フランスの各州の一部に広まっていた。ロレーヌでは、要塞都市のメスが国民衛兵を動員し、二日間のうち二度目となるが、ヴェルダンに向けて送り出した。メスの北にあるチオンヴィルも侵略のことを耳にしたが、攻撃がどの方向からなされるかについてはいまや混乱が生じており、市民たちは、さらに東の先にあるドイツの諸領邦国家からの侵略を予期して、モゼル川にかかるすべての橋を破壊した。そのあいだに、パニックは、村から村へと伝わっていき、どこでも教会の警鐘の音によって激化し、北西のシャルルヴィルまで、そして北の国境へと押し寄せた。大聖堂のあるランス市の市民たちは、その噂を聞くと、それを西にあるソワソンとランに伝え送り、六月二四日の朝までには、恐怖はオワーズ川の向こうのピカルディ州にまで波及していた。いまや脅威は壮大なスケールをもつにいたった。それによれば、国王は、四万から五万――六万と言う者もいた――のオーストリア軍によってすでに確保されたとのことであった。彼らは、ヴァレンヌとサント＝ムヌーを破壊し、シャロンの先に進軍し、通過した先々ですべてを略奪して回り、「すべてを戦火と流血の場にしている」とされた。[30] その午後、国王の帰還よりも一日早く、東部からの「侵略」の噂が、パリそのものにおいても「庶民のあいだに不穏な動き」を生じさせた。[31]

続く数日のあいだに、王国の他の四つの地域が同様の侵略へのパニック的恐怖に見舞われた。ピレネ山脈西部における兵士と密輸業者との銃撃戦は、スペイン軍が国境を越え、三つの山間の谷を下りてフランス南西部に進軍しているという噂に火をつけた。すぐに、ポーからバイヨンヌまで、そして北ははるかボルドーにいたるまで、数十の市町村が、敵と対峙するために国民衛兵を大急ぎで派遣した。[32] 大西洋岸中央部に沿って「サン＝チレール＝ドゥ＝リエ沖に幾隻かの帆船と少なからずの船が出現したこと」は、イギリスからの侵略の噂を刺激し、それはポワトゥ地方の大部分に広まっていった。[33] ブルターニュでは、国民衛兵とジャージー島に向かって航海していた亡命貴族たちとのあいだで生じたサン゠マロ付近の小競り合いが、さらに別の噂に火をつけた。六〇〇〇人の軍勢が四〇隻のイギリス船から上陸し、いまや海岸沿いを西に移動しているという話が広まった。国民衛兵は、遠くはレンヌやブレストからも動員され、祖国を救うために「侵略者」に向かって速やかに集結した。(34)

それから、突然、さまざまなパニックは、始まったときとほぼ同じくらい急激に雲散霧消してしまった。「侵略地点」からの緊急通信そのものが、外国軍はいっさい出現しなかった――あるいは、出現したとしても、いまや「退却した」――ことを、すぐにはっきりとさせた。国民議会は、もろもろの話を根も葉もない噂として非難するための措置を講じた。とはいえ、地方の行政官のなかには、そのような噂を疑わしく思う者たちもいた。重要なことに、侵略への恐怖はすべて、一七八九年の〈大恐怖〉にほとんど、あるいはまったく見舞われなかった地域から始まっていた。だが、かつてのパニックの暴力や無秩序を経験したことのある地域では、ひとたび噂が達するや、それはしばしば不信の念をもって迎えられた。たとえば、〈大恐怖〉に震撼した町であるシャトー゠チエリでは、郡の指導者たちは、侵略の知らせはその性質からしてとうてい信じがたく、それは敵の作り話であり、国民を攪乱する陰謀であるに違いないと結論づけた。彼らはその噂を次に伝えようとしなかったばかりか、虚偽の出どころを突きとめることに取り掛かった。(35) とりわけエリートたちのあいだでは、空想上の敵との過去のあの遭遇のさいに暴力と無秩序が蔓延したという記憶は、パニックの再来を防ぐ予防接種のごとく作用したように思われる。

内なる敵

フランスのいたるところで、パニックがまったく生じなかった地域でさえ、国王の突然の失踪は、侵略があるのではないかという恐怖を引き起こした。だが、その危機は、反革命の陰謀をひそかにめぐらす内部の敵に対する恐怖をもかき立てた。陰謀論的な世界観は、フランス革命期に特有なものというわけではなかった。人々は数世紀にわたって、穀物不足を、利益を得ようと暗躍する、あるいは過去にこうむった不正に復讐しようする、さまざまな悪党集団が裏で画策しているためであるとしてきた。合理的で「科学的な」説明にもとづく新しい分析手法——たとえば、飢饉を気象条件や輸送手段の乏しさと結びつけるような——が出現したにもかかわらず、きわめて多くの人々は、世の中でうまくいかなかったことすべてを陰謀や策略を用いて操作する個人の恣意的な行為のせいにすることをやめなかった。[36] 地方社会のより啓蒙された成員にとってさえ、そのような仮説は、フランス革命の文脈においては絶対にありえないものであるようには見えなかった。一七八九年以降にもたらされた変化が、とりわけ二つの集団——貴族と聖職者——から激しい反発を招いたことを、愛国派はわかりすぎるほどわかっていた。

少数の自由主義的な貴族は早くからフランス革命と運命をともにしていたが、貴族の大多数は事のなりゆきをひたすら不快に思っていた。封建領主としての諸権利や諸特権に対する国民議会の攻撃に苦りきっているところに、一七九〇年六月の「貴族」という身分そのものが廃止されたことによって、さらに怒りに火がついた。彼らの貴族主義的な社会観によれば、あたかも——ある男爵の言葉によれば——法令ひとつで樫の木を松の木に変えることができるかのように、[37] 貴族身分を廃止する法律を制定できるという考えそのものが馬鹿げているように見えた。たしかに、一七八九年の夏以降、ほとんどの地方貴族は慎重に身を処し、自分の発言に注意し、自分の城館や首都の邸宅に引きこもって、そこで嵐をやり過ごそうと願っていた。だが、少数の者たちは、口を閉ざしていることができず、地元の愛国派を挑発し、国民議会や「人間の権利」の存在そのものを拒絶し、近頃の数々の変化はけっして続くまいと予測した。社会的行事や同病相憐れむために仲間同士で集うとき、フランス革命や革命家をさげすむ言葉や、そのいずれにも破滅が降りかかるだろうという怒りのこもった予言は、さらにあけすけになった。やり場のない怒りと焦燥から発せられるそのような予測を、召使いや隣人はかならずやもれ聞いた。そのような会話は、しかるべく脚色されて共同体に伝えられ、陰謀の証拠に変貌しえたのである。

陰謀という解釈は、亡命貴族の軍勢が、すなわち、フランスを逃れ、フランス革命の息の根を止めることに一身をささげている反革命家たちが、ライン川の向こう岸に集結しつつあることは周知の事実であったため、よりいっそう信憑性を帯びていた。今だからわかることだが、貴族将校は大勢いるが一般兵士はごくわずかしかいない軍隊は、国民にとって真に危険なものではなかったことは明らかであるように思える。だが一七九一年春の愛国派にとって、脅威がどの程度現実的なものなのかを見定めるのは、はるかに難しかった。社会でつねに絶大な権力をふるっていた男たちが、出来事に影響を及ぼすことをいまにわかにやめるとは信じがたかった。亡命貴族の指導者であるアルトワ伯爵とコンデ公は地方貴族のあいだでひそかに支持を取りつけていると、多くの人々が確信していた。[38] ヴァレンヌに先立つ数ヶ月間、ピカルディのある市民は、近隣の城館に貴族たちの集団が集っており、「反革命をおこなおうとする邪悪な意図をもつ男たち」のあいだで「さまざまな陰謀がたくらまれている」ことを確信している、と国民議会に知らせた。ロレーヌの南部では、地元貴族を組織し、「憲法を転覆させる」ために、「城館から城館へと駆け回っていた有名な反革命の陰謀家」

に関する複数の報告がなされた。プロヴァンスからの手紙は、アルトワ伯爵に服従を誓った「貴族、騎士、イエズス会士の結社」という巨大なネットワークが亡命貴族によって国中くまなく組織されているという証拠がある、と主張していた。[39] こうした例のどれかに陰謀が現実に存在したかどうかを知ることは難しい。だが、そうした手紙の数々は、地方貴族がこぞって反革命活動に携わっているという確信が一七九一年春に拡がっていたことを明らかにしていた。

そして、そのような恐怖は、一七九一年初頭からフランスに起こりつつあった宗教的危機によって強められた。その年の春までには、国内の教区司祭のほぼ半数が国民議会の定めた言葉によって忠誠の誓いをすることを拒んでいたので、「宣誓拒否」司祭を交代させるべしという命令が発せられた。西部フランスや東と南の辺境地帯のような宣誓拒否の傾向が強い地域では、指導者たちの多くは、脅かされ包囲されていると感じた。宣誓拒否が大規模に生じているところではどこでも、行政官たちは、共謀や隠れた陰謀を読み取りがちで、おそらくそれは、いまや外国に居住して亡命貴族と緊密な絆を結ぶ宣誓拒否司教たちが企てたものであろうと考えた。五月にはすでに、パリの北東にあるランの県指導者たちが、宣誓危機によってその地域に「深刻な事態」が生じているという強迫観念にとり憑かれていた。彼らの頭のなかで、聖職者の宣誓拒否が「フランス内外における反乱や陰謀の拠点」と結びついていたことは疑う余地がなかった。[40]

このように、国王逃亡の知らせがもたらされたとき、ほぼ国中の愛国派は、フランス革命の破壊を目指し、間違いなく外国の敵と結びついている国内の陰謀が存在するとすでに考えていた。「国王一家の失踪は、公共の利益の敵たちに対する憤激の波をあまねく引き起こした。ある者たちの大胆な言動、他の者たちの亡命、幾人かの官僚の宣誓の撤回、これらはすべて、犯罪的な陰謀をわれわれに予告していた」とある町の指導者たちは書いた。[41] 行政官たちにとって真の問題とは――革命家たちを以後何年も悩ませることになる問題とは――、そうした脅威にいかに対応すべきかということであった。そして、この点において、彼らは深く引き裂かれていたのである。一方で、ほとんどの役人たちは、貴族と聖職者に対しても他のすべての者たちに対してと同じく平等な裁判という概念と法の支配を適用することに身をささげていた。そのような理想こそ、つまるところ、〈人間と市民の権利の宣言〉の要をなしていたのである。役人たちは、みずからも資産家であるので、フランス革命の最初の夏の混沌と無秩序を実にまざまざと記憶しており、告発された「反革命容疑者」が暴徒ではなく法廷で裁かれることをせつに望んでいた。一七九一年の六月と七月に彼らが発した指令は、法と秩序を守る必要を説く戒めの言葉で満ちていた。たとえば、オシュの役人たちは、すべての者が「法律への完全な服従」を示すよう強く求めた。「市民たちよ！　諸君の行政官に任せなさい。いまこそ、われわれが永遠に自由になることができるのか、はたまた、無秩序によってわれわれが新たな鎖につながれることになるのか、を決断すべきときだ」。[42]

他方で、平等な裁判と法の支配という価値観そのものが新憲法の存続に依存していたため、行政官たちは、国王の離脱と取り沙汰された陰謀の数々がフランス革命の存亡に対する脅威となることがわかっていた。国民を守ることが通常ならば違法であるような弾圧行為を正当化するような緊急事態というものは、存在しないのだろうか。シャルル・ラメトが言ったように、「国家を失うよりは、つかのまの不正を犯すほうがよい」ときとは、いかなるときなのだろう。この文脈において、「公共の秩序の維持や祖国の防衛」のために必要な措置をすべて講ぜよという国民議会の指令は、とりわけ曖昧で融通の利くものであった。それは、弾圧行為をしてもよいというまぎれもない白紙委任状であると容易に解釈しうるだろう。[43]

さらに、地域の役人たちは、単独で行動していたわけではなかった。己れの管理のもとにあるとされる人々、疑惑を抱いていることや暴力的傾向がすでに周知のものとなっている人々の意見を、彼らはつねに考慮しなければならなかった。とりわけ二つの集団が、六月二一日以降の日々に、より抑圧的な方策をとるようにと地域指導者たちに圧力をかけた。都市部の群集と国民衛兵である。多数の都市において、国王の逃亡とヴァレンヌでの彼の逮捕は、地元の貴族や聖職者に対する民衆の暴力を自然発生的に引き起こした。[44] ときには当局が、そうした感情を別の方向に向けようと即時に行動することもあった。カオールの名士たちは、この点においてことのほか創意に溢れており、特別の「連盟」祭を開催した――おそらくは、七月一四日の祝典に向けてすでに進行中であった計画を早めに実行したのだろう。国民衛兵の行進、楽隊、立憲派聖職者による愛国的な演説、「サ・イラ！」の熱狂的な合唱、男女全員によってなされた国民と法律に忠実であるという厳粛な誓いがあった。ストラスブールでは、まさしく市を挙げてのシャリヴァリがおこなわれ、ブイエと彼の部下であるクラングランとエイマンの藁人形が荷馬車で街路を引き回された後、群集が歓呼するなか、中央広場で燃やされた。[45]

だが、多くの役人たちにとって、民衆からの圧力への黙従は、三十六計逃げるにしかずということであるように思えた。ブルターニュの行政官たちは、そうしたジレンマをとりわけ明快に表現した。「人民の動揺と恨みは極限に達した。この動揺のさなかでは、理性の声だけを聞いてもらうことは不可能である。彼らがまったく歯止めが利かなくなるのを防ぐためには、その情念にあの手この手で配慮しなければならない。……そして、行政が世論の支配を完全に失うことを防がなければならない。というのも、世論の支配によってのみ、自由な人民を統治することができるからである」と彼らは六月下旬に書いた。[46]

ストラスブールで燃やされる国王逃亡の陰謀家たちの人形（ひとがた）、一七九一年六月二五日
作者不明『ストラスブール市立文書館の文書にもとづくルイ一六世の逃亡』より
撮影ヘレン・チェナット

おそらく、一般庶民のあいだに最大の懸念を生じさせた問題は、町の要塞を掌握することであった。そうした要塞の鍵は地域の軍指揮官がもっており、彼らは例外なく貴族であった。ブイエ将軍と彼の部下全員が裏切ったことによって、そうした将校すべてに対する不審の念が強まっていた。ストラスブール、ヴェルダン、ダンケルク、ラ・ロシェルにおいて――沿岸部全域と国境沿いのほぼすべての要塞都市において――、文民の行政官たちは、地元の要塞を掌握せよと要求する民衆に迫られた。カンブレの町の指導者たちが説明したように、「民衆は、司祭と貴族が国王誘拐の黒幕であるとみなした」。そこで役人たちは、市の防衛を手中に収めねばならないと感じた。「というのも、現状では、愛国主義の本質的要素である世論に逆らうことは、危険であろうからである」[47]。

　さまざまなかたちの超法規的行動への圧力は、国民衛兵からももたらされた。すでに見たように、国中で国王逃亡の一報を受けたとき、行政官たちが最初にとった措置のなかに地元の民兵の動員があった。国民議会は、国が侵略されたならば戦争に行く用意のある国民衛兵の名簿を作成せよという法令を発した。するとほぼいたるところで、男たちは名前を登録しようと奮い立ち、馳せ参じた。リヨンでは、市内からだけでも八〇〇人以上が新兵として迎えられた。ラ・ロシェルでは、「通りごと、あるいは地区ごとに、市民たちが自発的に集会を開き、国民衛兵の六個の中隊を新たに編成することを決めた」。キュクサックという南部の小村においてさえ、農夫の国民衛兵たちは「国民を救いたいという思いに燃えている」とのことであった。[48]

国民衛兵のほとんどは、フランス革命の目標に強く身をささげていた。彼らは、すべての敵対者に抗して憲法を擁護すると誓っており、ヴァレンヌの経験は貴族や宣誓拒否聖職者に対する彼らの疑念を強めた。いくつかの部隊は、貴族の構成員すべてをすみやかに排除した。というのも、「思慮分別を働かせ国家の安全を考えれば、フランス革命と利害が対立する者たちに部隊をゆだねることはできないからである」。[49]さらに、自分の役割をきちんと果たし、自分たちにふさわしいと感じる地位を獲得しようとするのであれば、これらの新造の民兵たちが武器弾薬を必要とすることになるのは明らかだった。国民衛兵がマスケット銃や火薬を熱心に探索することは、反革命家から武器を取り上げるだけではなく、より多くの武器が愛国派の手に渡るという利点もあるだろう。[50]六月二一日以降の日々、ほぼいたるところで、国民衛兵は地方における弾圧のための奇襲部隊を形成したのである。[51]

法律と方便のはざまで

民衆からの圧力に応えるとともに、国民を守るために万策を尽くせという国民議会の白紙委任状を柔軟に適用しながら、国中の行政官たちは、「内部の敵」に対するさまざまな策を講じた。そうした方策の多くは、非合法であるとともに〈人間の権利の宣言〉にも反していた。だがその危機は前代未聞であると見え、陰謀の危険はあまりにも現実味を帯びていたので、役人たちは「公共の利益の敵による危険な陰謀をくじくために適切と思えるすべての措置」を講じることを決意した。(52)

こうして、ほぼいたるところで、地域の役人たちは、郵便宿を通じて送られて来た手紙を開封し、読みはじめた——郵便の「不可侵」に関する法令が繰り返し出されたにもかかわらず、である。(53) ロレーヌのある小さな町の議会は、その理由を以下のように説明した。「われわれの内と外の敵は、祖国を害する極悪非道のたくらみを達成するためには、かならずやありとあらゆる手段を用いるだろう。それゆえ現在は、家族の秘密は保ちながら、怪しげな通信物はなんであれ、郵便宿で細心綿密に調べることがおそらくは賢明であろう」(54)。実際には、怪しげな通信物の定義は町ごとで大きく異なっていた。外国への、あるいは外国から来た手紙をすべて調べた役人たちもいた。別のところでは、彼らは、宣誓拒否司教を差出人とする、あるいは「不審な」貴族や聖職者を受取人とする郵便物に的をしぼった。そうして調べられた手紙のほとんどは、愛国派が他愛ない家族の会話に陰謀を読み取ろうと最善を尽くしたにもかかわらず、何も明らかにしなかった。国民議会の調査委員会の文書庫には、配達されなかった、そして一七九一年の議員たちにとってと同様、今日の歴史家にとっても教えられるところのほとんどない手紙が山をなしていた。だがときには、手紙が開封されることによって、深刻な結果が個人に及ぶこともあった。亡命貴族がオルレアン近くの自分の業務代理人——プチ氏とかいう人物——に送った一見罪のない短信が横取りされ、公開されたため、その業務代理人はあやうくリンチされそうになったうえ、町の牢獄に長いあいだ収監されることになったのである。「犠牲者を大声で求める民衆の叫び声がいつも聞こえるような気がしていた」と恐怖におののくプチは書いた。[55]

多くの役人たちは、旅人を不法に逮捕することも是認した。国境を横切る個人に関する国民議会の禁止令を幅広く解釈することによって、行政官たちは、見知らぬ旅人たちを、とりわけ貴族であるように見えたり、不自然な服装をしていたり、風変わりな話し方をしたり、いささかびくびくしているように見えたりする人々を、どこで発見されようがおかまいなく阻止しはじめた。明らかに、旅行に出かけるにはふさわしくない時期であり、国民議会には、ときには何週間も続けて、憲法で保障されている人身保護の権利を奪われて、危機のさなかに投獄された不運な人々からの訴えが殺到した。カオールでは、イタリアへ向かう途中の、明らかに外国人なまりのある二人のベルギー人実業家を、国民衛兵が取り押さえた。町民たちはその逮捕を、「外国軍の迫り来る侵攻」への恐怖という文脈で正当化した。「憲法を画策されている破滅から救うためにこそ、われわれはひとかたならず用心しなければならないと信じたのである」。いずれにせよ、当の二人は八月半ばになってもまだ投獄されており、己れの運命を痛嘆していた。また、別のところでは、食いつめたクラリネット奏者、ブリュセルに向かう途上の王室厩舎の獣医、街を「徘徊」して「みなに怪しまれた」不審な伯爵を、当局は即刻逮捕した。[56]

しかしながら、たいていの場合、地方の愛国派にとってより大きい心配の種になったのは、通過していくよそ者よりも、フランス革命に反対することですでに不信を招いていた地元住民のほうであった。フランス全土で、役人と国民衛兵の一団が、近隣の城館や宣誓を拒否した聖職者が属している修道院の捜索に馳せ参じた。彼らは、反革命家たちが秘密に会合しているという証拠を探した。武器弾薬も探したが、武器はフランス革命に対抗するために用いられうるし、どのみち愛国派自身がぜひとも必要としているものであった。

多くの田舎町においては初めて、「反革命容疑者」という語が行政用語として広範に用いられた。だが、不審の念をかき立てるものがなんであるか、「疑わしい意図」——モンペリエの役人たちが言ったように——を示すものがなんであるかということは、判然としないことがしばしばだった。多くの場合、疑惑は、過去のどこかで、あるいはヴァレンヌの事件直後に個人がなした特定の発言、隣人たちが心中でその個人を「フランス革命の信条に反する信条を奉じていることで悪名高い市民」であるとみなすような言葉から生じたと思われる。モーのある女性は、数ヶ月前の友人たちとの晩餐のさいの「貴族的な毒舌」のために投獄された。ヴェルダン近くのある司祭は、「国王が逃亡に成功していたら、ひどいことにならなかったろうに」と胸中の思いを公然と口にしたために逮捕された——当該の「反革命容疑者」によれば、文脈をまったく無視して言葉だけが取り出されたとのことであった。二人の宣誓拒否司祭は、革命支持の聖職者を侮辱したために、ヴァンドームの怒れる群衆によってあわや首を吊られそうになった。不運なことに、役人たちは、酒場の壁にフランス革命の祭典を愚弄する「卑猥な落書き」を描いたために民衆から報復されたブレストの貴族を救うことはできなかった。国王失踪のニュースが届いた後すぐに、その貴族は殺害され、槍の先に刺された首が街路を練り歩いた。[57]

別のところでは、亡命者との関わりが知られていたり、フランスを出たいという願いを口にしたりしたために、不信を買った人々もいた。亡命貴族との通信が横取りされたとき、プチ氏がいかに哀れな惨状に陥ったかはすでに見た。ブベールという名前の若者は、亡命するための資金を親戚に求めた後、追跡され、逮捕された。[58] 明らかに、よりありふれていたのは、地元の城館でおこなわれているとされる貴族と聖職者の秘密会合が引き起こした恐怖であった。パリの真北にあるサン゠ドゥニでは「貴族と宣誓拒否聖職者による密議」の報告があったため、郡当局は、深夜二時にある貴族の屋敷を捜索した。その貴族は、訪問者たちは五旬節を祝いに来たにすぎないと主張し、実際、調べても武器も正体不明のよそ者も発見されなかった。ショモン＝アン＝ヴェクサン近くの城館――貴族の一家はホイスト遊びの最中に不意打ちされた――でも似たような捜索がおこなわれ、九丁の時代物の猟銃とフォントゥノワの戦いから持ち帰った記念の槍が出てきたので、国民の武器庫に加えるためすべてしかるべく没収された。(59)

個々の貴族への襲撃が、フランス革命よりもずっと昔にさかのぼる反感から生じたと思われる例もあった。ヴァレンヌ事件のすぐ後に、ランス近郊のいくつかの村から来た国民衛兵が、国民議会議員であるダンブリ侯爵の城館に集結した。武器をほとんど発見できなかったので、彼らは、銃を買うための金を出すよう侯爵夫人に強要し、それから侯爵の恐れおののく幼い孫息子を自分たちの「マスコット」にするのだと主張し、彼を連れて行進して去っていった。この場合、国民衛兵がダンブリに目を付けたのは、一部には、彼が国民議会における反動主義者として知られていたこともあったが、およそ二五年にわたって村人たちを彼らの領主に刃向かわせてきた封建的諸権利をめぐる遺恨も理由としてあった。(60) リヨン近くの田園地帯にあるポレミューの領主ギラン・デュ・モンテへの襲撃は、はるかに暴力的なものであった。ギランは、小作人をひどく扱い、フランス革命を概して受け容れようとしなかったため、一七九一年以前からすでに憎まれていた。ヴァレンヌの危機が生じた直後、総勢百名の住民たちが、ギランが城館に保有する大量の武器を奪取しようとやって来た。彼が抵抗すると銃撃戦が勃発し、それがようやくやんだのは城館が荒らし回られ、ギランが殺され、身体が八つ裂きにされて、燃えている城に投げ込まれてからのことであった。(61) ポレミューでの出来事はすぐに大々的に喧伝され、フランス中の人々をぞっとさせた。にもかかわらず、この種の極端な暴力は、危機のあいだ、まれにしか起こらなかった。国王逃亡の後に殺害されたことがわかっているのはわずか四人であり、その全員が貴族であるが、少なくともこのうちの三人は、さまざまな積年の恨みのためにすでに憎まれていた。[62]

ほとんどの事例において、地域の指導者や国民衛兵によってなされた弾圧行為は、それぞれ個別的に遂行され、特定の「疑わしい」個人を標的にしていた。だが、場合によっては、当局は、陰謀が現実にたくらまれていることを恐れたか、民衆の圧力に屈したかして、ありとあらゆる範疇の人々を取り調べる、ないしは裁判なしで逮捕するようにとの命令をくだした。ここにおいては、反革命容疑者という規定は、個々の男や女が犯したと考えられる行為からではなく、ある特定の社会的ないしは政治的集団に属しているという事実から生じていた。そうした論法は、おそらく、庶民のあいだに浸透していたと思われる。ヴァレンヌでは、侵略に対するパニック的恐怖が最高潮に達したとき、農夫と国民衛兵の一群が、愛国派に協力しようとしていた騎兵隊指揮官の一人に襲いかかった。「こいつは将校だ！　貴族だ！　裏切り者だ！」と単純な理屈をつけて叫び、将校の制服を着ているという事実こそが罪人の証しだとした。[63]

さらに重要なのは、この流儀で反革命容疑者を分類した官吏の行動である。そのような集団を告発するうえでの最も明白な標的は、〔聖職者市民化法によって課された〕忠誠の誓いを拒否した聖職者であった。宣誓拒否司祭が大勢いて手を焼いている地域では、地元の愛国派は、「宗教の自由」に関する国民議会の数々の法令やもめ事を起こしていない宣誓拒否司祭への寛容な扱いにひどく苛立っていた。誓約することを拒むことが、まさに、憲法への侮辱であり、国民への脅威ではなかろうか。自由主義者は「言論の自由」を後押しするかもしれないが、しかし――ある小さい町の市民たちが主張したように――、「親愛なる神よ、われわれに狂信的行為や大虐殺、焼き払われた町々や荒廃した王国のヴィジョンしか提供しえない言論とは、いったいなんという言論なのか！」いくつかの地域では、宣誓拒否司祭の弾圧が、フランス革命が始まって以来未曾有の規模で、まこと大々的におこなわれた。国王逃亡の知らせを聞くやいなや、ナント市の役人たちは、地域の宣誓拒否司祭全員を即刻国外へと追放し、反革命活動が疑われる司祭は誰であれ逮捕するようにと命じた。ノルマンディとブルターニュにおける幾人かの郡指導者も、そのような聖職者は宗教戦争へと後戻りする脅威となっており、宣誓拒否司祭はすべて「例外なく国家の敵である」と主張して、ほぼ同様に対処した。[64] ほんの短いあいだに、全国で合わせて少なくとも九つの県で同様の措置がとられ、数百人の宣誓拒否司祭が不当に逮捕されたり、国外に追放されたりした。[65]

無差別弾圧の二番目の標的となったのが、貴族であった。王国の中央部に位置するシェール県とアンドル県では、宣誓拒否司祭は比較的少なく、危険であると一般にみなされていたわけではなかったが、ヴァレンヌのニュースは、一帯の貴族が反革命的な攻撃を組織しているという恐怖を生じさせた。いくつかの郡が、すべての城館を武装解除するために国民衛兵を組織的に派遣した。ブゥルジュの町はさらに踏み込んだ措置をとり、「一般的な要望に反する主義を公然と宣言した者すべてが集結することを〔……〕妨げる」ために、地元在住の貴族に町にとどまるよう命じ、市門を警備して誰も抜け出せないようにした。ほとんどの場合、そうした措置は穏やかに遂行され、国民衛兵は「暴力をともなうことなく、道理をわきまえた慇懃な態度で」行動せよと明確に指示されていた。[66]

だが、貴族という集団に対する弾圧が、ブルターニュ州ほど苛烈をきわめたところはなかった。ここでは、役人たちは、宣誓拒否聖職者の比率が全国で最も高い地域のひとつであることに悩まされていただけではなく、貴族と平民のあいだに長きにわたる緊張があり、この緊張は、フランス革命前夜の地方政策によってさらに激しさを増していた。国王逃亡を受け、そしてまた地元の行政官たちに促されて、多くの町からやって来たブルターニュの国民衛兵は、一帯で真の恐怖を巻き起こし、疑わしい貴族と聖職者をおどし、武器を探し、ときに城館を破壊した。ある県の当局は、この二つの疑わしい集団に属する者すべてを追及する自由裁量権を与えた。「われわれの敵は、最後の努力をしている。憎悪と狂信は、四方八方に影響を及ぼすことになるだろう。だから、その影響を未然に防ぐためにわれわれが講ずべき方策に限りはない」と彼らは書いた。これらの命令に従い、国民衛兵は、「国家を転覆するために用いうるあらゆる手段を憲法の敵たちから奪う」ために、すべての領主館に押し入りはじめた。隣接する県の指導者たちは、さらに踏み込んだ措置をとり、すでに亡命したすべての貴族の財産を差し押さえよと命じた。国民議会の六月二一日の法令は、金や貴金属を国境の外に持ち出すことを禁止していたので、不在貴族の金品を押収することは正当化しうるように見えた。さもなければ、そうした金品は、国民を害する反革命の陰謀を支援するために外国に送られる可能性があるからだ。[67]

行政官が弾圧を奨励し、侵略へのパニック的恐怖によって緊張が爆発しそうになっているブルターニュこそが、いくつかのとりわけ暴力的な出来事の舞台となろう。レンヌの東にある地域では、ヴァレンヌのニュースを受けて、およそ三〇〇〇人から四〇〇〇人の民兵が宣誓拒否司祭を探しに村々に送り込まれた。反体制の聖職者を支援していたある特定の貴族を見つけ出すことができなかったため、国民衛兵たちは悔しまぎれに彼の城を焼き払い、やがて周辺の他のいくつかの城館も燃え上がった。国王逃亡の一報とともに、一〇〇人の国民衛兵からなる別の分遣隊が、反革命容疑者の貴族たちの一群が集っていたとされるヴァンヌ近くのル・プレクロの城館に派遣された。朝の四時に到着し、太鼓やマスケット銃の銃声で居住者たちを起こすと、愛国派の民兵たちは、一八人の男たちを後ろ手に縛って荷車に乗せ、地元の要塞に「戦争捕虜」として留置するために連行した。ブルターニュの北海岸に近いラ・ロシュ＝デリヤンの指導者たちも、みずからの地域における「かつての特権者たち」すべての武器を取り上げることに着手した。国民衛兵は、トゥラロンの城館に来るまで、なんの抵抗にも遭わなかったようであった。だがここでは、癇癪もちのルゥマン伯爵が、一七世紀のラッパ銃と「ブルターニュのビリー」という古風な石の発射装置から弾を浴びせて、国民衛兵を迎え撃った。幾人かの市民が傷つき、国民衛兵の新たな部隊が投入された後で、愛国派は城館を襲い、そのさなかにルゥマン伯爵を殺害した。(68)

六月と七月の危機が沈静化し、中央政府が地方からさらに多くの報告を受け取るようになるにつれて、国民議会は、集団的弾圧のはなはだ目に余る事例を批判しはじめた。キャンペールの県役人たちは、おそらくパリからの圧力をうけて、貴族や宣誓拒否司祭を、すなわち「反憲法的な見解をもっていると疑われた罪のみは批判されうるが、公的秩序を乱すようなかたちでその見解を表明することはけっしてなかった」人々を、大量に逮捕したとしてランデルノ郡の役人を叱責した。そのような活動は、法律と人間の諸権利に反していただけではなく、状況をさらに悪化させることもありえた。「このようにもめ事を煽り、個人を怖がらせたり不安にさせたりし、その財産を脅かすことは、それによって自由と憲法が危険にさらされることになるため、なおのこと非難されるべきである」。だがランデルノ郡の役人は、自分たちがなした行為を力強く擁護した。危機の状況やフランス革命を救うという根本的目標は、自分たちがとったすべての措置を正当化するものである、と。「血がまさに流れようとしていた。とるべき選択肢はたったひとつしかなかった。つまり、われわれの敵を殺人や犯罪を犯すことから引き離すという選択肢だ」と彼らは断言した。宣誓拒否司祭と貴族はただあまりにも危険すぎて信用できず、「愛国主義という偽善的な仮面」のもとに本心を隠している者たちでさえ――おそらくはとくにそうした者たちこそが――、危険なのだ。とどのつまり、ランデルノの役人たちが悔い改めることはなかった。「われわれは、不和と混乱を引き起こしていた者たちを排除することによって、人類と憲法の双方に奉仕したのである……われわれは、彼らを強く非難し、われわれの胸中に宿っている神聖な炎がフランスの国土をくまなく浄めるまで、彼らを追及することをやめはしない」[69]。

ランデルノとキャンペールとのあいだの論争は、国王逃亡という危機に直面したフランス国民がいたるところで遭遇した難局を象徴するものであった。二〇世紀になってすら、自由民主主義的な文化が深く根づいている社会において、戦時やテロリズムの脅威は、「予防的弾圧」の要求をめぐる法律上のジレンマをもたらしてきた。人生のほとんどを権威主義的な支配のもとで過ごしてきて、平等な裁判や市民権の意味を学びはじめたばかりの男たちや女たちにとって、一七九一年六月の出来事は、とくに悩ましい問題を提起した。革命家たちは、原理と便宜主義、法の支配と「公安」の必要、個人の自由と共同体の防衛、人間の権利の保護と国家の保全とを擦り合わせ、微妙なバランスをとることを強いられた。このようなジレンマに対峙しようと手探りの努力を重ねるなかで、地方の多くの市民は弾圧行為という脇道――特定の集団に属しているために罪ありとすること、根拠のない容疑によって罪ありとすること、適正な手続きのないまま長期にわたって投獄すること――に迷い込んだが、それらは恐怖政治下で用いられた方策をはっきりと予示していた。

第七章　国王を裁く

国王の逃亡と帰還に続く三週間というもの、パリ市民は地方における意見にたえまなく言及していた。コルドリエ・クラブにとって、国王の運命に関してなんらかの決定をくだしうるためには全国的な国民投票が不可欠であり、クラブの会員たちは、国民の大多数が共和政を選ぶだろうと期待していた。他方で、穏健派は、フランス人は首都に住んでいる者もそうでない者も圧倒的に君主政を支持していると確信していた。そのあいだ、国民議会は当の問題についての決断を先延ばしにしていたが、それは一部には地方からの反応を待っていたからであり、議員たちは自分の選挙区に宛てた手紙で地元の反応を知らせよと強い口調で求めていた。[1] 要するに、パリはフランスではなく、市民の大多数が国王についていかなる見解を抱いているのかまだわからないことに、誰もが気づいていたのである。誰もが、ある意味において、フランス人が声を上げるのを待っていたのである。

そしてとうとう、フランス人は声を上げることになるであろう。全国的規模の動員というこの騒ぎと怒り――国民衛兵の動員、国境防衛の強化、予防的弾圧――のもとで、人々はいたるところで、これらの出来事全体を始動させた一人の個人の運命について思案するようになっていた。ルイの突然の失踪を、いかに説明すればよいのだろう。国民議会が苦労して完成させようとしていた新しい憲法にとって、それはいかなる意味合いをもっているのか。革命家たちが建設したいと願っていたすばらしき新世界において、君主――この君主であれどの君主であれ――は、いかなる場を占めているのか、はたまた、そのような場は存在するのか。

市民王

そのような疑問は、パリに劣らず国中の人々が、感情においても伝統においてもことのほか強い絆によってみずからを長きにわたって国王と結びつけてきたという点において、とりわけ悲痛で心乱れるものであった。もちろん、個々の王たちが清廉潔白であったためしはなく、現君主に先立つルイ一四世とルイ一五世という二人の王は、知識人と庶民階級の双方からのしばしば辛辣な批判の的になってきた。にもかかわらず、王権の神話――個々の君主たちの評判とはうらはらに――は、尋常ならざる活力をもって生き永らえていた。それは、一七世紀と一八世紀の君主たちが武勇や宮殿と宮廷生活の栄華によって培ってきた偉大さのイメージばかりか、古典古代的・歴史的な伝統および世俗の伝説の全体のうえに築かれていた。フランスでは、子どもも大人も、君主政の存在と善王の理想――悪王やきちんと助言されていない弱い王とは対照的な――が疑問の余地のない前提をなしている民間伝承の物語にたえず親しんできた。下層階級においては多くの人々が、「ロイヤル・タッチ」への信仰、すなわちありふれた皮膚病である瘰癧をいやす魔術的力を王がもっているという信仰を、アンシャン・レジームが終わるまで信じ続けていた。また、ブルボン朝の初代君主であるアンリ四世の美徳――その強さ、良識、人民への愛――は、フランス革命が始まったときも、人々が理想の君主について語るさいにいまだ口にされていた。実際、一七八八年から一七九一年までは、ルイ一六世自身も「善王アンリ」にたとえられるのが一般的であった。(2)

たしかに、国王のイメージは、一七八九年以前の数十年間でいくぶんかは変化していた。数世紀にわたって、ありとあらゆる種類の言葉が、国王の偉大さを描写し、称揚するために用いられてきた――偉大な戦士としての、最高の裁判官としての、最高位の封建領主としての国王という具合に、である。だがフランス革命前夜までには、「人民の父」――少なくとも一六世紀このかた用いられてきた呼び名――としての君主像がしだいに支配的になってきていた。そのイメージが、ルイ一六世自身によって意識的に助長されたことは間違いない。彼は、自分がみごとに父親となったこと、長期にわたる性的挫折と心理的不安の後でようやくなしえたこの成功をすこぶる誇らしく思っていたし、子どもたちの養育にひとかたならぬ個人的関心を抱いていた。彼は、国民議会への声明のなかで、父親の暗喩をたえず引き合いに出していた。ヴァレンヌでも、ソース氏の居宅でわが「忠実なる子ら」に自分の正体を明かしたとき、彼はほぼ同じことをしていたのだ。もちろん、この父親像は、国王のイメージと同様、複雑で、ときに曖昧な意味をはらんでいた。それはパトレス・ファミリアス〔家長〕、すなわち、法と慣習において妻子に対してほぼ絶対的な権威を有し、万能の父なる神という宗教的概念にいくぶんかもとづいて造型されている人物を暗示しえた。だが、そのイメージが、一八世紀後半に教養ある層に属する人々によって広く受容されるようになるにつれて、父としての国王は、おそらくは、何よりもまず、家族を描いたメロドラマという文学上の流行に結びつけられたと思われる。その時代の芝居や小説には、「良き父親」、すなわち権威的ではなく融和的で、妻や子どもたちに平等に接し、家族の成員のすべてを友人か伴侶さながらに扱う父親に対して無数の讃辞がささげられていた。[3]

全国三部会のための選挙のあいだにフランス人によって作成された何千もの公式声明である一七八九年の陳情書には、まぎれもなく、ルイ一六世に対する敬意の念が示されている。人々はほぼどこでも、国王への

「すべての善きフランス人にとってこの像はいかに貴重であることか！」
フィリベール＝ルイ・ドゥブクールの銅版画より
撮影フランス革命博物館、ヴィジル

一七八九年、田舎の人々が老いも若きもルイ一六世の肖像の前で跪く。

呼びかけに、名誉や配慮を表す伝統的な敬称——「陛下」や「国王陛下」——を、嘆願のための改まった文句とともに相変わらず用いていた。お定まりの表現として、かくかくしかじかの要求を聞き入れてもらうために、「国王陛下に心から謹んでお願い申し上げます」というものがあった。陳情書の半数以上は現君主への熱烈な讃辞を述べることから始まっており、優に三分の一以上の陳情書は、父としての王の数々の美徳に言及した。ほぼ同じくらいの数の陳情書が王の善性を強調し、四分の一が王の公正さについて述べた——もっとも、王は武勇があるとしたものは皆無であった。五通のうちのほぼ一通は、国王に言及するさい、とりわけ「神聖な」という語を用いていた。この語はまた、「神聖な財産権」や「神聖な憲法」のような抽象概念について語るさいにもときに用いられたが、ある特定の個人について述べるのにこの語が用いられた例はなかった。[4] フランス革命の最初の二年間、ほとんどの愛国派が国王に対してかくも寛大で鷹揚な態度をとってきたのは、王権の神話のもつ文化的力——全国三部会の招集というルイの行為に対する感謝も相まって——が作用していたからであった。

一七八九年一〇月から——それより前でないとしても——、ルイは欺瞞戦術を意識してとるようになった。国民議会から送られてくる法律を公に受諾しているときでさえ、自分は強要されて署名しているのだ、とスペイン王にひそかに表明していたのである。だが一般のフランス人は、このことを何も知らなかった。穏健派の愛国派は、立憲君主政を強化したいという一心から、国王が演説したり姿を見せたりするときは周到な準備をし、国王にそれに従ってもらうことでルイのイメージを高めようと全力を尽くした。[5] 国民議会に大量に寄せられた手紙から判断するならば、ルイの人気はフランス革命の最初の二年間でむしろ高まっていたかもしれない。一七九〇年二月の議員たちへの国王の演説のすぐ後、西部の小さい町エルネは、「歴代の国王のなかでも最良の王、フランスの自由の復興者、祖国の優しい父が、ご来臨の栄をわれらが崇高な議会にお授けになり、その仕事すべてを嘉してくださった、永遠に記憶すべきこの幸福な日、このじつに聖なる日」について書いた。トロワの指導者たちも、国王への子としての絆について同じくらい熱烈に語っている。「同じ父親をともに戴く子らよ、国王の言葉に耳を傾け、王がお望みになるままに永遠に団結しよう。国王陛下の父としての御心は、それによってわれらの愛を陛下にお示しすることを求めておられる」。[6]

フランス革命が国王の権威をはなはだしく減じたことには、疑いの余地はあるまい。憲法は彼の身分を、絶対君主から、大西洋の向こう側で創出されたばかりのアメリカ大統領職と類似した制度的権力を有する筆頭行政官へと変化させた。にもかかわらず、ほとんどの市民にとって、君主のもつ特別の、なかば宗教的なオーラは消えることはなかった。国王はフランス革命を支持し、君主の意志と国民の意志は究極的につねに一致するであろう、という彼らの確信は揺らがなかった。一七九一年前半にジャコバン・クラブから発せられた少数の批判的意見——そのいくつかは、宣誓拒否聖職者を宮廷から追放せよと国王に迫っていた——は、愛情と敬意の合唱でかき消されてしまった。パリからさほど遠くないクゥドゥレという小さい町は、二月二八日に王宮で生じた暴力行為と「神聖なる御方であるわれらが良き国王」に加えられたとされた侮辱に対して憤りを表明した。(7) その年の三月にルイが咽頭痛で倒れたとき、数百もの地方議会とジャコバン・クラブは回復祈願のための荘厳ミサをおこない、フランスのほぼすべての町が、王が快癒したことを知って感謝の祝いを催した。「諸帝国の運命をつかさどる永遠なる神は、われらの最も堅固な支え、われらの幸福の錨を奪い去ることをお望みにならなかった。〔……〕教会という教会で、今日は感謝の祈りだけが高らかに唱えられている」(フランス西部のラヴァル)。「偉大なるアンリの養い子として、われわれは、かくも偉大な名にふさわしく、フランスにとってかくも貴重なこのブルボンの血をひく君主への愛着をいつまでも抱き続けるだろう」(フランス東部のベレ)。「神よ、国民の偶像を守り給え」(フランス中央部のブゥルジュ)。数週間後、プロヴァンスのシャトールナールという小さな町は、市庁舎の壁に飾られた国王の肖像の除幕式をおこない、新たに選出されたばかりの町長が顕彰の辞を述べた。このフランスの君主は、と彼は主張した。人民に対してまったく新しい関係を築いたので、ルイは他の君主たちと同じ範疇に属しているとさえ思えないほどである、と。「王たる者は恐怖をいたるところで用いることによって強大であろうとするが、ルイ一六世はみずからの徳が呼び覚ますあの信頼の念だけで強大になりうる。王たる者は敬意と服従を命じるが、ルイ一六世はフランス人の愛だけを求める。王たる者は人民の主人たることを望むが、ルイ一六世は人民の父であることを欲するにすぎない。王たる者は臣民の自由を束縛することにいそしむが、ルイ一六世はわれらの自由の復興者であった。ああ人類の友よ！　ああ市民王よ！」[8]

ヴァレンヌの前夜、地方においてはどこであれ、フランス市民の圧倒的大多数は国王という人間に対して愛情と崇敬すら抱き続けていた。彼らは、君主政を国民の統一と結束の要にして不可欠なものであると、いまなお考えていたのである。

血の涙

かくも多くのフランス人が、国王逃亡に続く苦悩の日々の経験を語りたいという思いに駆られたのは、おそらくは、まさにそうした君主への愛着の激しさのゆえであろう。六月二一日から七月が終わるまでのあいだに、国民議会の書記たちは、国中のさまざまな団体から六五〇通以上の手紙を受け取った。すべての県、大小さまざまなほぼすべての町、驚くほど多くの村からでさえ、手紙が寄せられたのである。この大量の手紙の目的は、表向きは、フランス革命が始まって以来の明らかに最大の政治的危機にあって、議会への忠誠を改めて示すことであった。だが、きわめて多くの手紙は、危機に直面するなかで、国王に対する態度が変化しつつあることとの実感あふれる証言を含んでいた。市町村議会や県や郡の指導部、愛国派のクラブ、国民衛兵の部隊、女性の結社、地域の裁判所、さまざまな「市民」の集団が、こぞって声明文を送りつけてきた。それらの声明文は明らかに地域のエリートたちによって作成されたものであったが、しばしば数十ないしは数百の他の人々の署名が添えられていた。全体として見ると、こうした通信は、ヴァレンヌ以降の数週間のあいだに、全国の人々が国民における国王の立場を受け容れようと努めるなかで、地方における世論の経時

的な変化を示すものとなっている。(9)

危機の最初の数日間――市民は国王の失踪を知ってはいたが、逮捕のことはまだ耳にしていなかった――、地方の反応は、ニュースがどのように、また誰からもたらされたかに大きく左右された。パリのクラブの請願や急進的な新聞の記事は、姿を消した国王に対して冷淡そのものであった。だが国民議会自体が初期に発した声明ははるかに曖昧であり、国王の反革命的な宣言についてはいっさい触れず、国王一家はともかくも誘拐されたのであると思わせる余地をたっぷり残していた。地方の多くの集団は、そうした筋書きを受け容れ、ルイを好意的に解釈したがった。総じて、この初期の頃に見解を送付してきた人々のうちの三分の一近くは、相変わらず、肯定的で思いやりのある態度で君主を見ていた。(10) 彼らは、「国王と国王一家の誘拐という恐るべき犯罪」について、「歴代国王のなかでも最良の国王を拉致した人間の顔をした怪物ども」について、「いまや彼らには孤児のように見えたフランス」について、痛切に語った。同郷のロベスピエールとたいていは密につながっているアラースのジャコバン派は、その出来事に当初とりわけまざまざと反応した。「彼らは、人民のためだけに生きているように見えたこの国王をわれわれから遠くに連れ去った。国民議会に幾度となく敬意の念を表し、その愛国的な感情表明がまことに誠実さと真心を帯びているように見えたこの国王を」と彼らは嘆いた。国王が発見され、パリへの帰路にあることを知ったとき、地方の町の多くは自発的に祝賀会を催した。ルアン市庁舎の中庭は、「催しがあるという知らせに誘われたおびただしい数の男女の市民たちで、またたくまに埋め尽くされた。喜びを表現しようと思わず知らず踊りがはじまり、それは朝の三時まで続いた」。いたるところで、教会の鐘、花火、感謝をささげる祈り、公的な祝典が、リモージュが表現したように、「激しい悲しみ」が「熱狂的な歓喜」に変わった瞬間を特徴づけた。(11)

一般的に、地方の人々が、起こったばかりの出来事の意味を余すところなく理解しはじめ、まぎれもない良心の危機がフランス中を席捲しはじめたのは、ようやく六月の終わりになってからであった。国民議会が、国王に関する審議を一時停止した三週間の空位期間に入るにつれて、議会が発する公式声明は、地方においてもはや主たる情報源ではなくなった。町々は、首都のさまざまなクラブやセクションが出した回状や請願書、あらゆる政治的傾向のパリの新聞であふれ返った。とりわけ、膨大な数の新聞によって、入手可能な情報や解釈の幅がぐんと広がった。ヴァンドームの愛国派のクラブが説明したように、「新聞は、たえず、われわれの意見を作り上げる手助けとなってきた。すべてのフランス人と同様、われわれも週一回発行される新聞の衝撃を体験してきた」[12]。国王の逃亡をめぐる付随的情況の多くは、国民議会の当初の報告では、見過ごされていたか、もしくは検閲されていた。六月二五日にパリ市民が帰還した国王一家を非難の目をもって迎えたこと、コルドリエ・クラブが国王を廃位させようと早くも試みたことを地方の人々が最初に知ったのは、新聞や小冊子からであった。いまようやく、彼らは、国王の個人的な宣言書――それまでの自分の誓約を暗に否定し、かつて署名し法律として裁可した革命期の法令の多くを糾弾したもの――を読んだ。トゥロンの地元の指導者たちは、七月一日に国王の手紙のことを初めて知った。ベルジュラックの市民たちがその四日後にその写しを初めて目にしたとき、彼らは、町の広場で公然とそれを燃やした[13]。

この大量の情報を評価するうえで、地域の愛国派のクラブはとりわけ重要な役割を果たした。一七九一年半ばまでには、何百ものそのようなクラブが、パリのジャコバン・クラブと直接に提携関係を結んでいる四〇〇ほどのクラブを含め、すでに創設されていた[14]。だが、地方のクラブは、首都のジャコバン派の議論を注視していたとはいえ、本部協会にけっして盲従してはいなかった。イギリスの諜報員ウィリアム・マイルズは、国中のさまざまな協会のあいだでたえず意見交換がおこなわれていることに強い印象を受けたが、そのさまは彼に、「セント・ポール大聖堂のささやきの回廊」――ロンドンの巨大なドーム屋根の内側にある円状の通路で、訪問者はどこに立っていようと互いの話し声を聞くことができる――を想起させた。パリのジャコバン派が意見の一致に達することができなかったため、地方のクラブは、議論の範囲と主題をさらに自由に選ぶようになった。数十の協会が、地方クラブの通信網を通じて地元での審議記録を回覧しはじめたことによって、さまざまな意見や提案が迅速に伝播されるようになった。ボルドーにおいて、ベルジュラックにおいて、バル＝ル＝デュクにおいて、新しい論説や請願書が、パリを経由することさえなく、王国中の姉妹協会から日々届き、論調も日を追うごとにますます急進的になっていくように見えた。[15]

国王がフランス革命を否認したように見え、国民議会が立場をいまだ決めかねていた流動性と不確実性に満ちたこのはざまの時期に、人々はいたるところで新しい憲法の基本的前提を全面的に評価しなおしはじめた。地元の政治クラブのみならず、多様な議会や執行部、危機に対処するために設けられたその場限りのさまざまな会議においても、市民たちはとりうる選択肢について思案し、議論し、検討した。トゥルーズでは、「誰もが、国王について最も大胆な意見を人前であえて説明しようとしていた」。トゥールでは、ある町民が述べたように、議論はすぐに一点に集中した。「君主政が始まって以来議論されてきたなかで、最も興味深く核心を突く問題に。ああ、騒乱と恐怖を運命づけられているように思われたこの時期にわれわれが感じた喜びは、言葉では言い尽くせない。〔……〕われわれは、内気な子どもたちがみずからの思いをもごもごと口にし、若者たちが自分の気持ちを熱く血気盛んに表明し、円熟した男たちが省察と分別の重みの加わった助言を与えるのを見た。それはなんという心打たれる光景であったことか！」[16]

そして、世論はいまや、君主に敵対するほうへと決定的に傾いていた。ヴァレンヌでの身柄確保のニュースが届いた六月後半から国民議会がもろもろの法令を発した七月半ばにいたるまでの枢要な時期のあいだに、逃亡した国王にいささかなりとも同情の気持ちを表したのは、地方からの証言の六分の一ほどでしかなかった。[17] 同情の気持ちを示していた人々でさえ、しばしば酷評する側に加わって声をあげ、国王の行為を悪しき助言を受け容れる彼の性格の弱さに結びつけた。「君主は不運で、軟弱で、欺かれ、利用されている」とある町議会は書いた。「われわれは信じたい」と別の町議会は書いた。「ルイ一六世が持ち場を離れ、彼をあふれんばかりの愛で包んでいた人民を棄てるにいたったのは、弱さゆえであり、憎むべき宮廷人たちに盲従したためである、と。王自身が主導したことではなく、彼を取り巻くとてつもなく怒り狂った野心家すべての欲望や迫害に屈したためである、と。〔……〕こうした可能性があるために、われわれは彼について口をつぐんで決めつけることはしないでおこう」。[18]

それとは逆に、通信者の五分の三近くが、君主をはっきりと否定的に評価していた。[19] 怒りと苦々しさに満ちた物言いが際立つ陳述のなかで、国中の行政官、クラブ会員、国民衛兵隊が、ありとあらゆる罪状を並べ立て国王を痛烈に非難した。ルイは、己れの行為がフランス人にいかなる結果をもたらすかをみじんも考慮することなく宮殿から脱出したとして告発された。自分たちの最強の支えであると彼らがかつてみなしていた男は、「卑劣なやり方で持ち場を捨て、誓約すべてを反故にした」。彼が「全世界で最もすばらしい王座を放棄したことによって、フランスが広大な墓と化すこともありえた」。ルイが否定したにもかかわらず、彼の真の意図は、フランスを逃れ、自国に刃を向けるべく外国列強の援助を求めることにあった、とほとんどの通信者はほぼ確信していた。「国民の最高の長が、国を去り、彼がみずから主張する諸権利、絵空事の諸権利を取り戻すために、金銭、援助、軍隊を提供すると約束した国に逃げ込もうとした」。「彼は近隣列強の刃をわれわれに向けようとしたが、無駄であった」。そのような行動は、戦争へと導くものでしかなかったであろうし、「裏切り」であるとしか言いようがない。国王が王座を棄てたのは、「外国の土を踏み、〔……〕われらの肥沃な平野を血の海に変えるためであった。彼は、フランス全体を内戦と対外戦争の荒廃へと引き渡した」。たとえ彼が他の人々の助言に従っていたにせよ、「国民に対する卑劣な裏切りの罪を免れることはできない」。その究極の目的が、「軍の先頭に立って」帰還し、アンシャン・レジームという「旧秩序」をふたたび課すことにあったことは、火を見るよりも明らかであった。「専制主義の原理がしみ込んでいるルイは、われわれの自由にとって永遠の敵となろう」[20]。

地方の愛国派を何よりも憤激させたのは、憲法への過去の誓いは偽りのものであったと全世界に宣言した国王の有名な「宣言書」であった。透明と誠実という理想を旨とするフランス革命の倫理によれば、おそらくは、偽りの誓約をすることほどの大罪は他になかったと思われるが、これこそまさにルイが犯したと認めたものなのである。彼らは繰り返し、ルイは不誠実で、約束を反故にする「誓約破り」であると語った。「立てた誓約をのちに破ることで、最も神聖なこの節義にまったく反して行動することで、誓約破りになるフランス人は、誰であれわれわれは大嫌いだ」。彼は、「卑怯にも誓約破りであり」、「不実で誓約破りであり」、「みずからの誓約に背く裏切り者」であった。「彼が備えているとされる善性は、卑劣な偽善であるにすぎなかった」[21]。いくつかの集団は、国王の偽りの誓約をみずからが最近立てた誓約とじかに比較し、国王とは異なり、自分たちは「誓約への信奉」をいつまでも守り続けると国民議会に請け合った。ナントのジャコバン派にとって、ルイは「永久に消えることのない汚辱」にまみれた。ルイは、もはや善王アンリではなく、シャルル九世に結びつけられることになろう。つまり、プロテスタントの指導者たちを一五七二年の聖バルテルミの祝日に結婚式に招いて、ただ彼らを虐殺させた裏切り者のフランス王に、である。[22]

わずかばかりの同情をルイに寄せる愛国派の小集団と彼を厳しく断罪する大集団に加えて、四分の一の人々は、彼らの通信のなかで国王にいっさい言及しなかった。すなわち、君主の存在そのものを無視したのであるが、それ自体が前代未聞であり、暗に君主への非難を含んでいた。[23] そうした応答者のほとんどは、いまやすべての忠誠を国民議会に移したと明言した。ノルマンディのサン＝ローのジャコバン派は、先頃の出来事を聞き知った後、六月下旬に彼らがくぐり抜けてきた心理的過程について、以下のように語った。「初めは、自分たちの感情をなんと表現してよいかわからなかった。というのも、「国王はわれらを見棄てた！」というひとつの言葉が、すべて打ち砕いてしまったからだ。われわれは、逡巡した。われわれは、自問した。彼の約束は、したがって軽薄なものだったのだ！　彼の誓約は、したがって空しい音声でしかなかったのだ！　だが紳士諸君、君たちは、われわれのために寝ずの番をしてくれている。国民の声は聞き届けられている。だからわれわれは、われらの新しい法を厳粛に承認することを全員一致して繰り返して言う。自由な国民の運命は、国王の行動によって左右されないのだ」。「国民の父」、「人民の父」、「自由の復興者」という、かつてはほぼ国王にのみ用いられていた父性的属性をもっていまや語られているのは、議員たち自身であった。手紙は、議員たちをギリシアやローマの英雄的人物に擬す言葉であふれていた。議員たちは、人民に法律を与えたリュクルゴスの再来であり、「ネロやカティリナに抗して」戦う元老院議員であった。宗教的な表現を用いて国民議会を称讃した書き手もいた。「神は、諸君の仕事をその指で指し示したばかりだ」。たとえ死の床にあってさえ、自分たちは頭をパリの方角に向け、「神と国民議会のために、という言葉を唱えることであろう」。現在の状況においては、と彼らは宣言した。いかなる決定がくだされようとも――たとえ、国王が裁判にかけられたり、廃位されたりすることになっても、とほのめかしつつ――国民の父たちに従うつもりである、と。彼らは、「国民に、法律に、そして行政権力に――その権力をいかに組織するのが適切なのかを諸君がいかに判断するにせよ――忠実で」あり続けるだろう、と。「ルイ一六世の犯罪を処罰する役目と彼を赦免する権利を、諸君の思慮と断固たる判断にゆだねる」[24]。

そうした手紙の多くは、国王への深い幻滅がひしひしと伝わってくる、大いに心揺さぶられるものであった。六月二一日までは、とフランス北部のラ・バセという村のジャコバン派は書いた。自分たちはみな、ルイ一六世が、かつて君臨したなかで最も偉大な人間であり、最も偉大な君主であるとみなしていた。先立つ六五人の国王たちとは、彼はすこぶる異なっているように見えた。だがある日、たったひとつの行為によって、「この君主は名声をすっかり失ってしまった」。ルイの有名な寡黙さは、かつては知恵や思慮をあらわす沈黙と解釈されていたが、いまや「愚かさか裏切りのいずれか」によるものとされた。君主を誹謗するさいの呼び名でさえ、「国王陛下」や「陛下」や「国王」から名前のみ――「ルイ」や「ルイ・ドゥ・ブルボン」――が広く用いられるようになり、その劇的な凋落ぶりは、国王がもはや永遠の王座の体現者としてではなく、堕落したつむじ曲がりの個人ではなくとも、ひどい欠陥のある個人とみなされているという事実を明確に示していた。誓いを棄てることによって、「厳粛な誓約」を破ることによって、ルイは「歴代の国王を偶像としてつねに崇拝し、悪徳がありながらも彼らを愛していた寛大で思いやりのある人民の大義名分を棄て去った」。実際、「これまでフランス人の偶像であった国王」、いまや永遠に打ち砕かれた偶像といった偶像のイメージは、地方からの通信のなかに繰り返し出現するレトリックであった。[25]

手紙の書き手のうちの数人は、フランス革命の歴史とその歴史における国王の立場を改変しはじめてさえいた。フランス中央部のある小さな町の指導者たちは、ルイは、とどのつまり、「専制主義の原理によってつねに動かされてきた」のではなかったか、と自問した。そこで彼らは、一七八九年以来の二年間を解釈しなおして長々と書き綴り、国王を「国民議会の中枢に専制主義の砦を築こうと」努めた人物として描いた。「力を用いて議員たちを屋内球戯場に逃げ込むように強いたのは彼であった。「バスチーユを襲撃した」住民の勇敢な行動がなかったならば、パリはいま広大な墓所となっていたことであろう」。ヴェルサイユのジャコバン派にとって、この「不実な国王」こそが、まさに最近「彼につねに親切の限りを尽くしてきた国民の虐殺を冷酷に準備した」ように、「ここ二年間にフランスを見舞ったあらゆる苦難」の張本人であったに違いない、といまや思えた。つい先頃、と南フランスのアレスの市民たちは回想した。「われわれは、彼を褒めたたえるために祝福式をおこなった。われわれは信じて疑うことをせず、彼をわれわれの権利の回復者であるとみなしていた」。だが、「われらの父であるよりも、われらの暴君であることを、いやはっ

倒された偶像
作者不明
撮影フランス革命博物館、ヴィジル

フランスを表す女性像が、王衣を身にまとい、ルイ一六世の倒された胸像を粉砕しようとしている。彼女の背後では、国民衛兵、市民、サン=キュロットが、現王をもはや信頼していなくとも、君主政を最後の血の一滴が流れるまで守り抜くという意志を示している。

きり言えばわれらの処刑人であることを彼は選んだ。ああ、紳士諸君、われらの目からは血の涙が流れ、われらの心は張り裂けている」[26]。

君主政か共和政か?

六月下旬と七月初旬に証言を送ってきた集団のほとんどは、国民議会がいかに決定しようともそれに従うと約束しつつも、国王にいかに対処すべきかについては態度を鮮明にしなかった。だが、通信者の約四分の一は、さらに先へと踏み込んだ。[27] 彼らはひどく裏切られたと感じており、ルイの振る舞いはあまりに不埒千万であり、統治における責任を彼にはもう二度と任せることはできない、と。そして彼らは、彼に対して行動を起こすよう国民議会に強く求めた。この集団の約半数は、ルイを王座から降ろすか、国民の前で彼を裁判にかけるかせよ、と国民議会に促していたとはいえ、現在の憲法を堅持するつもりであるように見えた。[28] モントバンの町の指導者たちは、いかなる対応を取るべきかと長時間悩みに悩んだ。自分たちはまだ君主政という体制に愛着がある、と彼らは言った。だが、「法律を実行することを拒もうとする王の悪意、憲法が就かせた名誉ある地位を棄て、みずからが認可した法令を破り、最も尊重すべき誓約を踏みにじり、誓約破りの見本を全市民に示した逃亡者の王」に直面したとき、フランスはどうすることができるのか。「われわれの眼前にあるのは、まことに悲痛な光景である」と。最終的に、彼らは、王権を契約論にもとづいて解釈することによって、王が起訴から免れているという不可侵の特権を停止することを正当化した。「憲法を犯す君主は、みずからの権勢の資格が書き込まれている社会契約をみずからの手で破壊したのである」と。リモージュのジャコバン派は、より直接的な感情の論理に訴えた。「ルイ一六世は、フランス人の王座にもはや座すべきではない」と彼らは進言した。「というのも、いまや彼をさげすんでいる人々の心のなかで、彼はもう王ではないからである」。ナントでは、市民の集合団体が、イングランド議会がジェイムズ二世を退位させてウィリアムとメアリにすげ替えた一六八八年の名誉革命のフランス版を提案した。イギリス人はわれわれに教えた、と彼らは書いた。「自国の法律に忠実ではない国王を廃することは、君主政を転覆させることではない」と。[29]

にもかかわらず、そのような提案すべてから、数々の問題がたちどころに生じた。ナントの市民たちが提唱していると思われるように、国民議会そのものがルイは廃位されたとただ宣言することなどできるのだろうか。あるいは、おそらくはオルレアンに設けられた新しい破棄院において、まず正式に裁判にかけられるべきなのだろうか。そのような裁判所が国王は罪なしとした場合、どうなるのだろうか。また、国王が退位させられたとしても、誰がその座を占めるのだろうか。法の定める国王の継承者は幼少の王太子ルイ＝シャルルであるが、まだたった五歳であり、信頼できる摂政を選ぶことも難題であるように思えた。そうした摂政として最もふさわしい人物は、国王の縁者で、フランス革命に好意的なオルレアン公爵であっただろう。だが、多くの愛国派は、彼らがルイを信用していなかったのとほぼ同じくらい公爵を信用していなかった。おそらく、そのような難局にあっては、憲法そのものに修正を加えることが望ましいことなのだろう。現に、少数の通信者は、国王の権能をきびしく制限し、ブレストの役人たちが提案したように、「有名無実の権力」しか残さないようにするためのさまざまな方策を提案した。「ルイ一六世が失った信頼を回復するさまを見ることは、もうけっしてあるまい。世襲の王家を王座で眠らせたままにしておかねばならないとすれば、濫用できるほどの武器を王家にけっして与えてはならない」とリヨンの指導者たちは書いた。ある者たちは、

ルイ一六世の現状にぞっとするアンリ四世
作者不明
カルナヴァレ博物館　撮影アンドレアーニ、PMVP

善王アンリは己れの子孫が豚に変身しているのを見てぞっとしている。風刺画家は、国王が鯨飲するという評判をもとにして、ワインの樽の中で「恥辱を紛らわしている」さまを描いている。「六月二一日のワイン」、「貴族階級のワイン」の空瓶が地面に散らばっている。

法案に対する国王の拒否権を、「卑怯で不実な国王」が有していることなどありえない権力であるとして、廃することを示唆した。まためる者たちは、すべての実権を、立法府によって、もしくは人民によってさえ選出された閣僚からなる内閣にゆだね、フランスをイギリスの議会制度にさらに近づけていくようにと勧めた。「フランス国民は、君主政を温存するのであれば、人民が専制主義とその代理人の脅威からつねに護られるよう、その権能を抑制しなければならない」とディジョンのジャコバン派は書いた。[30]

だがフランスは、実際、君主政を維持すべきなのだろうか。明らかに、国中のかなりの数の集団が、ドルのクラブのように、論理の道筋における次なる段階へと進むことを真剣に考えていた。すなわち、「ゴルディオスの結び目を断ち切り」、君主政を撤廃することを、である。[31] 一八世紀のヨーロッパという文脈において、それは驚天動地の提案であり、フランスほど広大で人口の多い国にとって共和政は危険で非現実的である、というほぼすべての同時代の思想、すべての通念にまっこうから挑むものであった。そうした立場をとる覚悟があったのは、ほんのわずかな集団のみであった。そうした者たちは、共和政ローマにおける古典的英雄たちにしばしば霊感を求めながら、古典古代のレトリックを華々しく用い、ルイ一六世と体制全体を荒々しく糾弾することによって、みずからを正当化した。創成期の共和国であるアメリカについては、あまりにも田舎で、人口も希薄なので、フランスとは比較できないとみなされたのか、誰も言及しなかったように思える。

フランス南西部のサン゠クロードという小さい町の国民衛兵は、「フランス人の虐殺をとりしきるという恐ろしい計画を胸中に抱き」つつ、「己れの信頼、己れの栄光、己れの国を、外国の連中に売り渡し」ていた「野蛮な国王」を猛然と非難した。次いで彼らは、一二世紀にわたる「国王たちが王笏のもとで地を荒廃させた惨禍」を列挙したあげく、今日のタルクィニウスたち――ローマの最後の王たち――を打倒し、共和政を樹立せよ、と国民議会に強く求めた。近隣の町ニオールのクラブの会員たちは、契約論に訴えた。ルイ一六世は「国民と結んだ盟約に違反した。〔……〕彼は誓約を破ったがゆえに、協定は破棄され、国民はこれ以降、彼の政治生活を限定する疑う余地のない権利を有している」。「もしわれわれがタルクィニウスのような暴君らと闘わねばならないのであれば」と彼らはこう結論づけた。「真のフランス人はみな、ブルトゥスの誓約をすでに繰り返したことを思い出せ」――ブルトゥスは、王家の転覆を導いたローマの指導者である。「市民および同胞の諸君」とアラースの国民衛兵は高唱した。「運命の書がいまや開いた！　大いなる出来事は大いなる裏切りによって生み出されてきた。だが、ひそかにたくらまれた極悪非道な犯罪は、思いもよらぬ幸運をも生み出しうる。〔……〕われわれが国王を戴いていたことはもう忘れよう、そうすれば彼は過去の遺物となるであろう」。[32]

愛国派が、フランスの少数の田舎町で、そのような立場をいかにしてとるにいたったかは、はっきりとはわからない。クレルモン=フェランの場合は、コルドリエ・クラブとつながりがあったパリの愛国派マリ=ジャンヌ・ロランが、町の愛国派の指導者たちの一人に、共和政支持を醸成するための助言を定期的に送っていたことが知られている。[33] アラースとシャルトルにおける共和主義の擁護者たちは、それぞれ、地元選出議員であるロベスピエールとペチヨンの弁舌に影響されていたという可能性もないわけではない。だが、他の町の住民たちは、パリからの手紙や請願書が届くのを待たずに、独自でそのような立場をとったように思える。そして実際、君主政の廃棄のための地方における最も重要な霊感源は、パリからではなく、モンペリエからもたらされた。

地中海に近い、地方の小さい県都にして大学町でもあるモンペリエで、共和主義がいかに生じたかは深い謎に包まれている。未来の急進派の幾人かの署名がある一七八九年の陳情書において、町民たちは、国王をことのほか熱く支持しているさまを見せていた。[34] 君主政を廃そうという最初の動きは六月二七日に生じたが、それは、町がヴァレンヌでのルイの逮捕を知ったわずか一日後であり、パリから共和政支持を訴える請願書が届く前であったことは、ほぼ確実であった。その提案は、ジャック・ゴゲによって地元の愛国派のクラブに向けてなされた。彼は、モンペリエ大学医学部を卒業したばかりの二四歳の内科医であった。だがその提案は、地元の大半の指導者層によって、クラブのみならず、町、郡、そして県の行政官たちによっても、熱狂的に採用された。[35] 六月二九日に承認されたその最終版において、国民議会への請願は、しっかりと的確に論じられていた。現君主は「面目を失墜し、われわれは彼をあまりにも軽蔑しきっているので、彼を憎んだり恐れたりすることもできない。復讐の剣をふるうのは、裁判官にゆだねる。われわれが諸君に唯一求めるのは、今後フランス人が自分たち自身以外の国王をもたないようにすることである」とクラブの会員たちは論じた。そしてここでも、その要求は古典古代への言及によって強められていた。「われわれがローマ人となるために欠けているのは、国王たちを憎み、追放することのみである。最初に挙げた憎しみは、既成事実となっている。われわれは、第二に挙げた追放を諸君から待っている」。そして彼らは「今日、偏見はすべて打ち砕かれ、人民は啓蒙されている。世論は、国王という害悪から諸君がわれわれを解放することを許容し、求めている」と締めくくった。[36]

その請願はパリに送られ、七月六日にジャコバン派の前で読み上げられただけではなく、数十の写しが愛国派のクラブの全国網を通じて直接に流通した。請願を受け取ったところではどこでも、それは真剣で活気ある議論の的になったように思われる。ボルドーは、早くも七月二日にはそれを取りあげた。トゥルーズとエクス＝アン＝プロヴァンスは、それを七月四日と五日に読みあげた。七月一〇日までには、それは、国のはるか北東部にあるストラスブールにまで届いていた。フランス西部のポワチエは、その二日後に議論を始めた。その一方で、ヴァレンヌに近いバル＝ル＝デュクは七月一三日に、リモージュは七月一五日に、それを読みあげた。最終的に、その請願を全面的に支持したことがわかっているのは、五つのクラブだけである。[37]いくつかのクラブは、当初は強く支持したが、その後考えを改め、国民議会の決定を待つか、現国王は退けても君主政そのものは温存することを選んだ。だが、多数派がモンペリエの請願を拒否したときでさえ、共和政を擁護する強硬な少数派は次々と現れた。ポワチエでも、ボルドーでも、共和政支持派は持論を強力に主張したが、そうした共和政支持派は、国民議会から国王赦免の法令が到着して議論が打ち切られることがなければ、優勢となっていたかもしれない。[38]

服従というわれらの義務

国民議会の決定とシャン・ドゥ・マルスでの発砲の知らせは、濃密な政治的再評価の時期ににわかに終止符を打った。この新たな危機に直面して、地方のエリートたちは、七月に発せられた法令を固持すると、ほぼ例外なく確言した。これらの法令が集団デモや暴力の標的となったのは、パリ以外のところでは皆無であった。フランス革命を始動させ、いままでかくも多くの苦難を通して国民を成功裡に導いてきた議員たちは、地方の愛国派のあいだで、依然として多大な尊敬と名声を集めていた——パリの急進派とコルドリエ・クラブは、それを大いに不満としていたが。

にもかかわらず、きわめて多くの市民は、この重大な問題をめぐって明らかに苦悩していた。国民議会への手紙のなかで、町民や地方の行政官たちは、個々の議員たちの演説を読み、互いに比較し、入念に検討したうえで、それらの演説にしばしば言及した。ある町が言及していたのは「ロベスピエール、ヴァディエ、サル、デュポール、およびバルナーヴ」であった——これらの演説家たちの顔ぶれから、賛否両論がきちんと検討されていることがわかる。いくつかの集団は、みずからの論証の過程すべてを段階ごとに語り、危機に対する可能な解決策をすべて吟味し、実行不能と思われる解決策を消去したうえで、国民議会の最終的な決定に関する彼ら自身の考えを述べた。「厄介な問題が多すぎる！」とある小さい町の選挙人たちは、この未曾有の窮境を熟考しつつ書いた。「国王は有罪であるように見えるが、にもかかわらず法の上では不可侵性を有している。とすれば、いかにして彼を告発することができようか。いかにして彼を裁くことができようか[39]」

さらに、国民議会の決定を受け容れることは、国王を支持することとけっして同じではなかった。ルイに対する共感の表明は急落し続けており、危機の当初に書かれた手紙では三一パーセントであったが、空位期間には一七パーセントとなり、七月後半にはたった七パーセントになった。最後の頃には、「悪しき助言を受けた善王」という昔ながらの言い訳を口にする者はほとんどいなかった。ただ一通の手紙だけが――フランス中央部の小さい町から送られてきた――国王の「聖なる」特質に言及していた。たしかに、七月半ば以降に書かれた手紙のなかでルイをはっきりと非難していたのは、五分の一の手紙しかなかった。だが、ほぼ四分の三は、彼についていっさい言及していなかった[40]。多くの地方の指導者たちは、明らかに、「逃亡という悲しい事件を沈黙のヴェールで覆う」ことを選んだのだ。手紙の書き手の大多数にとって主たる目的は、国における最高権威、一般意志の至高の代表者であるとして、国民議会に改めて忠誠を誓うことにあった。議員たちはふたたび、「国の父たち」として、あるいはローマ人を範とする英雄であるとして、天に向かって讃えられた。地方の愛国派が過去にいかなる見解を抱いていたにせよ――彼らが繰り返し表明したように――、彼らはいまや国民議会に従うべき義務があると感じていた。「良き市民の義務は、服従である」。「だからわれわれが、その見本を示そう」とブルターニュ北部の町のジャコバン派は書いた。ほぼいたるところで、彼らの同胞は賛同した。「君たちは声を上げ、ひとつの叫びが国中に響きわたった。「それこそが法である」と。そう、われわれはすべて、法のためには死ぬ準備ができている」。国王に対してより強硬な措置をとるべきだという議論を彼らがそれまでしていたとしても、「一般意志」はいまや国民議会によって決定されてきているため、「以前は過ちですんだ意見が、いまや犯罪となるであろう」[41]。

政治状況や国民議会の決定にあえて論評を加えている場合も、ほとんどの通信者たちは、君主や君主政への愛よりも、共和政への恐怖や共和主義者たちによるパリでの「煽動的な」活動への怒りについてはるかに多くを語った。彼らは、共和政はフランスでは実際的ではなくうまくいかないだろう、という国民議会そのものでなされた議論——それらの議論の多くは、モンテスキューからルソーまでのさまざまな哲学者に由来していた——に繰り返し立ち戻った。そうした政府は、スイスにおける自治州や古代ギリシアのような小さい都市国家ではおそらく実現可能だろう。だが、大きい国家では、瓦解と混沌を容易に引き起こしうるだろう。「この帝国はあまりにも広大すぎて、共和国にすることなどできはしない。遅かれ早かれ、その分割が近隣列強によって渇望されることになろう」。共和政を提案している者たちは、「経験から得られる学びも、不都合な結果も、歴史がもたらす教訓も、フランスの風習、人口、地理、人心という事実も、何ひとつとして」考慮していない。「莫大な人口という負荷がかかっている国においては、王権という梃子によって——アルキメデスさながらに——そこを支点にして膨大な国土全体を動かすことができるような統一の中心、単一の場としての行政の最高権威がなくてはならない、とわれわれは信じる」[42]。

多くのフランス市民は、国民議会が君主政に干渉しようとすればフランスに混沌が生じうるのではないかと恐れているように見えた。ほとんどの場合、パリ市民の抗議運動は、地方では明らかに否定的に捉えられていた。パリの群衆の暴動への言及は多々あり、これは、単一の中心的権威が不在のまま権力を人民の手にゆだねることの危険を歴然と示したと思われる出来事であるとされた。「われわれは、四〇〇〇〇人のパリ市民の請願に憤りで身が震えた」。「われわれの心は不安でいっぱいだった。不適切にも「国民の声」と呼ばれている、この騒然とした群衆の圧力のもとで、諸君が原則を犠牲にすることを強いられるかもしれないと、われわれは恐れた」。「無秩序という深淵」、「最も恐ろしい災厄」、「迷える民衆の狂乱」に対する数え切れないほどの非難があった。[43] 首都における抗議活動は、憲法の打倒を画策する反革命家か外国勢力によって煽動されているという議員たちの疑念を、多くの地方人たちも抱いていた。「そのような陰謀家たちは、愛国主義の仮面のもとに隠れて、不和という毒にわれわれを感染させることだけを目論んでいる」。「放縦と無秩序」は、「怪物ども」によって、「裏切り者や宣誓拒否司祭」によって、「憲法を転覆し、国民を混沌へと追いやるために、愛国主義のマントで身を隠す」国家の敵たちによって、助長されてきた、と。[44]

地方から手紙を送ってきた集団のほんの少数――おそらくは八分の一ほど――が、国民議会の決定に従うことを最終的には納得しているにせよ、その決定にかならずしも満足しているわけではない、とほのめかしていた。[45] 場合によっては、地方の市民たちは、当初は法令に反対したが、議論を注意深く読んだ後にようやく賛成に回った、ということもあった。「もしわれわれが自分の心に従っていたら、国王に不利な行動をとるという決定がなされたことは疑いなかった。だが立法府は、普通の人間ならばやすやすと屈するこのような感情の動きに抵抗せざるをえないのだ」とある役人集団は無邪気なほどの率直さをもって書いた。とどのつまり、国民議会は、立憲君主政こそが「大帝国の維持のために必要な活力と統一を維持し、徒党が乗り越えられない堤防を築いて徒党の影響を防ぐ」ことができる唯一の体制であると彼らを納得させたのであった。別の市民集団も同意した。「われわれはみな、われわれの愛と信頼に対して、国王が最も神聖な誓約を破る犯罪によって応えた後、国民の裁判所がその犯罪を裁くことを望んだ」。だが国民議会は、「目下の斟酌に捉われることなく、このとりとめもない情熱を消し去り、七月一五日の法令を通じて国民の基本法に関する新たな宣言を発出した」。ボルドー近くの小村の指導者たちの物言いは、さらに露骨であった。「その法令は諸君の奉じる原理にはそぐわないと思ったので、われわれは初め、その法令には賛同できなかった」。だが、長い熟慮のすえ、彼らは、「内戦と対外戦争のあらゆる恐怖にさらされるよりも、ろくでなしで不実な国王を相手にするほうが良い」と結論づけたのであった。[46]

国民議会の決定については深い懐疑を抱いていると強調しつつも、法律は尊重すると宣言した者たちもいた。ブルターニュの海港であるブレストの役人たちの見解によれば、この国はいまや、「逃亡と宣言書によって、われわれの最大の敵であることが明らかになった人間」の手にゆだねられることになるのであった。ブルターニュの別の町は、「法律によってそうせよと命じられているという、ただそれだけの理由で」ルイを自分たちの国王として受け容れることに同意した。また、モンペリエの指導者たちは、共和政を熱心に後押ししていたが、いささかの皮肉を込めて議会の法令を受け容れた。「社会においては、人間は、いくつかの鎖のうちのどれかを選ぶしかない」と彼らは考えた。現在の状況では、「法という名誉あるくびきのもとに」身を置くという選択肢しかなかったのだ。少数の集団は、国民議会の法令を支持するには条件があり、国王の立派な振る舞いにかかっていると明言した。彼らはルイを、「憲法を維持するためにその全権力を用いるかぎりにおいてのみ」、そしてまた、国王は「人民に奉仕するために存在しているのであり、その逆ではない」ことを彼が認識するかぎりにおいてのみ、受け容れよう、と。また、一握りの人々は国民議会を厳しく批判した。ペリグーのジャコバン派は、最近発せられた法令が「良心の叫びと国民の一般意志に適っている」とはとても思えなかった。彼らは議員たちに、「諸君が人民の意志を行使する機関にすぎないこと」を肝に銘じておくようにと警告した。この先その意に従ってほしいと望むのであれば、人民の「信頼をあまねく保つこと」の重要性を忘れてはならない、と。実際、応答したほぼ数十の集団が、国民議会がみずからを一新することに即刻着手する場合にのみ、その法令を受容することに同意した。議員らが帰郷し、自分たちの議席を他の人々に明け渡す潮時である。さもなければ、とある町はあからさまにこう警告した。「諸君のふんばりは、居座りであると誤解されかねない」[47]。

ルイ一六世のヴァレンヌへの逃亡は、フランスの地方社会をその根幹から震撼させた。空位期間が終わる頃までには、激しい議論を経て、世論は現君主を批判する方向へときっぱりと舵を切っていた。パリから発信されるのと少なくとも同じくらい荒々しい言説が、国中に広まっていた。ごく少数の町だけが、国王の廃位や共和政創出の支持を集団として打ち出していたが、そのような立場に転じる個々の人々が出現し、王国のほぼすべての地域でみずからの見解を声高に主張した。いたるところで、人々はそのような考えについて議論し、政府の土台に根本的な変化が生じうる可能性について検討した――そのような変化が大多数によって最終的に拒否されたときでさえも、そうだった。支持声明を送ってきたすべての集団の大半が、暗示的にせよ明示的にせよ、議員たちの決定に従う覚悟があること――たとえその決定が議会そのものに恒久的な権力を与えるものであっても――を示した。実際、国民議会が六月二一日に王権を停止したことを非難する手紙はひとつとしてなかった。一四ヶ月後、新しい国民公会は共和政を創設することになるが、そのときにはすでに、パリにおいてと同じく地方においても、きわめて多くのフランス人が、現在の国王なしに、そしておそらく国王などまったくなしにフランスで生活する可能性について思案していたことになろう。

第八章　その後の数ヶ月と数年間

フランスの地方の男たちや女たちが国王の運命を論じることにけりをつけつつあるとき、パリ市は弾圧の波に飲み込まれようとしていた。シャン・ドゥ・マルスでの発砲後は一週間以上も、戒厳令の赤旗が市庁舎の上にひるがえり続けた。国民議会を牛耳っている穏健な愛国派は、共和主義者の「問題分子」とみなされている者たちすべてを執拗に攻撃した。弾圧を強化するため、議員たちは、騒乱を禁じる新しい法令を大急ぎで可決した。発言や著作を通じて暴力を煽動したと考えられた者には、誰であれ厳しい処罰が科せられた。その法令は、七月一七日のデモのあいだとそれ以前になされた行為を対象として、遡及的に効力を有するよう作成されてさえいた。(1) その作成に関与したこの同じ立法者たちの多くは、ほんの三日前、国王に対して提案された遡及的処罰が違法であると主張したばかりであった。

〔シャン・ドゥ・マルス事件の〕捜査は、正式には自治体裁判所とパリ市警察によって指揮されていたが、国民議会の調査委員会および報告委員会の監督下にあった。シャン・ドゥ・マルスの事件から数日のうちには、二〇〇〇人以上の人々が、国民衛兵に投石をしたり暴言を吐いたりしたために、あるいは他のさまざまな「犯罪」のために、投獄されていた。政府はまた、共和主義の指導者たち、友愛協会の主要な演説家たち、いくつかの急進的な新聞の編集者たち——マラ、ダントン、デムラン、ケラリオ、ロベールといった人々——

を追跡した。[2] そして、国王逃亡の危機に直面した多くの地方役人たちと同様、国民議会やパリの指導者たちは、つい最近制定されたばかりの法律をなんの痛痒も覚えず踏みにじった。彼らは、出版社と政治クラブを閉鎖せよと国民衛兵や警察に命じ、絶対王政が崩壊して以後初めて、限定的な出版検閲を課した。彼らはまた、アンシャン・レジーム以後ほぼすたれていた、警察の秘密情報提供者制度を復活させた。男たちが放たれ、酒場や街の隅々で交わされる私的な会話を立ち聞きし、政府に対する攻撃が目論まれていないかと耳をすませた。彼らは、市勢調査という口実のもとで、市の密偵をパリ中の住居に派遣し、不審な個人や文書を捜索させた。投獄や告発は、八月に入ってもかなりのあいだ続いていた。多くの人々が、裁判官の顔を見ることも、逮捕理由を告げられることすらなく、何週間も独房に入れられていると訴えた。捜査をおこなう委員会の委員長の一人であるコション・ドゥ・ラパランは、そうした行為がいかなる論理でなされているかを率直に語った。「尋常ならざる危機の時期においては、国家の存亡がかかっているときには、違法逮捕は正当化される」と彼はシャルル・ラメトの言葉を繰り返しながら主張した。[3]

フランス革命に対する陰謀がひそかに、かつ広範に組織されてきたといまや考えられていたため、弾圧はよりいっそう当然のことのように思えた。シャン・ドゥ・マルスの請願者たちが主権を有する国民議会が発した法令に自発的に反対することは、ただたんにありえなかった、あるいは、ありえないのだと穏健派はみずからを納得させようとしていた。彼らは外部の者たちによって堕落させられたか、誤った方向に導かれたかに違いない。議員たちはフランス革命の当初から同様の非難をしてきたが、ほとんどの者たちは、出来事を陰謀によって説明することに長いあいだ抵抗していた。一七九〇年の後半に、ゴチエ議員は、実際はまったく現実のものとならなかったが、暴動が起きるという最近の予言について思うところを記した。「私はそうしたものに信を置いたことは一度もない。それに、そうした信念にはなんの根拠もないことはとにかくわかっている。［……］いかに真実に反していようとも、［陰謀の］危険にさらされていると民衆に告知することほど、民衆のあいだに確実に恐怖をかき立てる手段はない」と彼は書いた。だがいまや、ほぼすべての議員たちが、陰謀論にとり憑かれているように見えた。演説のなかばかりか、友人や選挙人に宛てた故郷への手紙のなかでも、彼らは狡猾な反革命の陰謀や外国勢力が供給する資金について語った。「パリは、金で雇われた外国のスパイの大群によって影響されてきた」。「プロイセンとイギリスの金が、庶民のあまり啓蒙されていない層を腐敗させるため、首都で広く出回ってきた」。穏健派のなかには、国民議会におけるより急進的な敵対者たち――ロベスピエール、ペチヨン、その他の人々――がそうしたスパイに雇われていると思い込んでいる者たちさえいた。(4)

スパイがパリに存在していたことに疑う余地はないが、一七九一年夏には、外国の密偵と共和主義者の騒乱とを関連づける確たる証拠は何も見つかっていなかった。必然的に、すべての層のパリ住民が、国民議会の行動と解釈の双方に猛然と反発した。マリ＝ジャンヌ・ロランとその夫は、ケラリオとロベールを警察からひそかにかくまっていたが、事のなりゆきに激怒し、苛立っていた。「人を惑わす文書、人々を煽動する、いい、いい、ための密使、あらゆる種類の偏見、捏造された証言」を含むありとあらゆる手管が、愛国派の評判を汚すため、「良き愛国派に対する迫害装置」全般のなかで用いられた、と彼女は書いた。かのアメリカ人ウィリアム・ショートも深く衝撃を受けた。「自由の真の原理が、公安という長きにわたって用いられてきた口実のもとで、日々公然と侵されている。人身保護令状は有名無実であり……無実の者を監獄から出すのは困難である」と彼はジェファソンに書いた。(5) 共和主義者たちの多くも、同様に、国民議会における自分たちの敵対者は貴族か外国政府によって操られている、と信じるようになっていた。

パリのすべての界隈が、この件でいまや二極化し、シャン・ドゥ・マルスのデモ参加者に共感する者たちと弾圧を支持する者たちに分裂した。たとえばサン＝マルセル街では、七月一七日の請願者たちに発砲したことが知られている国民衛兵隊に属する複数の個人が唾を吐きかけられたり攻撃されたりしたうえ、住居を損壊されそうになった。パリの二人の主要指導者であるバイイ市長とラファイエット将軍は、市民の大半の層によって賞讃された。だが、他の者たちにとって、「彼らはこよなく激しい憎しみの的となった」[6]。その対立を劇的に示していたのが、パリのジャコバン・クラブを二分した激しい分断である。危機のさなかに、クラブに出席していたほぼすべての議員たちが、この協会は国王の廃位を望む御しがたいよそ者たちにいまや牛耳られていると主張して、議論の場から出て行った。当初は、ペチヨンとロベスピエールを含むほんの一握りの議員たちが、協会に忠実な会員たちとともにとどまっているだけであった。夏のあいだに、六〇人ほどの急進派が国民議会から少しずつクラブに戻ってきた。だが、主にバルナーヴとラメト兄弟に率いられた離脱者たちのより大きい集団は、ジャコバン・クラブのまさに筋向かいの、廃院となったフイヤン修道院に、ライバルとなるクラブを設立した。彼らは、和解を図るいっさいの努力を拒んだ。続く数ヶ月間、ジャコバン派とフイヤン派の二つのクラブは、しだいに激化する抗争のなかで、パリのみならず全土にわたって権力と影響力を求めて競い合った。その夏のあいだ、王国中の町々で開かれていた新しい立法府のための選挙集会の多くで際立っていたのは、ジャコバン派とフイヤン派の地元支持者たちのあいだの対立であった[7]。

幸福と国民的統一という新しい時代が手の届くところにあると愛国派が確信していたフランス革命初期の輝かしい日々は、遠い記憶でしかないようにいまや見えた。国王の逃亡とそれに続く共和主義の運動をきっかけに、パリは疑惑と憎悪の空気に飲み込まれた。同じ目標を分かちあっているとかつては思っていた男たちや女たちが、反革命家や外国列強と背信の絆を結んでいるとして、いまや互いを非難しあっていた。競合する二つのクラブの会員たちは、対立する党派の人々とは、かつては親しい友人であった人々にせよ、人前で一緒にいるところを見られるのを恐れた。南フランス出身のプロテスタントの牧師で憲法委員会の主要人物であったラボ・サン゠テチエンヌは、国王と——あるいはイギリス人やオーストリア人と——共謀していると自分自身が非難される羽目になって、焦燥感に打ちのめされた。同僚たちの多くのように、彼は、右派と左派から、すなわち、ゴチエの言葉によれば、一方の側には「秩序破壊をもくろむ」急進派、他方の側には「ルイ一六世の偽善的な友人たちと不実な宗教的熱狂者たち」がいて、その双方に包囲され、攻撃されていると感じた。テオドール・ヴェルニエは、「剣がいまや、われらの頭上に吊るされている」かのように感じた。そのような状況のもと、議員たちの疲労と無気力は、かつてないほど悪化するばかりであった。「終えたいと焦れるわれわれの思いはどれほどのものだったのか、誰も言葉にすることさえできないだろう」。「議員たちの大多数は、［議会を］去っていくことができる瞬間のことしか念頭にない。われわれはここで惨めな生活を送っている。そんな生活はすぐに終わらなければならない。もうこれ以上もちこたえられないであろう」とブシェットはフランドルの友人の一人に嘆いた。(8)

王ふたたび

憲法の草案作成に長い時間を費やしていることに——いまや二年を優に超えていた——公衆の苛立ちが募っていると感じたので、議員たちは、できるかぎり早く自分たちの仕事を終わらせるべく急いだ。強力な憲法委員会とそれに付随する改正委員会は、数ヶ月にわたって作業を続け、フランス革命が始まって以来むやみに可決された大量の法令を分類し、どの施策が真に「憲法に適う」もので、どれがたんなる「法律」でしかないのかを見定めようと努めた。だがすべての行程は、国民議会内部の熾烈な党派争いによって、何週間も長引いていた。〔憲法委員会と改正委員会という〕二つの委員会を主導していたフイヤン派は、共和主義者がもたらす危険は君主政が潜在的にもちうる脅威よりはるかに大きいと信じるようになっていた。六月下旬このかた、バルナーヴ、デュポールおよびラメト兄弟は、国王との秘密交渉を再開していた。ヴァレンヌからの帰路の旅で国王一家に付き添っているとき、王妃と二人だけになった瞬間を捉えて、バルナーヴは取り引きをもちかけていた。自分と自分の友人たちは、君主政を温存し、国王の権威を強化するために全力を尽くすことを約束する。見返りとして求めることはただひとつ、ルイが憲法を受け容れ、オーストリア帝国からフランス新政府の認知を取りつけることである、と。[9]

だが、フイヤン派が、憲法の修正点を押し通そうと試み、国王の権力を強化し民主主義を制限しようとするにつれて、彼らはすべての段階で、ペチヨン、ロベスピエール、ジャコバン派によって強く反対された。またジャコバン派は、いまや予期せぬ味方を見出していた。右派にも左派にも属さない議会の中道派がこぞって、バルナーヴとその一派の動機を不審に思いはじめたのである。ポワトゥ選出の穏健派の裁判官チボドーは、フイヤン派の指導者たちは新政府のもとで大臣になりたいだけだと確信していた。「われわれは、かつてはつねに立派な愛国派と思われていた男たちによってなされたすべての提案に対して疑惑を抱くようになった。いまや彼らは陰謀家であり、野心家であることがわかったのだ」。かつてはきわめて強硬に民主主義を支持しているように見えた人々が、唐突に立場をひるがえしたことに愕然とした者もいた。[10] 最終的に、二つの党派とそれぞれの盟友たちの勝負は引き分けとなり、最初に可決された憲法にはわずかな数の修正しか加えられなかった。

ついに、九月三日、闘争によって疲労困憊しながらも、代表たちは最終的な合意に達し、憲法の完成が宣言された。その晩の九時頃、二〇〇人を超える議員団が、松明を掲げ、徒歩や騎乗の国民衛兵たちにともなわれて行進し、チュイルリ宮殿で国王に文書を渡した。ルイは大臣たちを脇に従え、顧問会議に用いている大広間で彼らを出迎え、憲法を吟味させていただこうと告げた。誰もがわかっていた。もしルイが憲法を拒絶すれば、国民議会は彼を王座から降ろし、定められた王位継承者である幼い王太子の名のもとに摂政を立てるという厄介な問題に対処しなければならないだろう、と。「国王が国民の味方であるか敵であるかが、いよいよわかるときが来た。すべてが彼の決断にかかっている」とブシェットは書いた(11)。

議員たちが待ち緊張が高まっていくなか、ルイは憲法の内容に注意深く目を通し、みずからの選択肢について熟慮した。彼は、二〇〇人以上の貴族と聖職者の議員たち、六月下旬このかた国民議会でのすべての審議への出席を拒否してきたこれらの議員たちは、すでにこの文書を拒否していたことを十分に承知していた。だがついに、九月一三日、憲法をまことと私は受諾する、と彼は宣言した。その翌日、彼は、署名し忠誠の宣誓をするために国民議会に姿を現した。彼はまた、みずからの立場を説明する声明文を出した。その声明文は、実際は彼の大臣たちのうちの一人によって書かれていたが、彼自身の言葉を伝えているかのようにルイの署名がなされていた。そのなかで、彼はふたたび、ヴァレンヌへの逃亡について説明を試みた。六月二一日の宣言書——それは彼自身が書いたものである——にはいっさい触れず、パリの徒党や暴力を逃れたかっただけである、と主張した。「私は、あらゆる党派から自分自身を切り離し、国民の希望は本当はなんなのかを知りたいと願った」と彼は言った。新政府が「フランスほどの巨大な国の多様な部分を支配し統合するために必要なすべての活力」を有するかどうか、まだ納得はしていないと彼は認めた。だが、それを試してみるのにやぶさかではない、と宣言した。「やってみなければ、それがうまくいくかどうかを判断できないだろうと私は思う」。それに彼は、憲法を施行するために全力を尽くすという誓約をしたのである。「私はそれを受諾する」と彼は約束した。「そして私は、それが実施されることを保証する」[12]。

と同時に――ルイ自身の発案によるものか、あるいは彼の大臣たちが促したためなのか――、国王は、フランス革命に関連する行為によって有罪判決を受けたり、起訴されたりした者たち全員に大赦を与えることを提案した。「憎しみを消滅させ、この種の革命がかならずや生み出す不幸を和らげるために、心を合わせて過去を忘れようではないか」。大喝采をもって、国民議会は国王の提案を即座に承認した。そして国中で、裁判を待っている者も、すでに有罪を宣告された者も分け隔てなく、あらゆる種類の政治犯たちに牢獄の扉が開かれた。国王の逃亡に関与したとされた者たちとともに、共和主義の急進派、反革命の貴族、宣誓拒否司祭――これらすべての者たちが即刻自由を与えられた。ほぼ三ヶ月ぶりに、国王救出という「崇高な陰謀」の立役者であるショワズール公爵、ゴグラ、ダマは、監房を出ることを許された[13]。その後すぐ、三人はみな、ライン川の向こうの亡命者の軍隊に加わるために旅立った。

ルイも、立憲君主政の「行政権の長」としての役割を担うべく、行動の自由を許された。国王夫妻はそれまで何週間も宮殿に幽閉されていた。昼夜を分かたず警護され、会見が許される人々の数は厳しく制限され、身支度をするとき以外は私室の扉を閉めることすら禁じられた。外国の大使たちは、外務大臣が一緒でなければ、国王といっさい接触することができなかった。にもかかわらず、いまや君主は「通常の」生活を再開し、首都を自由に動きまわることが許された。彼は、憲法の完成を祝う一週間にわたる祝賀行事のいくつか――楽隊演奏会、踊り、花火、夜間のイルミネーション――に顔を見せた。市中を移動しているとき、いくつかの報告によれば、彼は、歓呼と彼が愛してやまない「国王万歳」という叫びに迎えられたとされる。それとほぼ同じ頃、国民議会は、すべての役人と将校が宣誓することを求められている正式な忠誠の誓約に、国王という語をふたたび挿入することを、投票により決議した。(14) 九月の終わり、「行政権」は元の状態に収まり、国民議会は正式に解散した。発足してから二年三ヶ月、国民議会は、まったく新しい議員集団、すなわち、選出されたばかりの立法議会議員たちにその権力を譲り渡した。少なくとも理論上、フランス革命は終わった。少なくとも理論上では、国王の逃亡は許され、忘れられた。

だが忘れることなど、本当にできるものであろうか。ルイはいまや憲法を護持すると厳粛に誓っているが、ほんの数週間前、彼は同じ憲法に対する以前の誓約を一方的に反故にしたのだ。同じ手は繰り返さないだろうと考えうる理由はどこにあるのか。国中のフランス人の男女と同様、代表たちもこの問題をめぐって苦悩した。多くの人々は、国王がついに態度を改め、ゲームの規則に従うことを心から受け容れた、といまや信じていたし、信じたいと思っていた。ブルターニュ選出の議員であるルジャンドルによれば、国民議会は「辛い経験という学校で啓蒙された国王は、憲法を喜んで受け容れ、大切にするだろう、といまや確信するにいたった」。彼の同僚のヴェルニエも同意した。「大いなる熟慮の末、われわれは、国王がきわめて誠実であるとあくまでも考え続けている」。だが、すべての議員がこのように楽観視していたわけではなかった。チボドーは、君主をふたたび取り巻くように見えた貴族たちが邪悪な影響を及ぼすという思いを拭えなかった。彼らは、王にこう言っている。「さあ、憲法を受け容れてください。それで、時勢が変わったら、そうせよと強いられ、なんら選択肢がなかったと抗弁すればよいのです」と。フォルコンも、君主が「守る気がまったくない約束をすることによって、またも偽りの誓約をしたかもしれない」と思い案じた。辛辣なアベ・ランデは、ほぼ同じ結論に達した。「国王は、憲法を支持すると誓った。それが好都合であるかぎりでのみ、その誓いを守るだろう」[15]。議員たちは、それに続く数週間のあいだ広く流通した国王の風刺画を、容易に理解することができただろう。ルイは、二つの顔をもつヤヌスのような姿で描かれていた。ひとつの顔は、議員のほうを満足気に見て、「憲法を支持する」と宣言している。もう一方の顔は、亡命司祭をじっと見つめて、「憲法を破棄する」と告げている。

そのような疑惑には、十分すぎるほどの根拠があった。国王も王妃もともに、誠実を標榜していたにもかかわらず、逃亡未遂後も、以前と変わらず表裏相反する行動をとっていた。彼らは、ヨーロッパの君主たちとの秘密通信をすみやかに再開し、憲法支持という公的な言明を内輪では否定していた。この点について、マリ＝アントワネットの行為はとりわけ注目に値する。王妃が、ヴァレンヌからの帰路の旅でのバルナーヴとの議論を、そもそも真剣に受け止めていたかどうかは判断しがたい。続く数週間にわたって、彼女は、グルノーブル出身のその若い議員とひそかに会い続けた。王妃は、手練れの宮廷人の手管をすべて用いて、みずからの率直さと誠実さ、みずからの大義に寄せる彼の共感に対する深い感謝を優雅に申し立てながら、彼を導いていった。その一方で幾度となく、彼女は、暗号で書かれた手紙――フェルセンやオーストリア大使や兄の皇帝に宛てた――を、自分がバルナーヴに言ったことをことごとく否定する手紙をひそかに送っていた。彼女は、逃亡が未遂に終わった後に国王一家が受けた数々の「侮辱」に憤激し、議員たちを「獣」、「ならず者」、「狂人」と糾弾した。また、憲法全体が「実行不可能で馬鹿げたものの連続」でしかないと非難した[16]。

そして、王妃に劣らず、国王も欺瞞的な振る舞いを続けていた。自らの逃亡が失敗したほんの数週間後、ルイは、自筆の短信をオーストリア皇帝のもとにどうにかこっそり送ることに成功した。遺憾である、と彼は述べた。六月二一日に「自由を取り戻し」、「国のために最善の利益を心から願うフランス人たちに加わる」ことができなかったのは、と。彼はずっと、自分自身を己れの運命に翻弄されている囚人のように感じており、義兄にこの事実を知ってほしかった。そして初めて、オーストリア皇帝に「国王とフランス王国を助けに来てほしい」と懇願した。[17] それは、軍事的介入を希望するという強い意味合いを含んでいた。九月までには、おそらくはいつもの優柔不断に悩まされていたが、彼は自分の見解をいささか変化させたようである。亡命中の二人の弟たちに宛てた秘密の手紙のなかで、彼は、最善の策は待つこと、そしてそれ自体の不合理によって革命的な政府が瓦解するに任せることであると主張した。彼は二人の王弟に、戦争を煽らないようにと勧告したが、それは、そのような行為が国にもたらしうる結果を恐れてのことであった。だが、彼はまた、「人間の権利」という観念自体が「まったくの狂気の沙汰」で

ヤヌスとしての国王
作者不明
撮影フランス革命博物館、ヴィジル

国王は、憲法を支持することを約束すると同時に、落下しかかっている王冠によって憲法を破棄することも約束している。

あるという確信を表明してもいた。平民のなかに「自然が定めた身分からのし上がりたいと望む」者がいまやいるにせよ、自分自身と貴族との紐帯は、「わが王冠のなかで最も古く最も美しい宝石である」と彼はまだ信じていた。(18)

いずれにせよ、一七九一年一二月までには、国王はふたたび方針をひるがえしたように見える。亡命中の「外務大臣」であるブルトゥイユ男爵に宛てた手紙のなかで、彼は「軍隊によって支援された、ヨーロッパの主要列強による会議」を立ち上げるように勧めた。これは、「より望ましい状況をふたたび打ち立て、わが国を苦しめている害悪がヨーロッパの他の諸国に及ばないことを保証するため」の最善の方法であろう、と彼は信じていた。いまや、彼は、戦争への道徳的なためらいをすっかり棄ててしまったようであった。護持することをみずから誓った憲法を変えるため、列強による直接介入を強く求めているように見えた。(19)

一七九二年の初頭は、そのような状況であった。別の時代、別の場所であれば、ルイ一六世は、平和のうちに治世を全うしていたかもしれない。後世の人々から平均以上の国王だと評価されてさえいたかもしれない。彼は、疑う余地なく、己れの人民のために最善を望んでいた。未曾有の規模の財政危機に追い立てられ、もちまえの定めない気まぐれな流儀で、彼は己れの政府の大改革を試みていた。「国民のために、これほど多くのことをした国王はいない」と一七八九年六月二三日、彼は国民議会の前で心から宣言していた。だが、この演説がなされたときまでには、彼の改革のヴィジョンと彼が語りかけた愛国派のヴィジョンはすでにはっきりと異なっていた。実際、「市民王」の神話がかくも長く生き永らえていたのは、愛国派の側に願望的思考があり、国王の側に欺瞞があったからにほかならない。いまや、もろもろの出来事の圧力によって、また王妃の影響のもとで、ルイは、みずからの支配権は神から授けられたものであり、社会は階層的で本質的に不平等な性質をもっているという見解を含め、子どもの頃から教え込まれた価値観にすがりついた。それは、フランス革命の男たちや女たちとの衝突が避けられない道筋に彼を置くヴィジョンであった。

恐怖政治とそれ以降

フランス革命においてその後続いた年月は、フランスにとって、あるいはこの物語に登場した人物の多くにとって、優しくはないであろう。一七八九年の男たちが二年以上も苦闘して完成させ、「世界のすべての国民にとって手本となる」ことを望んだ憲法は、一一ヶ月しか存続しないだろう。[20] その憲法によって設立された新しい立法議会は、ジャコバン派とフイヤン派の熾烈な闘争によって、初めから深く分裂していた。これらの「立法者たち」は、第一世代の議員たちにもまして、ルイが亡命貴族と宣誓拒否聖職者を断罪する法令に拒否権を行使した後はとりわけ、国王の側が裏切るのではないかという疑念にとり憑かれていた。王妃のまわりに組織された秘密の「オーストリア委員会」が新体制を内部からむしばんでいるという噂——実際、あながち的外れではない噂——は依然として流れていた。[21] そうした恐怖は、一七九一年八月にドイツのピルニッツ城で署名された共同合意によってさらに強まった。ここにおいて、王妃の兄レオポルトは——おそらく、いくぶんかはルイの必死の訴えに応えて——、武力を用いてフランスの君主政を「復活させる」よう、全ヨーロッパ列強に強く求めた。議員たちは、フランス宮廷とひそかに通じている外国勢力によってたくらまれる陰謀を恐れ、フランス革命の理想をヨーロッパ中に広めるための一大改革運動を力説するジャック・ブリソらの熱弁に奮い立ち、一七九二年四月、オーストリアに宣戦布告した。すぐに彼らは、プロイセンとの戦いにも巻き込まれることになった。立法議会は、このように、前議員たちが回避したいとあれほど願ったまさにその戦争に、国をあげて突入していったのである。

当初、戦況はフランス人にとって思わしくなかった。一七九二年の夏までには、ヴァレンヌの時に誰もが恐れた侵攻が現実のものとなっていた。プロイセンとオーストリアの軍隊がフランスの防御柵をなす要塞各所を突破して、ヴェルダンとヴァレンヌそのものを占領し、パリに向かってゆっくりとした、規律正しい行軍を始めた。ドイツ軍の接近に直面し、国王の裏切りをかつてないほど確信したパリ市民は、その年の八月に蜂起し、まぎれもない第二の革命が起こった。一七九一年七月に共和主義者たちによって最初に唱道された理念をふまえ、その運動に参加していた当の男女の多くに叱咤されて、パリ市民と地方から来た国民衛兵は、君主政に対する一斉蜂起を先導した。八月一〇日、ルイとその家族はチュイルリ宮殿を逃れざるをえなくなった。宮殿は暴徒らによって急襲され、血なまぐさい衝突によって、パリ市の中心部で一〇〇〇人近くの人々が死んだ。この第二の革命は、民主主義の新たなうねりをもたらし、フランス人男性のほぼ全員が、財産の多寡にかかわらず、投票権と公職に就く権利をいまや与えられた。六週間後、急遽成立した国民公会は、正式に国王を廃位し、一七九二年九月二一日、フランス第一共和政が樹立された。

新しい共和政にとって幸運なことに、フランス軍はなんとかもちこたえた。国王逃亡のときに発揮された国家主義的熱狂と自信を支えにして、彼らは、ドゥルエが最初に国王に気づいたサント＝ムヌーからほんの数マイルしか離れていないヴァルミでの戦いでプロイセン軍を阻止した。やがて、それらと同じ軍隊が、西ヨーロッパ全域を侵略し「解放」するために、フランス国境を越えて進軍していくことになろう。だが、続く数年のあいだ、国民は、脅迫観念的な疑念、同胞相食む内紛、無政府状態に近い状態に次々と見舞われることになろう。国の広範囲にわたって内乱や農民蜂起が勃発し、ヨーロッパのほとんどがフランス人に対して戦陣を組み、急進派のサン＝キュロットが経済状況の改善と敵に対する復讐を叫ぶなかで、共和国政府は、一七九一年のときよりもはるかに大がかりな弾圧に乗り出した。その嵐が終わるまでには、約一八〇〇〇人のあらゆる社会集団の男女が裁判をへて処刑され、さらに幾万もの人々が、内戦や公的な手続きをへない報復によって殺されることになろう。

すべての処刑のうちで、ルイ一六世自身の処刑ほど劇的で重大なものは他にあるまい。一七九二年の最後の数週間、数ヶ月の幽閉の後、国王は国民公会において裁判にかけられた。この審理を通じて、国王と弁護士たちは、一七九一年の憲法は王に訴追免責を保証しており、憲法が制定される以前には、王の行動を規制する正式な法律は存在していなかった、と主張した。ルイは、ヴァレンヌへの逃亡をただの「旅行」にすぎないと言い続けた。そして、フランス人の血を流した責任は国王にあると示唆されると、それをことごとく雄弁に否定した。「私がつねに示してきた、人民を愛しているという数々の証拠」は、すべての人にとって明らかであるはずだ。「自分をとがめるべきことは、何ひとつしていない」。だが、裁判が始まる少し前、革命家たちは、チュイルリ宮殿の木造細工の背後に隠されていた、国王の私的文書という隠匿物を含む秘密金庫を発見していた。これらの文書の多くはルイ自身の手によって書かれており、国王の過去の欺瞞や嘘、フランス革命を阻止し妨害しようとする数々の試み、ある特定の反革命家たちとの共謀を示す大量の証拠を提供することとなった。[22] 国王に対して正式になされた告発のほとんどは、それらの文書にじかにもとづいていた。起訴状のなかの抜きん出て長い項目は、ルイの逃亡未遂、この計画を実行するために公的資金を費消したこと、机上に残していった宣言書のなかで憲法を非難したこと、に関するものであった。[23] 延々と議論した末、国民公会は投票をおこない、国王は「国民の自由に対する陰謀と国家の安全に対する攻撃」によって有罪であることをほぼ全会一致で可決した。その後ほどなく、これよりもずっと僅差で、ルイは死刑を宣告された。一七九三年一月二一日、数万人のパリ市民が厳粛に見守るなか、革命広場——後のコンコルド広場——で、ルイ一六世は果敢に断頭台に赴いた。彼は最後までみずからの無実を訴えた。

一七九五年までには、一七九一年のあの夏至の夜にパリから逃げたベルリン馬車の六人の乗客のうち、生き永らえているのは二人しかいないだろう。夫よりもさらに破廉恥に反逆行為をおこなっていたマリ＝アントワネット（彼女は、フランスの戦争計画をオーストリア人にひそかに流しさえしていた）も、一七九三年一〇月、ルイの後を追って断頭台に向かった。王妹のエリザベトは、ブルボンという家名と兄に対する忠誠心以外にはほとんど罪がなかったにもかかわらず、一七九四年五月に斬首された。それから一年あまり、王政派がルイ一七世と呼ぶことにこだわった若き王太子が牢獄で病死した。彼の姉も同様の運命を辿っていても不思議ではなかったが、ジャン＝バチスト・ドゥルエとの捕虜交換によって一七九六年に解放された。それは、この出来事全体における大いなる皮肉のひとつである。国王の逃亡を阻止するうえで中心的な役割を果たした男——そして、国民公会の一員としてルイの死に賛成票を投じた男——は、その二年前、フランス軍との任務に携わっているとき、オーストリア人に捕えられていたのである。パリに帰還し、フランス内外を、監獄と政治とのあいだを行き来しつつ一連の驚くべき冒険をした後、ドゥルエは結婚し、ヴァレンヌとは別の田舎町で新しい身分を得た。彼は、一八二四年にそこで安らかに死んだ。[24]

だがおおむね、この物語に登場する主要な愛国派のその後の人生は、不運なものであった。パリへの帰路を国王一家と共にした二人の議員は、いずれもフランス革命を生きのびることができなかった。バルナーヴは、フイヤン派が失墜して故郷に引退した後、一七九三年の後半に「王政主義」を理由に逮捕され、処刑された。ペチヨンは、パリ市長をしばし務めたが、やがて友人のロベスピエールと決裂し、国民公会から逃れ、南フランスに潜伏中に自殺した。哲学者〔天文学者〕にしてアカデミー・フランセーズ会員であるジャン゠シルヴァン・バイイは、一七九一年の後半に政界から退いた。だが彼も七月一七日の発砲事件に関与した罪で逮捕され、死刑を宣告されると、事件が起きた現場のシャン・ドゥ・マルスで処刑された。ラボ・サン゠テチエンヌとコンドルセ、ブリソとマリ゠ジャンヌ・ロラン、ダントンとロベスピエールも、フランス革命期の主たる党派の指導者の多くとともに、ギロチンへ引かれていった。ラファイエット将軍は生きのびたが、それも、オーストリアの監獄で五年にわたり幽閉生活を送った後のことであった。獄中には友人のラトゥール゠モブールとかつての政敵のアレクサンドル・ラメトもいた。国王を引き留め二階の居室でもてなしたヴァレンヌの食料雑貨商ソース氏も、フランス革命を生きのびた。だが、彼の人生は不幸にむしばまれていた。王政主義者からは極悪人であると罵倒され、逆に革命家たちからは王政支持を疑われた。プロイセン軍の侵攻時に命からがら逃げ出し、最初の妻を亡くした後で、彼は故郷の町から離れ、一八二五年にひっそりと死んだ。(25)

だいたいにおいて、一七九一年の王政派の陰謀家たちのほうが、敵対する愛国派よりもはるかに恵まれた生を送った。ショワズール、ゴグラ、ダマおよび三人の護衛たちは、九月の大赦によって出獄した後、すぐに亡命中のブイエ将軍とその息子たちに加わった。老ブイエ以外は全員が、フランス革命とナポレオン時代を生き抜き、一八一四年以降にフランスに帰国し、保守的な復古王政政府によって英雄として讃えられた。アクセル・フォン・フェルセンもフランス革命を生きのびた。めざましい豪胆さをもって、一七九二年二月、彼は亡命先のブリュセルからパリに潜入し、最後にもう一度チュイルリ宮殿に王妃を訪ねた。その一八ヶ月後、マリ処刑の報に打ちひしがれ、彼はスウェーデンに帰国した。「彼女の側で死ぬことさえできていたら！」と彼は絶望して妹に書き送った。フェルセンは独身を貫き、スウェーデンの宮廷で高い地位に上ってからさえ、王妃についてはつねに深い思いをこめて語った。[26] 彼は、一八一〇年六月二〇日、ストックホルムでの民衆蜂起のさいに虐殺された。それは一九年前、彼が、フランスの運命をもう少しで変えそうになったあの大いなる逃亡劇を始動させた日と同じ日であった。

彼らにとって、このような運命を迎えるのがふさわしいことだったのだろうか。これらの男たちや女たちは、名のある者であれ名もない者であれ、平民であれ国王であれ、ほぼすべての者たちが、一七八九年という年をより良い未来へのきわめて確固たる希望をもって始めたのではなかったのだろうか。二〇〇年以上にわたって、歴史家たちは、フランス革命における暴力と恐怖の問題に取り組んできた。フランスにおける社会状況の性質のなかに、あるいはフランス革命前夜の思想や政治文化のなかにすら、暴力への移行を避けられないものにした何かが存在していたのだろうか。フランス革命の始まりと恐怖政治のあいだに、国民議会と公安委員会のあいだに、バスチーユとギロチンのあいだに、必然的なつながりはあったのだろうか。

国王の逃亡をめぐる物語は、そのように単純で直線的な結びつけをしないようにと、われわれに警告している。その物語は、フランス革命の——そしておそらく、すべての主要な歴史的運動の——偶発的で予測できない性格を思い起こさせてくれる。出来事がほんのわずかに異なる道筋を辿り、ルイとその家族がモンメディに到着し、その後国境を越えてオーストリア軍のもとに避難していたら、フランスの歴史において、ヨーロッパの歴史において、何が起こっていたのだろうか。実際、ルイは永遠にいなくなり、戦争が迫っていると誰もが信じていた六月のあの二日間、国民議会で、パリで、フランス中で、団結の巨大なうねりが生じていた。もし国王が帰還せず戦争が勃発していたら、その融和は保たれていただろうか。フランス人はただちに共和政に移行していただろうか――ラファイエットやデュポン・ドゥ・ヌムールのような穏健派でさえ、六月二一日にそう示唆していたように。恐怖政治は避けられただろうか、あるいは少なくとも大いに緩和されていただろうか。あるいは、また別の類似の世界――たしかに、まずありそうにないものとはいえ――が存在したとしたら、すなわち、ルイが王妃の影響力にあらがってパリに居続け、フランス人のほとんどがあれほど熱心に望んでいた市民王の役割に収まっていたとすれば、どうなっていただろうか。とすれば、フランスは――アメリカ合州国で起こった出来事とより類似した道筋を辿ることによって――真の民主主義に向かって平和のうちに進化していっただろうか。この一連の「もしそうだったら」は、もちろん、答えを探ることも示すことも不可能な問いかけである。しかしながら、そのように思いめぐらすことによって、ある種の決定的な出来事がフランス革命と歴史に及ぼした潜在的な衝撃力が浮上してくるのである。

一七八九年にフランス人によって導入された自由主義的な体制は、大西洋の向こう側でまさに構築されつつあったアメリカの制度と多くの点において近似しており、かならずしも失敗を運命づけられていたわけではなかった。国王逃亡の直前に、国民議会の指導者たちが数々のきわめて困難な問題と不安定をもたらす原因に直面していたことは間違いない。それらの問題のいくつかは、明らかに、彼ら自身が作り出したものであった。カトリック教会を改革し、聖職者の大半に〔国民と法と国王への〕忠誠の誓約を義務づけるという議員たちの決定は、フランスの聖職者と一般信徒の人々全体に甚大なる不幸をもたらした。他の困難は、フランス革命の過程の性質そのものから生じたように思われた。一七八九年以降のフランスにおける展開として最も典型的なのは、権威をしだいに疑問視するようになったことであり、この疑問視は社会の多くの層に急速に浸透した。軍隊において、国民衛兵において、ギルドにおいて、収税吏の面前で、都市の市民文化の内部において、ほぼいたるところで、男たちや女たちは、新旧のいずれの体制であれ、体制によって定められた規則に従うことを拒みはじめたので、その結果、ゆゆしい擾乱が生じることもしばしばだった。と同時に、社会を変えるという行為そのものが、みずからの既得権や社会的地位がゆるがされることになった人々を敵対させた。一七九一年の春までには、ライン川の向こう側で自主的な亡命生活を送っていた頑迷な貴族や貴族の司教たちは、すでに、暴力と武力によって旧体制をふたたび課そうとする不穏な動きを見せていた。

しかしながら、国民議会の指導者たちは、このような問題があることを十分に承知していた。貴族の諸権利を復活させたり教会改革を撤回したりすることは考えもしなかっただろうが、彼らは寛容を促すことに大いに努め、宗教上の諸改革を受諾しないことを選んだ人々のための措置を講じ、貴族や宣誓拒否司祭との紛争は正規の裁判制度を通じて手順通りに扱おうと試みた。国民議会は、まったく新しい行政・司法組織を丸ごと確立することにも、可能なかぎりすみやかに取りかかった。一七九一年六月までには、こうした組織のほとんどがすでに設置され機能しており、地方における政治的・社会的混乱を――解消したとは言えないまでも――大幅に減少させ、市民の服従心の低下を抑制したと主張することができよう。さらに、国民議会は、パリのみならずフランス中の大小さまざまな市町村において豊かに蓄えられていた、新体制に対する庶民の男女からの支援に、引き続き頼ることができた。六月の危機に対するヴァレンヌの市民たちの反応は、その例証であった。

一七九一年の春、議員たちは、憲法を完成させ恒久的な新体制を樹立すれば、革命の時期は終わるだろうという希望をもっていた。それに、立憲君主政がうまく機能し、やがてはいくぶんかの安定が国民に戻ってくるという可能性も、ないわけではなかった。新体制の中心人物である国王自身がこの体制に全面的な支持を与えさえしていれば、国家主導の暴力と恐怖政治の時期は避けられたという可能性も、ないわけではなかった。六月の初め、大多数のフランス人は、このことが可能であるとまさに考えていた。大多数の人々は――とりわけパリ以外で――、自分たちの「市民王」がフランス革命を支持していると信じてやまなかった。彼らは、ルイを、主権者である国民が結集しうる中心をなす父親像であると想像し続けていたのである。

だが、憲法が完成を見ようという節目の時機にパリを逃れることを選び、フランス革命を支持するという厳粛な誓約を破ることによって、国王は国家と社会の不安定を大いに助長した。短期的に見れば、国王の行為は、深いトラウマとなるような影響を全国民に及ぼした。身を切るような不安から、暴力の噴出や侵略妄想によるパニックの連鎖反応にいたるまで、さまざまな感情の巨大な波が国中を駆け巡った。その後、愛国派は迅速に冷静さを取り戻し、かならず起こるとみなが思っていた戦争に備えて、態勢をできるだけ整えた。だが国王の逃亡は、政治的国民という概念を抜本的に見直すきっかけとなった。そのニュースが届いてから数日のうちに、誰もが、国王は拉致されたのではなく、みずからの意思で逃亡したことを知った。きわめて多くの人々にとって、その衝撃は凄まじかった。彼らは国王を良き父親として思い描いていたので、いまや彼らは、見棄てられ裏切られたという感覚を深く味わっていた。しばしばきわめて辛辣で怒りに満ちた言葉によって、ルイは、嘘つき、卑怯者、裏切り者、暴君と非難された。反発はパリにおいてことのほか激しく、そこではコルドリエ・クラブと友愛協会のネットワークが、国王を廃位し君主政を廃するための民衆運動にいち早く乗り出した。一連の請願、行進、街頭デモは、パリ民衆の急進主義の歴史と政治勢力としてのサン＝キュロットの出現における画期的な瞬間となった。だが、フランスの他の多くの地域においても、国民議会が公的な判断をあえて示さなかったあの三週間の不確かな時期に、少数の人々――歴史家たちが想定してきたよりもその数ははるかに多い――は、現国王を退位させる可能性について、さらには共和政を創出する可能性についてさえ真剣に思案していた。

国王の逃亡は、陰謀論的な世界観を奉じるすべての人々の主張を大いに強化することにもなった。国民議会が事件を掘り下げていくにつれて、パリで、軍隊で、ドイツにおける亡命者のあいだで、おびただしい数の人々が関与する大がかりな陰謀が数ヶ月にわたって進行していたことが歴然とするとともに、ルイ自身も厚顔な欺瞞行為を繰り返していたことが明らかになった。フランス革命がはじまって以来、社会の最上層レベルで巨大な陰謀が現実に存在するという証拠がかくも広範に示されたことはなかった。貴族や宣誓拒否司祭たちは、国王逃亡という危機が起こる前からすでに疑念をもたれていたが、いまやほぼいたるところで極度の不信の的となった。貴族たちは、国王の逃亡未遂に感化され、大挙して国境を越え反革命軍に加わったが、その新たな亡命の波によって民衆の猜疑心はさらに強められた。

フランス革命の指導者たちは、この「パラノイア的な」観点をかつてないほど強固に内面化した。パリでは、フイヤン派の成員たちは、宣誓拒否司祭や亡命貴族ばかりか、民主主義の拡大を求めている知識人や民衆集団にも疑念を抱くようになった。フランス革命を、いまそれを脅かしていると思われる敵――現実のものであれ想像上のものであれ――からなんとしても守り通す必要があるという方便を振りかざして、愛国派の指導者たちは、法律そのものと彼ら自身が宣言したばかりの「人間の権利」を躊躇なく踏みにじった。初めて、彼らは一線を越えて国家主導の暴力に及び、シャン・ドゥ・マルスでのデモの武力による鎮圧を精力的に推し進めた。それ以降、パリにおいても地方においても、あらゆる階層の市民が、個人の罪や責任を確定する試みがなされないまま検挙された。出版の自由、集会の自由、人身保護令状、司法の適正な手続き――憲法で保障されている諸権利――はすべて、革命国家の存続というより大きな目的の名のもとに、無視された。この意味において、ヴァレンヌへの逃亡に続く数週間は、恐怖政治の心理と行動をともに予示する先触れの時期であった。

フランス革命から逃れようとするルイの試みそのものが、一七九三年から九四年にかけての国家主導の暴力の広範な拡がりを「引き起こした」わけではない。一七九一年の夏には、公安委員会も、革命裁判所も、ギロチンもまだ存在していなかった。ヴァレンヌの危機全体を通じて、生命を失った人々の数はほんのわずかでしかなかった。また、誰もが恐れていた戦争も、実のところ、それほどすぐにははじまらなかった。八月の終わりまでには、国民議会は、緊急事態を終わらせ、法の支配に復帰しようと意識的に努めていた。にもかかわらず、ヴァレンヌへの逃亡というこのひとつの出来事は、そこから生じた予期せぬ結果や余波のすべてとともに、フランスの社会的・政治的風土に深遠な影響を及ぼした。良きにせよ悪しきにせよ、その出来事は、国民を未来への新しい危険に満ちた軌道にすえる一助となったのである。

訳者あとがき

本書の著者ティモシー・タケットは、わが国でもよく知られているリン・ハントとともに、現在の世界のフランス革命史研究をリードする歴史家のひとりである。しかし両者の歴史学はまったく対照的である。ハントの歴史学は、歴史学だけでなく隣接諸科学の方法論や考え方を駆使して、広い視野から膨大で多様な個別研究を一箇の独創的な作品にまとめあげる総合（サンテーズ）の力によって特徴づけられよう。それに対してタケットの歴史学を特徴づけるのは、フランス人革命史家をもしのぐ徹底的・網羅的な文書館史料（アルシーヴ）の利用という点にあるからである。聖職者市民化法によって課された「国民と法と国王」への忠誠を聖職者は誓約したのか否か、国民議会の議員はいかにして革命家になったのか、あるいは革命家はなぜ急進化し互いを攻撃し殺し合うまでになったのか。タケットは、これらのテーマについて徹底的・網羅的に蒐集した文書館史料をもとに統計的・数量的分析と集団伝記的分析をむすびつけた詳細かつ厳密な実証研究によって、当該テーマに関する従来の定説を更新する歴史家として知られているのである。このためタケットの著作は専門家向けで大部なものが多く、一般的には翻訳・刊行には適さない。

そのようなタケットの作品群のなかにあって、本書は独自の位置を占めている。というのも、本書は、一七九一年の夏至の夜に、国王ルイ一六世とその一家がチュイルリ宮殿からひそかに抜け出して逃亡を試みたが、国境付近のヴァレンヌで逮捕され、パリに送還されるという「ヴァレンヌ逃亡事件」に注目し、この出来事の顚末をより広範な読者に向けて平易に物語った一般書という側面も色濃くもっているからである。本書では、タケットの著作を特徴づける統計的・数量的アプローチが無視されているわけではないが、それよりも決定的に語りの叙述スタイルが採用されている。その意味では、国王一家のヴァレンヌ逃亡という「あらゆる時代のなかで最も有名な逃亡」についてより詳しく知りたいと思う一般読者の関心にも十分に応えうる作品となっている。

国王一家の逃亡そのものについての物語は、第一章から第三章にかけて語られている。語りは、フランス北東部の田舎町ヴァレンヌに二台の馬車に乗った奇妙な旅行者の集団がとつぜん現れるところから開始する。この集団が国王一家と判明したときのヴァレンヌの指導者たちの当初の反応は、王の命令に従って国王一家が旅を続ける手助けをすると約束したことだった。ところが、一晩のうちに彼らはこの約束を撤回し、国王一家をパリにただちに送り返すことを決める。このスリリングな導入部分に続いて、ルイ一六世が逃亡を決意するにいたる経緯、逃亡を決意した後のフェルセンとブイエ将軍を中心とした逃亡の準備、逃亡当日の時々刻々と進行する逃亡の段取り、国王一家の逃亡の行程、ヴァレンヌでの逮捕からパリへの帰還の情景などが、時間軸に即して事細かに描写される。ルイ一六世とマリ＝アントワネットという二人の主役を中心に劇的な人間ドラマが展開するこの逃亡劇が、国立公文書館や地方文書館に所蔵されている回想録、年代記、書簡、日記などの史料をふんだんに用いながら、細部をおろそかにせずにきわめて正確に、しかし同時にたいへん生き生きと物語られる。とくに印象的なのは、ヴァレンヌ逃亡という事件はほとんど無数の副次的出来事の連鎖からなっており、そのどれもが事件の結末を変えたかもしれないと感じさせるような語りとなっている点であろう。

とはいえ、大きくみれば、二つの主要な要素がヴァレンヌ逃亡の失敗を説明するとタケットは強調する。そのひとつは、ルイ一六世の優柔不断な性格と振る舞いであり、これが度重なる逃亡の延期をもたらし、その成功の可能性を低下させたというのである。もうひとつは、フランス革命の経験によって自信や独立独歩の精神、国民に属しているというアイデンティティの感覚が芽ばえ、フランス国民の態度と心理が全面的に変化したことだった。このようなフランス国民の態度と心理の変化こそ、ヴァレンヌの人々が国王の逃亡を阻止することにつながったのである。

しかしながら、ヴァレンヌ逃亡事件をより広い読者に向けて物語った一般書としての本書の性格に負けず劣らず注目されるのは、本書の第四章から第八章にかけての分析結果が研究史的にも重要な貢献となっていることである。そこでは、パリの民衆、国民議会の議員、全国各地の人々など、フランス社会のさまざまな構成員の心理と態度にこの事件が及ぼした影響について新たな知見が提供されている。したがって本書は、平易な文体で書かれた一般書であると同時に第一級の研究書でもある。とくに重要な研究史上の貢献は、以下の三点であろう。

まず第一に、本書の研究史上の最大の貢献は、国王逃亡のニュースが伝わった六月下旬から七月末にかけての時期にフランス全国の自治体やクラブなどから議会に寄せられた数百通の手紙をもとに、地方における世論の経時的変化を明らかにしたことである。この間、憲法への誓いを破った国王への共感は激減し、世論は国王に決定的に敵対的になった。そしてかなりの数のフランス人が、国王のいない共和政を考慮するにいたったのである。その反面、フランス国民の忠誠の対象は国王から議会へと移行し、議員は「国民の父」

「人民の父」「自由の復興者」と表象されるようになった。国民議会が六月二一日に王権を停止したことを非難する手紙は一通もなかった。国王逃亡後の地方の世論が国王に敵対的になり、共和政樹立の可能性を想定するようになったことは、本書の分析によってはじめて明らかにされたのである。

第二に、第一点と密接に関連するが、そしてこの点は本書に先行する研究でも示されていたことだが、国王の逃亡によって国王のイメージが大きく変化したことが明らかにされたことである。フランス人の大多数は、フランス革命がはじまって以後も、国王に対して深い敬意と愛情を抱いていた。だがヴァレンヌ逃亡事件は、この国王の表象を決定的に破壊した。国王が自らの意志で逃亡したことが明らかになった結果、大部分のフランス人は、「良き父親」と信じていた国王に裏切られ見捨てられたという感覚を深く味わい、国王を「裏切り者」「嘘つき」「卑怯者」といった言葉で非難したのである。と同時に、王政の象徴が攻撃され、図像において国王はとくに豚として描かれた。国王をめぐる信頼と幻想の世界が破壊され、王の表象は不可逆的な打撃をこうむったといえよう。

第三に、国王のヴァレンヌ逃亡が恐怖政治につながる心理と行動のルーツとなった事件であったことを多くの史料に依拠して実証したことである。国王の逃亡は、革命の破壊を目指して外国の敵と結びついている国内の陰謀が存在するという「愛国派」の疑念を強化した。こうして、国王逃亡に続く数週間、フランスは疑惑と憎悪の空気に支配され、恐怖政治下で用いられた方策の原型が出現することになる。タケットは、こう述べている。

フランス革命を、いまそれを脅かしていると思われる敵――現実のものであれ想像上のものであれ――

からなんとしても守り通す必要があるという方便を振りかざして、愛国派の指導者たちは、法律そのものと彼ら自身が宣言したばかりの「人間の権利」を躊躇なく踏みにじった。初めて、彼らは一線を越えて国家主導の暴力に及び、シャン・ドゥ・マルスでのデモの武力による鎮圧を精力的に推し進めた。それ以降、パリにおいても地方においても、あらゆる階層の市民が、個人の罪や責任を確定する試みがなされないまま検挙された。出版の自由、集会の自由、人身保護令状、司法の適正な手続き――憲法で保障されている諸権利――はすべて、革命国家の存続というより大きな目的の名のもとに、無視された。この意味において、ヴァレンヌへの逃亡に続く数週間は、恐怖政治の心理と行動をともに予示する先触れの時期であった。

このように、タケットによれば、国王のヴァレンヌへの逃亡は、人権宣言に結実する一七八九年の自由主義的で人道主義的な革命が一七九三〜九四年に「恐怖政治」に変貌する転換点となる出来事のひとつであった。その意味では、ヴァレンヌ逃亡事件は歴史的プロセスにおける出来事の重みを示した事件であり、ミシェル・ヴォヴェルの表現を借りれば、短期の時間（革命的事件）が長期の時間（心性）にトラウマを刻印した事件であったといえよう。しかし同時に、「日本語版への序文」が示すように、ヴァレンヌ逃亡という出来事の重みを指摘することは、「恐怖政治」が啓蒙思想の言説とイデオロギーの帰結であるとするフランソワ・フュレらの見解への批判を意味していることも明らかであろう。フランス革命の急進化は、ある特定のイデオロギーに単純に帰せられるものではなく、はるかに複雑な要因が作用しているのである。ヴァレンヌ逃亡事件はそのような要因の最重要なもののひとつであった。ヴァレンヌ逃亡事件、さらにフランス革命は、多くの複雑な要因が作用し、偶発的で予測できない性格の出来事であったこと、その点を文書館史料に依拠した社会的分析によって明らかにしたことも本書の無視しえない意義といえよう。

＊＊＊

ティモシー・タケットの著作や論文の翻訳はわが国でははじめてなので、以下では彼に関して若干の紹介をしておきたい。

ティモシー・タケットは、一九四五年、カリフォルニア州ロサンゼルスのサンタ・モニカに生まれた。一九六七年にカリフォルニア州クレアモント市のポモナ・カレッジで学士号を取得した後、本格的な研究の場を同じカリフォルニアのスタンフォード大学にうつし、一九六九年に修士号、一九七三年に博士号を取得した。翌一九七四年から一九七九年まで、ウィスコンシン州ミルウォーキーのマーケット大学、さらに一九七九年から一九八八年までワシントンDCのカトリック大学で教鞭をとった後、一九八八年からカリフォルニア大学アーバイン校で歴史学教授をつとめた。この間、一九九一年、一九九七年、二〇〇一年と三度にわたって、フランスの社会科学高等研究院に客員教授として招かれている。

研究分野は、アンシャン・レジームとフランス革命の時期を対象とした宗教史、文化史、暴力と恐怖政治の歴史。数多くの著作と論文を公にしているが、主要な著作と論文は以下のとおりである。なお、タケットの著作の邦訳は、本書が初めてである。

①著作

Priest and Parish in Eighteenth-Century France (Princeton, 1977).

Religion, Revolution, and Regional Culture in Eighteenth-Century France (Princeton, 1986). ［フランス語訳あり］

Becoming a Revolutionary: The Deputies of the French National Assembly and the Origins of a Revolutionary Culture (Princeton, 1996). ［フランス語訳・イタリア語訳あり］

When the King Took Flight (Harvard, 2003) ［フランス語訳・イタリア語訳あり］本書。

The Coming of the Terror in the French Revolution (Cambridge, 2015). ［フランス語訳あり］

The Glory and the Sorrow : A Parisian and His World in the Age of the French Revolution (Oxford, 2021).

②共編著

Atlas de la Révolution française. Vol. 9, *Religion*, (Paris, 1996)

Cambridge History of Christianity. Vol. 7. *Enlightenment, Reawakening, Revolution (1660-1815)*, (Cambridge, 2006)

③主要論文（本書以後に発表されたものに限定）

"Collective Panics in the Early French Revolution, 1789-1791: A Comparative Perspective," *French History* (2003)

«La grande peur de 1789 et la thèse du complot aristocratique,» *Annales historiques de la Révolution française*, no. 335 (2004)
"Paths to Revolution: The Old Regime Correspondence of Five Future Revolutionaries," *French Historical Studies* (2009)

本書の翻訳は、松浦と正岡の共同作業であり、両者の翻訳の分担を厳密に示すことはできない。あえて言うなら、英文学を専攻する正岡がおもに本書の下訳を担当し、フランス革命史を専攻する松浦がフランス革命の事実関係や専門用語がかかわる部分を中心に必要な加筆修正を施した。松浦はまた、原著のフランス語史料の英訳部分について、原著のフランス語訳で引用されたフランス語史料、さらには史料の典拠をもとに訳し直した。その際、気になったことが三点ある。第一に、フランス語史料の一部を省略しているにもかかわらず英訳ではそれが反映されていないことだった。本書では、史料の省略部分を〔……〕で明示した。第二に、フランス語史料の英訳の中には叙述の文脈に合わせてやや我田引水的な訳が見られたことだった。しかしフランス語史料を忠実に訳せば文脈をそこねることになると思われる場合、本書では、フランス語史料の英訳と原文とを折衷して叙述の文脈に合わせた訳文にした。第三に、一箇所だけだが、原著のフランス語訳に引用された史料表現が注で示された史料の典拠に見当たらないものがあった。本書では、この引用表現の典拠を発見することができなかったため、原著およびそのフランス語訳の引用表現をそのまま邦訳し、註で示された史料の典拠ページもそのままにした。

本書が完成するまでには、当然のことながら、多くの人々の有形・無形の助力をえた。著者のタケットは、役者の求めに応じて、本書を執筆するにいたった動機と王の逃亡のインパクトに言及した「日本語版への序論」を寄せてくれた。また、白水社の竹園公一朗さんは、訳者の求めに応じて本書の出版を快く引き受けてくださっただけでなく、編集者として申し分のない仕事をしていただいた。ここに記して感謝したい。

二〇二三年一一月

松浦義弘
正岡和恵

訳者略歴

松浦義弘（まつうら・よしひろ）
一九五二年生まれ。東京大学大学院人文科学研究科博士課程満期退学。現在、成蹊大学名誉教授。専門はフランス近代史。著書に『フランス革命の社会史』、『フランス革命とパリの民衆』、『ロベスピエール』（以上、山川出版社）、訳書にリン・ハント『フランス革命の政治文化』（ちくま学芸文庫）他。

正岡和恵（まさおか・かずえ）
一九五四年生まれ。東京大学大学院人文科学研究科博士課程単位取得満期退学。現在、成蹊大学名誉教授。専門は英文学。著書に『シェイクスピアを教える』（風間書房、共著）、訳書にフランシス・A・イェイツ『ジョン・フローリオ』（共訳、中央公論新社）、マージョリー・G・ジョーンズ『フランシス・イェイツとヘルメス的伝統』（共訳、作品社）、ロザリー・L・コリー『シェイクスピアの生ける芸術』（白水社）他。

王の逃亡
フランス革命を変えた夏

二〇二三年一二月一〇日 印刷
二〇二四年 一月 五日 発行

著者 ティモシー・タケット
訳者 © 松浦義弘 正岡和恵
発行者 岩堀雅己
印刷所 株式会社 三陽社
発行所 株式会社 白水社

東京都千代田区神田小川町三の二四
電話 営業部〇三（三二九一）七八一一
編集部〇三（三二九一）七八二一
振替 〇〇一九〇・五・三三二二八
郵便番号 一〇一・〇〇五二
www.hakusuisha.co.jp
乱丁・落丁本は、送料小社負担にてお取り替えいたします。

誠製本株式会社

ISBN978-4-560-09388-7
Printed in Japan

人名索引

あ行

か行

さ行

た行

な行

は行

ま行

ら行

わ行

文献

以下のリストで挙げられているのは、参照した史料のすべてではなく、本書で引用した資料のみである。

一次史料

手稿

Archives Nationales
C 124-131: Correspondence received by the Secretariat of the National Assembly.
D XXIX bis 31-38: Correspondence received by the Committee on Research.
F^7 3688[1](Seine): Archives of the Ministry of the Interior.
F^7 3682[18](Morbihan): ibid.

Archives Départmentale
Series L: archives of the Revolutionary period, in the departments of Aisne, Ardennes, Aube, Gironde, Haute–Marne, Marne, Meurthe, Meuse, Moselle, and Vosges.

Other Archives and Libraries
Bailly, Jean–Sylvain. Letters to divers. BN Manuscrits français 11697.
Basquiat de Mugriet, Alexis. Letters to the municipality of Saint–Sever. AC Saint–Sever, II D 31.
Campmas, Jean–François. Letters to his brother. BM Albi, ms. 177.
Durand, Antoine. Letters to the municipality of Cahors. AM Cahors, unclassed box of letters from Revolutionary deputies, held in BM Cahors.
Fricaud, Claude. Letters to Jean–Marie Gelin. Copies in the private archives of Dr. Robert Favre.
Gantheret, Claude. Letters to Pierre Leflaive. Private collection of Françoise Misserey, Dijon.
Gaultier de Biauzat, Jean–François. Letters to the correspondence committee of Clermont–Ferrand. BM Clermont–Ferrand, mss. 788-789.
Geoffroy, Claude–Jean–Baptiste. Letters to Jean–Marie Gelin. Private archives of Dr. Robert Favre.
Irland de Bazôges, Pierre–Marie. Letters to Henri Filleau. AD Deux–Sèvres, Fonds

Beauchet–Filleau, unclassed register of "Lettres politiques, 1788-90."
Legendre, Laurent–François. Letters to electors and municipal officials in Brest. AM Brest, Series D, unclassed.
Périsse Du Luc, Jean–André. Letters to J. B. Willermoz. BM Lyon, Ms. F. G. 5430.
Vernier, Théodore. Letters to municipality of Lons–le–Saunier. Copies AC Bletterans, unclassed dossier of "Lettres de Vernier."

新聞

L'ami du peuple
Chronique de Paris
Le babillard
Le patriote français
Journal de Perlet
L'orateur du peuple
Les révolutions de France et de Brabant
Les révolutions de Paris

他の印刷史料

Alexandre, Charles–Alexis. "Fragments des mémoires de Charles–Alexis Alexandre sur les journées révolutionnaires de 1791 et 1792."Edited by Jacques Godechot. *AHRF* 24 (1952): 113-251.
Almanach de la ville de Lyon. Lyon, 1791.
Archives parlementaires de 1787 à 1860, recueil complet des débats législatifs et politiques des chambres françaises. Première série (1787-1799). Edited by Jérôme Mavidal et al. 82 vols. Paris, 1867-1913.
Arneth, Alfred von, ed. *Marie–Antoinette, Joseph II und Leopold. Ihr Briefwechsel*. Leipzig, 1866.
Aulard, Alphonse, ed. *La société des Jacobins: Recueil de documents pour l'histoire du club des Jacobins de Paris*. 6 vols. Paris, 1889-1897.
Bachaumont, Louis Petit de, et al. *Marie–Antoinette, Louis XVI et la famille royale. Journal anecdotique tiré des mémoires secrets pour servir à l'histoire de la république des lettres, 1763-1782*. Edited by Ludovic Lalanne. Paris, 1866.
Bimbenet, Eugène. "Pièces justificatives." In *Fuite de Louis XVI à Varennes*. 2d ed. Paris, 1868.
Bouchette, François-Joseph. *Lettres de François–Joseph Bouchette(1735-1810)*. Edited by Camille Looten. Lille, 1909.
Bouillé, François-Claude-Amour, marquis de. *Mémoires du marquis de Bouillé*. Edited by François Barrière. Paris, 1859.

Bouillé fils, Louis-Joseph Amour, marquis de. "Le mémoire inédit de M. le marquis de Bouillé (Comte Louis), lieutenant–général, sur le départ de Louis XVI au mois de juin 1791." In *Mémoires sur l'affaire de Varennes*. Paris, 1823, 17-136.

Campan, Jeanne-Louise-Henriette de. *Mémoires sur la vie de Marie-Antoinette*. Edited by François Barrière. Paris, 1855.

Choiseul-Stainville, Claude-Antoine-Gabriel, duc de. *Relations du départ de Louis XVI, le 20 juin 1791*. Paris, 1822.

Colson, Adrien-Joseph. *Lettres d'un bourgeois de Paris à un ami de province, 1788-1793*. Edited by Chantal Plantier–Sanson. Paris, 1993.

Damas, comte Charles de. "Affaire de Varennes: Rapport de M. le comte Charles de Damas." In *Mémoires sur l'affaire de Varennes*. Paris, 1823, 197-241.

Dumas, Mathieu. *Souvenirs du lieutenant-général comte Mathieu Dumas*. Edited by Christian-Léon Dumas. 3 vols. Paris, 1839.

Dumont, Etienne. *Souvenirs sur Mirabeau et sur les deux premières assemblées législatives*. Paris, 1832.

Falloux, Albert de, ed. *Réflexions sur mes entretiens [du futur Louis XVI] avec M. le duc de La Vauguyon*. Paris, 1851.

Faulcon, Félix. *Correspondance*. Vol. 2: 1789-91. Edited by G. Debien. Poitiers, 1953.

Ferrières, Charles-Elie, marquis de. *Correspondance inédite*. Edited by Henri Carré. Paris, 1932.

Fersen, Axel von. *Le comte de Fersen et la cour de France. Extraits des papiers*. Vol. 1. Edited by Baron R. M. Klinckowström. Paris, 1877.

Feuillet de Conches, Félix-Sébastien, ed. *Louis XVI, Marie-Antoinette, et Madame Elisabeth. Lettres et documents inédits*. 6 vols. Paris, 1864-1873.

Fischbach, Gustave. *La fuite de Louis XVI d'après les archives municipales de Strasbourg*. Strasbourg, 1879.

Gaultier de Biauzat, Jean-François. *Gaultier de Biauzat, député du Tiers état aux Etats généraux de 1789. Sa vie et sa correspondance*. Edited by Francisque Mège. 2 vols. Clermont–Ferrand, 1890.

Gauville, Louis-Henri-Charles, baron de. *Journal du baron de Gauville*. Edited by Edouard de Barthélemy. Paris, 1864.

Girault de Coursac, Paul, and Pierrette Girault de Coursac, eds. *Louis XVI à la parole*. Paris, 1989.

Goguelat, François de. *Mémoire de M. le baron de Goguelat, lieutenant–général, sur les événements relatifs au voyage de Louis XVI à Varennes*. Paris, 1823.

Gower, Earl George Granville Leveson. *The Despatches of Earl Gower, English Ambassador at Paris, from June 1790 to August 1792*. Edited by Oscar Browning. Cambridge, 1885.

Guittard de Floriban, Nicolas-Célestin. *Journal de Nicolas–Célestin Guittard de Floriban, bourgeois de Paris sous la Révolution, 1791-1796*. Edited by Raymond Aubert. Paris, 1974.〔河盛好蔵監訳『フランス革命下の一市民の日記』中公文庫、1986年〕

Heidenstam, O. G. ed. *Marie-Antoinette, Fersen, et Barnave. Leur correspondance*. Paris,

1913.
Lacroix, Sigismond, ed. *Actes de la Commune de Paris pendant la Révolution 2e série. Vol. 5: 21 juin-31 juillet 1791.* Paris, 1907.
Lafayette, Marie-Joseph-Paul-Yvres-Roch-Gilbert du Motier, marquis de. *Mémoires, correspondance, et manuscrits.* 6 vols. Paris, 1837-38.
Lagache, M. de. "Relations de M. de Lagache, adressées à Louis XVIII." In Marc Bouloiseau, "Deux relations de l'arrestation du roi à Varennes." *AHRF* 44 (1972): 449-455.
Lefebvre, Georges, ed. *Recueil de documents relatifs aux séances des Etats généraux.* Vol. 1, Part 2: *La séance du 23 juin.* Paris, 1962.
Legendre, Laurent-François. "Correspondance de Legendre, député du Tiers de la sénéchaussée de Brest aux Etats généraux et à l'Assemblée constituante (1789-1791)." *RF* 39 (1900): 515-558; 40 (1901): 46-78.
Lepoutre, Pierre-François. *Député–paysan et fermière de Flandre en 1789. La correspondance des Lepoutre.* Edited by Jean–Pierre Jessenne and Edna Hindie Lemay. Villeneuve d'Ascq, 1998.
Lescure, Mathurin de. *Correspondance secrète inédite sur Louis XVI, Marie–Antoinette, la cour et la ville, de 1777 à 1792.* Paris, 1866.
Lévis, Pierre-Marc-Gaston, duc de. "Lettres du duc de Lévis, 1784-1795." Edited by the duc de Lévis-Mirepoix. *La revue de France* 4 (1929): 227-274, 425-444; 5: 258-295, 418-442, 614-649.
Lindet, Thomas. *Correspondance de Thomas Lindet pendant la Constituante et la Législative (1789-92).* Edited by Amand Montier. Paris, 1899.
Lombard-Taradeau, Jacques-Athanase de. "Lettres (1789-91)." Edited by L. Honoré. *Le Var historique et géographique* 2 (1925-1927): 230-248, 255-278, 322-342, 347-367.
Louis XVIII. *Relation d'un voyage à Bruxelles et à Coblentz en 1791.* Paris, 1823.
Louis-Philippe. *Mémorial des pensées et actions du duc de Chartres…écrit par lui-même en 1790 et 1791.* Paris, 1830.
Maupetit, Michel René. "Lettres (1789-91)." Edited by Quéruau-Lamérie. *Bulletin de la Commission historique et archéologique de la Mayenne,* 2d ser., 17(1901): 302-327, 439-454; 18(1902): 133-163, 321-33, 447-475; 19(1903): 205-250, 348-378; 20(1904): 88-125, 176-203, 358-377, 446-472; 21(1905): 93-124, 204-223, 325-363, 365-388; 22(1906): 67-95, 213-239, 349-384, 454-493; 23(1907): 87-115.
Ménard de La Groye, François-René-Pierre. *Correspondance* (1789-1791). Edited by Florence Mirouse. Le Mans, 1989.
Mercier, Louis-Sébastien. *Tableau de Paris* (1781). In *Paris le jour, Paris la nuit.* Edited by Michel Delon. Paris, 1990.
Miles, William Augustus. *The Correspondence of William Augustus Miles on the French Revolution, 1789-1817.* Edited by Charles Popham Miles. 2 vols. London, 1890.
Morris, Gouverneur. *A Diary of the French Revolution.* Edited by Beatrix Cary Davenport. 2 vols. Boston, 1939.
Mousset, Albert. *Un témoignage de la Révolution, le comte de Fernan Nunez, ambassadeur*

d'Espagne à Paris, 1787-1791. Paris, 1923.
Moustier, François-Melchoir de. *Relation du voyage de S. M. Louis XVI lors de son départ pour Montmédy et son arrestation à Varennes*. Paris, 1815.
Nicolardot, Louis. *Journal de Louis XVI*. Paris, 1873.
Oelsner, Konrad-Engelbert. *Flucht Verhör und Hinrichtung Ludwigs XVI, nach der Schilderung eines deutschen Beobachters*. Edited by A. Cartellieri. Leipzig, 1911.
Panon Desbassayns, Henri-Paulin. *Voyage à Paris pendant la Révolution (1790-92). Journal inédit d'un habitant de l'Ile Bourbon*. Edited by Jean-Claude de Guillermin des Sagettes. Paris, 1985.
Pétion, Jérôme. "Voyage de Pétion au retour de Varennes." In *Mémoires inédits de Pétion et mémoires de Buzot et de Barbaroux*. Edited by C. A. Dauban. Paris, 1866, 189-204.
Planta de Wildenberg, chevalier de. "Arrestation du roi Louis XVI à Varennes." In Marc Bouloiseau, "Deux relations de l'arrestation du roi à Varennes." *AHRF* 44(1972): 440-448.
Rabaut Saint-Etienne, Jean-Paul. "Correspondance pendant la Révolution (1789-93)." Edited by Armand Lods. *RF* 35(1898): 78-89, 157-177, 259-277.
——*Précis historique de la Révolution française*. Paris, 1792.
Raigecourt, comte Charles de. "Exposé de la conduite de M. le comte Charles de Ragecourt à l'affaire de Varennes. "In *Mémoires sur l'affaire de Varennes*. Paris, 1823, 187-195.
Rochambeau, Jean-Baptiste Donatien de Vimeur, comte de. *Mémoires militaires, historiques, et politiques*. 2 vols. Paris, 1824.
Roger, Jean-Pierre. "Lettres du constituant Roger." Edited by R. Rumeau. *RF* 43(1902): 68-82.
Roland, Marie-Jeanne. *Les lettres de Madame Roland*. Edited by Claude Perroud. 2 vols. Paris, 1901-02.
Ruault, Nicolas. *Gazette d'un Parisien sous la Révolution. Lettres à son frère, 1783-96*. Edited by Christiane Rimbaud and Anne Vassal. Paris, 1976.
Saint-Priest, François-Emmanuel Guignard, comte de. *Mémoires: Régnes de Louis XV et de Louis XVI*. Edited by baron de Barante. 2 vols. Paris, 1929.
Short, William. "Letters." In *The Papers of Thomas Jefferson*. Edited by Julian P. Boyd. Vols. 19-22. Princeton, 1974-1986.
Thibaudeau, Antoine-René-Hyacinthe. *Correspondance inédite*. Edited by H. Carré and Pierre Boissonnade. Paris, 1898.
Thompson, J. M. *English Witnesses of the French Revolution*. Oxford, 1938.
Toulongeon, François-Emmanuel, vicomte de. *Histoire de la France depuis la Révolution*. 7 vols. Paric, 1801.
Tourzel, Louise-Elisabeth de. *Mémoires de Madame la duchesse de Tourzel*. Edited by Jean Chalon. Paris, 1969.
Valory, François-Florent de. "Précis historique du voyage entrepris par S. M. Louis XVI le 21 juin 1791. De l'arrestation de la famille royale à Varennes, et de son retour." In

Mémoires sur l'affaire de Varennes. Paris, 1823, 243-324.
Ville de Rouen. Analyses des délibérations. Rouen, 1905.
Weber, Joseph. *Mémoires de Weber, frère de lait de Marie-Antoinette, reine de France*. Paris, 1847.

二次史料

Aimond, Charles. *L'énigme de Varennes*. Paris, 1936.
——*Histoire de la ville de Varennes-en-Argonne*. Bar-le-Duc, 1928.
——*Histoire religieuse de la Révolution dans le département de la Meuse et le diocèse de Verdun (1789-1802)*. Paris, 1949.
Andress, David. *Massacre at the Champ de Mars: Popular Dissent and Political Culture in the French Revolution*. Woodbridge, England, 2000.
Arbellot, Guy, and Bernard Lepetit. *Atlas de la Révolution française*. Vol. 1: *Routes et communications*. Paris, 1987.
Arnaud, Gaston. *Histoire de la Révolution dans le département de l'Ariège, 1789-1795*. Toulouse, 1904.
Aulard, Alphonse. *Histoire politique de la Révolution française* . 3d ed. Paris, 1905.
Baker, Keith. *Condorcet: From Natural Philosophy to Social Mathematics*. Chicago, 1975.
Baumont, Henri. *Le département de l'Oise pendant la Révolution (1790-1795)*. Paris, 1993.
Beauvalet-Boutouyrie, Scarlet. *Dictionnaire démographique des communes de la Meuse, 1800-1982*. Bar-le-Duc, n.d.
Biernawski, Louis. *Un département sous la Révolution française. L'Allier de 1789 à l'an III*. Paris, 1909.
Binet, C. "Les répercussions de la fuite de Louis XVI en Bretagne." *Comité des travaux historiques. Bulletin historique et philologique*, 1911, 93-122.
Bloch, Marc. *The Royal Touch*. New York, 1989.〔井上泰男・渡辺昌美訳『王の奇跡』刀水書房、1998年〕
Bourdin, Isabelle. *Les sociétés populaires à Paris pendant la Révolution*. Paris, 1937.
Boutier, Jean, and Philippe Boutry. *Atlas de la Révolution française. Vol. 6: Les sociétés politiques*. Paris, 1992.
Bouvier, Félix. *Les Vosges pendant la Révolution, 1789-1800. Etude historique*. Paris, 1885.
Braesch, Frédéric. "Les pétitions du Champ de Mars." *Revue historique* 142 (1923): 192-209; 143: 1-39, 181-197.
Brégail, M. *Le Gers pendant la Révolution*. Auch, 1934.
Bruneau, Marcel. *Les débuts de la Révolution dans les départements du Cher et de l'Indre*. Paris, 1902.
Buirette, Claude. *Histoire de la ville de Sainte-Menehould et de ses environs*. 2d ed. Sainte-Menehould, 1882.

Burstin, Haim. "La loi Le Chapelier et la conjoncture révolutionnaire." In *Naissance des libertés économiques*. Edited by Alain Plessis. Paris, 1993.

——"Problèmes du travail à Paris sous la Révolution." *Revue d'histoire moderne et contemporaine* 44(1997): 650-682.

——"Une Révolution à l'oeuvre. Le faubourg Saint-Marcel (1789-1794)." Doctoral thesis, University of Paris I, 1999.

Carrot, Georges. *Le maintien de l'ordre en France*. 2 vols. Toulouse, 1984.

Censer, Jack Richard. *Prelude to Power: The Parisian Radical Press, 1789-1791*. Baltimore, 1976.

Charavay, Etienne. *Les assemblées électorales de Paris, 26 août 1791-12 août 1792*. Paris, 1894.

Chobaut, H. "La pétition du club de Montpellier en faveur de la république." *AHRF* 4(1927): 547-563.

Connac, Emile. *Histoire de la Révolution à Toulouse et dans le département de la Haute-Garonne*. Toulouse, 1901.

David, Philippe. *Un port de l'océan pendant la Révolution. La Rochelle et son district, 1791-1795*. La Rochelle, 1938.

Dubois, Eugène. *Histoire de la Révolution dans l'Ain. Vol. 1: La Constituante (1789-1791)*. Bourg-en-Bresse, 1931.

Duprat, Annie. *Le roi décapité. Essai sur les imaginaires politiques*. Paris, 1992.

Dupuy, Roger. *La garde nationale et les débuts de la Révolution en Ille-et-Vilaine (1789-mars 1793)*. Paris, 1972.

Duval-Jouve, Joseph. *Montpellier pendant la Révolution*. 2 vols. Montpellier, 1879-1881.

Egret, Jean, *Necker, ministre de Louis XVI*. Paris, 1975.

Farge, Arlette. *Dire et mal dire. L'opinion publique au XVIII siècle*. Paris, 1992.

Fougeray Du Coudrey, R. *Granville et ses environs pendant la Révolution*. Granville, 1920.

Fournel, Victor. *L'événement de Varennes*. Paris, 1890.

Fray-Fournier, A. *Le club des Jacobins de Limoges*. Limoges, 1903.

Gaugain, Ferdinand. *Histoire de la Révolution dans la Mayenne*. 4 vols. Laval, 1919-1921.

Genty, Maurice. *Paris, 1789-1795. L'apprentissage de la citoyenneté*. Paris, 1987.

Gillet, P. *Louis XVI et sa famille à Epernay aux retour de Varennes*. Epernay, 1968.

Girault de Coursac, Paul. "L'opinion publique après Varennes." *Découverte*, no. 22(1978): 3-28; no. 23: 3-26, no. 24: 3-28.

Godechot, Jacques. *La prise de la Bastille*. Paris, 1965.〔赤井彰訳『バスティーユ占領』白水社、1986年〕

Goetz-Bernstein, H. A. *La diplomatie de la Gironde. Jacques-Pierre Brissot*. Paris, 1912.

Gottschalk, Louis, and Margaret Maddox. *Lafayette in the French Revolution: From the October Days through the Federation*. Chicago, 1973.

Goubert, Pierre. *L'ancien régime*. Vol. 2: *Les pouvoirs*. Paris, 1973.

Hardman, John. *Louis XVI*. New Haven, 1993.

Hardman, John, and Munro Price, eds. *Louis XVI and the Comte de Vergennes: Correspondence, 1774-1787*. Oxford, 1998.
Henwood, Philippe, and Edmond Monange. Brest. *Un port en Révolution, 1789-1799*. N.p., 1989.
Hesse, Carla. *The Other Enlightenment: How French Women Became Modern*. Princeton, 2001.
Hugueney, Louis. *Les clubs dijonnais sous la Révolution*. Dijon, 1905.
Hunt, Lynn. *The Family Romance of the French Revolution*. Berkeley, 1992.〔西川長夫・天野知恵子・平野千果子訳『フランス革命と家族ロマンス』平凡社、1999年〕
——*Politics, Culture, and Class in the French Revolution*. Berkeley, 1984.〔松浦義弘訳『フランス革命の政治文化』ちくま学芸文庫、2020年〕
Jordan, David P. *The King's Trial: Louis XVI vs. the French Revolution*. Berkeley, 1979.
Kaiser, Thomas. "Who's Afraid of Marie-Antoinette? Diplomacy, Austrophobia, and the Queen." *French History* 14(2000): 241-271.
Kaplan, Stevn L. *The Famine Plot Persuasion in Eighteenth-Century France*. Philadelphia, 1982.
——*La fin des corporations*. Paris, 2001.
Kates, Gary. *The Cercle Social, the Girondins, and the French Revolution*. Princeton, 1985.
Kennedy, Michael L. *The Jacobin Clubs in the French Revolution: The First Years*. Princeton, 1982.
Klaits, Joseph. *Printed Propaganda under Louis XIV: Absolute Monarchy and Public Opinion*. Princeton, 1976.
Labroue, Henri. *L'esprit public en Dordogne pendant la Révolution*. Paris, 1911.
Langlois, Calude. "Le serment révolutionnaire, 1789-1791: Fondation et exclusion." In *Le serment*. Edited by Raymond Verdier. Vol. 2. Paris, 1991, 389-395.
Laurent, Gustave. "A propos de Drouet." *AHRF* 21(1949): 247-251.
Lecesne, Edmond. *Arras sous la Révolution*. 2 vols. Arras, 1882-83.
Leclercq, Henri. *La fuite du roi (avril-juillet 1791)*. Paris, 1936.
Lefebvre, Georges. "Le meurtre du comte de Dampierre (22 juin 1791)." In *Etudes sur la Révolution française*. Paris, 1963, 393-405.
——*La Révolution française. La fuite du roi*. Paris, 1951.
Lenôtre, Georges. *Le drame de Varennes, juin 1791*. Paris, 1905.
Lesort, André. *L'esprit public dans le département de la Meuse au moment de l'arrestation de Louis XVI à Varennes*. Paris, 1908.
Lever, Evelyne. *Louis XVI*. Paris, 1985.
Markoff, John. "Images of the King at the Beginning of the Revolution." In *Revolutionary Demands: A Content Analysis of the Cahiers de Doléances of 1789*. Edited by Gilbert Shapiro and John Markoff. Stanford, 1997, 369-376.
Mathiez, Albert. *Le club des Cordeliers pendant la crise de Varennes*. Paris, 1910.
McManners, John. *Church and Society in Eighteenth-Century France*. 2 vols. Oxford, 1998.
Michon, Georges. *Essai sur l'histoire du parti Feuillant. Adrien Duport*. Paris, 1924.

Millot, Jean. "La fuite à Varennes, conséquences dans l'ordre public et le domaine politique à Besançon." *Académie des sciences, belles-lettres et arts de Besançon. Procès-verbaux et mémoires* 172(1957): 197-214.

Monnier, Raymonde. "Paris au printemps 1791. Les sociétés fraternelles et le problème de la souveraineté." *AHRF* 64(1992): 1-16.

Nicolas, Raymond. *L'esprit public et les élections dans le département de la Marne de 1790 à l'an VIII. Essai sur la Révolution française en province*. Châlons-sur-Marne, 1909.

Padover, Saul K. *The Life and Death of Louis XVI*. New York, 1939.

Pastoors, A. *Histoire de la ville de Cambrai pendant la Révolution, 1789-1802*. 2 vols. Cambrai, 1908.

Pegg, Carl Hamilton. "Sentiments républicains dans la presse parisienne lors de la fuite du roi." *AHRF* 11(1934): 435-445.

Péronnet, Michel. "Le club de Montpellier appelle la république." In *La république en Languedoc et Roussillon, 1792-1958. Colloque de Nîmes, 4 et 5 septembre 1991*. Nîmes, 1993, 139-165.

Pionnier, Edmond. *Essai sur l'histoire de la Révolution à Verdun (1789-1795)*. Nancy, 1905.

Pisani, Paul. *L'église de Paris et la Révolution* 4 vols. Paris, 1908-1911.

Pommeret, Hervé. *L'esprit politique dans le département des Côtes-du-Nord pendant la Révolution: 1789-99*. Saint-Brieuc, 1921.

Price, Munro. "Louis XVI and Gustavus III: Secret Diplomacy and Counterrevolution, 1791-1792." *Historical Journal* 42(1999): 435-466.

Reinhard, Marcel. *La chute de la royauté*. Paris, 1969.

Roche, Daniel. *The People of Paris: An Essay in Popular Culture in the Eighteenth Century*. Berkeley, 1987.

Rouvière, François. *Histoire de la Révolution française dans le département du Gard*. Vol. 1. Nîmes, 1887.

Roux, marquis Marie de. *La Révolution à Poitiers et dans la Vienne*. Paris, 1910.

Rudé, George. *The Crowd in the French Revolution*. New York, 1959.〔前川貞次郎・服部春彦・野口名隆訳『フランス革命と群衆』ミネルヴァ書房、1983年〕

Sagnac, Philippe. "L'état des esprits en France à l'époque de Varennes (juin-juillet 1791)." *Revue de l'histoire modern* 12(1909): 149-175.

——"Marie-Antoinette et Barnave d'après leur correspondance secrète." *RF*, n.s., 3(1935): 207-241.

——*La Révolution (1789-1792)*. Paris, 1920.

Schneider, René. *Au lendemain de Varennes. Un épisode de la Révolution en Moselle*. Metz, 1989.

Shapiro, Barry M. *Revolutionary Justice in Paris, 1789-1890*. Cambridge, 1993.

Söderhjelm, Alma. *Correspondance secrète. Marie-Antoinette et Barnave*. Paris, 1934.

——*Fersen et Marie-Antoinette*. Paris, 1930.

Sol, Eugéne. *La Révolution en Quercy*. 4 vols. Paris, 1926.

Tackett, Timothy. *Becoming a Revolutionary: The Deputies of the French National Assembly*

and the Emergence of a Revolutionary Culture. Princeton, 1996.

——"Conspiracy Obsession in a Time of Revolution: French Elites and the Origins of the Terror: 1789-1792." *American Historical Review* 105(2000): 691-713.

——"The Constituent Assembly in the Second Year of the French Revolution." In *Revolution, Society, and the Politics of Memory*. Edited by Michael Adcock et al. Melbourne, 1996, 162-169.

——"Les députés de l'Assemblée législative, 1791-92." In *Pour la Révolution française. En hommage à Claude Mazauric*. Edited by Christine Le Bozec and Eric Wauters. Rouen, 1998, 139-144.

——*Religion, Revolution, and Regional Culture*. Princeton, 1987.

Thelander, Dorothy R. "Mother Goose and Her Goslings: The France of Louis XIV as Seen through the Fairy Tale." *Journal of Modern History* 54(1982): 467-496.

Tulard, Jean. *Nouvelle histoire de Paris. La Révolution*. Paris, 1789.

Van Kley, Dale K. *The Religious Origins of the French Revolution: From Calvin to the Civil Constitution, 1560-1791*. New Haven, 1996.

Vast, Albert. *Sur le chemin de Varennes. Vieux souvenirs du 21 juin 1791 d'après de nouveaux documents et les relations de témoins oculaires*. Paris, 1907.

Vidal, Pierre. *Histoire de la Révolution française dans le département des Pyrénées-Orientales*. 3 vols. Perpignan, 1885-1888.

Viola, Paolo. *Il trono vuoto. La transizione della sovranità nella rivoluzione francese*. Turin, 1989.

Wahl, Maurice. *Les premières années de la Révolution à Lyon, 1788-1792*. Paris, 1894.

Walter, Gérard. *Histoire des Jacobins*. Paris, 1946.

Whaley, Leigh. "The Varennes Crisis and the Division amongst the Radicals in the French Revolution." *Modern and Contemporary France* 38(1989): 34-44.

Wick, Daniel L. *A Conspiracy of Well-Intentioned Men: The Society of Thirty and the French Revolution*. New York, 1987.

Zweig, Stefan. *Marie-Antoinette: The Portrait of an Average Woman*. New York, 1933.〔高橋禎二・秋山英夫訳『マリー・アントワネット』（上）（下）岩波文庫、1980年〕

略語

AC	Archives communales of
AD	Archives départementales of
AHRF	*Annales historiques de la Révolution française*
AM	Archives municipales of
AN	Archives Nationales, Paris
AP	*Archives parlementaires de 1787 à 1860, recueil complet des débats législatifs et politiques des chambres françaises.* *Première série (1787–1799)*, ed. Jérôme Mavidal et al., 82 vols. (Paris, 1867–1913)
BM	Bibliothèque municipale of
BN	Bibliothèque Nationale de France, Paris
RF	*Révolution française*

註

※註に引用された文献の完全な書誌情報は文献目録に示されている。

日本語版への序文

(1) *Religion, Revolution, and Regional Culture in Eighteenth-Century France* (Princeton, Princeton University Press, 1986). アンシャン・レジーム下のガップの教区における300人あまりの聖職者に関する研究書においても、フランス革命は私の主要な関心事であった。*The Old-Regime Diocese of Gap : Priest and Parish in Eighteenth-Century France : A Social and Political Study of the Curés in a Diocese of Dauphiné* (Princeton, Princeton University Press, 1977).

(2) *Becoming a Revolutionary : The Deputies of the French National Assembly and the Emergence of a Revolutionary Culture (1789-1790).* (Princeton, Princeton University Press, 1996). この本は後にペイパーバック版で再版された。(University Park, PA, Pennsylvania State University Press, 2006).

(3) *The Coming of the Terror in the French Revolution* (Cambridge, Mass., Harvard University Press, 2015). 1人の個人の経験を通じてパリの1つの地域に焦点を当てた私の最近の研究書も参照のこと。*The Glory and the Sorrow : A Parisian and His World in the Age of the French Revolution* (Oxford, Oxford University Press, 2021).

(4) Michel Biard, *La liberté ou la mort : mourir en deputé , 1792-1795* (Paris, Tallandier, 2015).〔小井高志訳『自決と粛清』藤原書店、2023年〕

(5) この段落とそれ以降の段落については、とりわけ私の *Becoming a Revolutionary* および *The Coming of the Terror* を参照のこと。

(6) Richard Hofstadter, *The Paranoid Style in American Politics and Other Essays* (Chicago, Chicago University Press, 1965).

(7) 私の以下の論文を参照のこと。"Conspiracy Obsession in a Time of Revolution : French Elites and the Origins of the Terror : 1789-1792," *American Historical Review*, 105 (2000), 691-713.

(8) たとえば、次の2つの研究書を参照のこと。D.M.G. Sutherland, *France, 1789-1815 : Revolution and Counterrevolution* (London, Fontana Press, 1985). Jean-Clemént Martin, *Contre-Révolution, Révolution, et Nation* (Paris, Editions du Seuil, 1988).

(9) とりわけ、半世紀以上にわたる友人である長谷川輝夫氏、そして山崎耕一、惜しまれることに他界された柴田三千雄、遅塚忠躬の各氏には特別な感謝を捧げたい。

プロローグ

(1) Antoine-François Delandine, *Mémorial historique des Etats généraux*, 5 vols. (n.p., 1789), 3: 4.

第一章 「陛下、お通しすることはできません」

(1) Aimond, *Histoire de Varennes* ; and Beauvalet-Boutouyrie.
(2) とくに断りのないかぎり、以下の記述は、1791年6月23日と6月27日のヴァレンヌ町議会議事録(Fournel, 310–329に採録)、*AP* 27: 508–509におけるジャン＝バチスト・ドゥルエの説明、Aimond, *l'Enigme de Varennes* および Aimond, *Histoire de la ville de Varenne-en-Arogonne* から取られた。1人の傑出した郷土史家による最後の2著は、1914年に破壊されたヴァレンヌ古文書館の文書、および今では失われたらしい口頭および文書での地元の証言に依拠していた。
(3) Fournel, 311.
(4) Fournel, 322; Fischbach, 91.
(5) この段落およびそれ以降の段落については、とりわけ次を参照。Aimond, *Histoire de Varennes*, 288–313.
(6) AD Meuse, L 2144.
(7) Aimond, *Histoire de Varennes*, 292–293.
(8) Ibid.
(9) Ibid., 293; AD Meuse, L 1266.
(10) Aimond, *Histoire de Varennes*, 298–299.
(11) Aimond, *Enigme*, 38–39; Aimond, *Histoire de Varennes*, 308–310; Aimond, *Histoire religieuse*, 112, 192; Boutier and Boutry.
(12) Aimond, *Histoire de Varennes*, 304–308; Tackett, *Religion, Revolution, and Regional Culture*, 343.
(13) Aimond, *Enigme*, 42–43; Aimond, *Histoire de Varennes*, 301–302.
(14) この段落およびそれ以降の段落については、次を参照。Aimond, *Enigme*, 31, 44–45, 111; Aimond, *Histoire de Varennes*, 299–300, 315–316.
(15) *AP* 27: 544.
(16) Aimond, *Enigme*, 39–41, 111; letter from Sauce, July 21, 1791, AD Ardennes, L 78.
(17) Raigecourt, 187–195; Aimond, *Enigme*, 126.
(18) Choiseul-Stainville, 90–92; Damas, 230–232.
(19) Fournel, 321.
(20) Fournel, 323; *AP* 27: 508.

(21) Letter from Sauce, July 21, 1791, AD Ardennes, L 78.
(22) Lesort, 10–11; Pionnier, 108.
(23) AN D XXIX bis 36 (1), dos. 370.
(24) Lesort, 10–12, 14–15; Bimbenet, 187–193, 235–238; Fournel, 335; Pionnier, 108; AD Marne, 1 L 329; AD Aisne, L 605; AD Haute-Marne, L 274.
(25) Aimond, *Histoire de Varennes*, 326; Aimond, *Enigme*, 149–152; Fournel, 324.
(26) Fournel, 311–312, 325.
(27) Aimond, *Histoire de Varennes*, 325; Aimond, *Enigme*, 143.
(28) Damas, 237.
(29) *AP* 27: 358.
(30) Choiseul-Stainville, 101; Tourzel, 201; Aimond, *Enigme*, 154–156.
(31) AN D XXIX bis 38, dos. 388.
(32) *AP* 29: 532–534; Lenôtre, passim.

第二章　フランス人の王

(1) Campan, 113.
(2) Bachaumont, 104.
(3) Hardman and Price, 243–244, 297.
(4) Nicolardot, 112–113.
(5) Hardman and Price, 294; Nicolardot, 207; Campan, 113; Padover, 16–17; Saint-Priest, 2: 49–50, 62–63.
(6) Nicolardot, 117, 120, 151–160, 189–214, 233.
(7) Falloux, passim; Padover, 15–16; Hardman, 20.
(8) Falloux, 1, 7, 27, 35; Nicolardot, 49–50; Hardman and Price, 167.
(9) Bachaumont, 57–59; Padover, 128–129; Lever, 184–195.
(10) Falloux, 98.
(11) Tourzel, 103; Campan, 114.
(12) Zweig, 4–6, 82–83; Paul Girault de Coursac and Pierrette Girault de Coursac, 21–22; Saint-Priest, 2: 62; Hardman, 24.
(13) Bachaumont, 79; Zweig, 21–24; Padover, 33–36, 96–104.
(14) Nicolardot, 62; Arneth, 4–18; Padover, 96–104.
(15) Bachaumont, 155; Arneth, 20–21; Zweig, 136–137.
(16) Bachaumont, 126.
(17) Bachaumont, 67, 143, 165, 226; Saint-Priest, 2: 65–66; Zweig, 34–38, 187, and chap. 10; Hunt, *Family Romance*, chap. 4.
(18) Wick, passim.
(19) Saint-Priest, 2: 67, 72, 80, 84, 90, 92; Zweig, 226–247.
(20) Hardman and Price, 263, 288.
(21) Nicolardot, 107, 112–13; Padover, 135.
(22) Saint-Priest, 2: 48–50; Fersen, 82–83. さらに参照、Bachaumont, 36; Padover, 89.

(23) Arneth, 2, 38–39, 110; Bachaumont, 226; Padover, 92–95.
(24) Campan, 224; Lescure, 270; Saint-Priest, 2: 77, 82–83.
(25) Saint-Priest, 2: 88–90.
(26) Saint-Priest, 2: 90–91.
(27) Mousset, 228.
(28) Saint-Priest, 2: 24–25. さらに参照、Arneth, 126–127; Feuillet de Conches, 2: 46–48; Tourzel, 105, 142.
(29) Tourzel, 78, 80, 102; Tackett, *Becoming a Revolutionary*, 297–298.
(30) Arneth, 129, 132; Campan, 279.
(31) Arneth, 134, 139; Tourzel, 158.
(32) Tourzel, 81; Arneth, 126–127, 129; Feuillet de Conches, 2: 41–42; Mousset, 241.
(33) *AP* 27: 378–383.
(34) これらの、そして他のそのような計画については、次を参照。Tourzel, 20–21; Saint-Priest, 2: 14, 83, 93; Campan, 267–268, 273–274; Bouillé, 228.
(35) *AP* 27: 383. さらに参照、Feuillet de Conches, 2: 10–11; Tourzel, 160–161; Mousset, 264; Legendre, letter of March 2, 1791.
(36) Tourzel, 173–176, 185; Feuillet de Conches, 2: 46–48; Arneth, 155; Campan, 286; *AP* 27: 552–553.
(37) *AP* 27: 383; Tourzel, 160–161, 163, 174; Irland de Bazôges, letter of March 4, 1791; Mousset, 249.
(38) Fersen, 97, 103–105.
(39) Bouillé, 215–216; Bouillé fils, 17–19, 21–22.
(40) Fersen, 113.
(41) Feuillet de Conches, 2: 38–40; Fersen, 82.
(42) E.g., Arneth, 165, 169, 151, 162, 177–179; Tourzel, 176.
(43) Louis XVIII, 45–77.
(44) Bouillé, 240; Fersen, 128; Bouillé fils, 39; Damas, 207.
(45) Bouillé fils, 43; Tourzel, 193; Bimbenet, 36, 51; Choiseul-Stainville, 44.
(46) E.g., Bimbenet, 44, 57–62; 65–82; Choiseul-Stainville, 75–77; Weber, 324–325.
(47) Choiseul-Stainville, 50, 52; Tourzel, 190–92; Campan, 286–90; Feuillet de Conches, 2: 14, 127–128; Bimbenet, 26, 40–44.
(48) *AP* 25: 201, 312–13; Fersen, 87. さらに参照、Fersen, 108; Tourzel, 179; Arneth, 155; Feuillet de Conches, 2: 48–49.
(49) Bouillé, 202, 226–233, 247–249, 215–216; Bouillé fils, 17–19, 21–22, 24–25, 56–59; Heidenstam, 44–45.
(50) Bouillé, 219–220, 240, 255; Bouillé fils, 37–39, 44, 87; Fersen, 121.
(51) Bouillé fils, 37–39; Fersen, 118, 121; Tourzel, 196.
(52) Campan, 282; Fersen, 121; Bouillé, 251; Choiseul-Stainville, 55–56, 58; Bouillé fils, 70–71; Damas, 207.
(53) Bouillé, 253; Damas, 205–206 and 208; Choiseul-Stainville, 63; Fersen, 130.
(54) Bouillé fils, 72–73; Choiseul-Stainville, 49.
(55) Fersen, 136; Bouillé fils, 70–71.

(56) Bouillé, 243–246; Bouillé fils, 33–41, 62–63, 80.
(57) Fersen, 130; Bouillé, 220–222, 242; Bouillé fils, 64–65; Damas, 203–205; Choiseul-Stainville, 37; Aimond, *Enigme*, 131.
(58) Bouillé, 254–255, 252; Fischbach, 205–206.
(59) Choiseul-Stainville, 38, 55; Bouillé, 222; Fersen, 101, 109, 128, 132, 136.
(60) Fersen, 137; Bouillé fils, 77–79; Bouillé, 254–255; Choiseul-Stainville, 42–43; Damas, 208.
(61) Bouillé, 223; Fersen, 110; Choiseul-Stainville, 34, 53, 55–56.
(62) Feuillet de Conches, 2: 101–125; Lefebvre, *Recueil de documents*, 274–284; Fersen, 128; Choiseul-Stainville, 34; Bouillé, 223.
(63) Bouillé, 200–201; Arneth, 152–154, 171; Feuillet de Conches, 2: 129–130; Campan, 290; Choiseul-Stainville, 53. ブイエは国王を迎えるための準備を、国境を越えたところにあるオルヴァル修道院でおこなったと思われる。*AP* 27: 558.
(64) Arneth, 152–154; Feuillet de Conches, 2: 55–59, 127–128, 63.

第三章　国王が逃亡する

(1) Madame Royale, in Weber, 313–314; AN D XXIX bis 38, dos. 389; Bimbenet, 44.
(2) Valory, 257–259; Moustier, 4; Bimbenet, 92–128; Louis XVIII, 40–41.
(3) Bimbenet, 28–29, 51, 57–62; Moustier, 6–7.
(4) Choiseul-Stainville, 69–74; Aimond, *Enigme*, 56; Lenôtre, 270–276.
(5) Bimbenet, 8–11, 65–82.
(6) Aimond, *Enigme*, 57; Lafayette, 3: 77; Weber, 325; *Almanach de la ville de Lyon*, xix.
(7) Tourzel, 191–192; Weber, 314–316. いくつかの記述によれば、トゥルゼル夫人はマルダンかフェルセン、あるいは王妃本人にさえ付き添われて宮殿を抜け出した。Lenôtre, 41–42.
(8) Choiseul-Stainville, 75–77; Bimbenet, 35–36, 92–103; Tourzel, 192; *AP* 27: 553; Aimond, *Enigme*, 56–57.
(9) Tourzel, 193–194; Choiseul-Stainville, 78–79; Aimond, *Enigme*, 58; Bimbenet, 57–62.
(10) Bimbenet, 61–62; Choiseul-Stainville, 78–79.
(11) Bimbenet, 8–12, 36, 51.
(12) Aimond, *Enigme*, 8–9.
(13) Valory, 270; Bimbenet, 82–92; *AP* 27: 552–553; Vast, 15; Arbellot and Lepetit, 18.
(14) Aimond, *Enigme*, 13. 彼らは、パリからヴァレンヌまでの146マイルを20.5時間かかって、あるいは時速7.1マイルで旅した。19ヶ所の中継地点で費やした時間を引き算すると、おそらくは時速9.2マイルほどで移動したと思われる。
(15) Fournel, 356; Lacroix, 128; Weber, 316. 事故はシャントリの近くで起こったとする者たちもいる。Vast, 24–25; Aimond, *Enigme*, 65–66, 74.
(16) Tourzel, 193–195; Weber, 315; Moustier, 9–11; Vast, 1; Pétion, 194.

(17) Bimbenet, 65–82, 92–103, 115–128; Moustier, 11; Aimond, *Enigme*, 64–65.
(18) Aimond, *Enigme*, 64–65, 68–69; Vast, 16–19, 27, 39–41.
(19) Weber, 316; Aimond, *Enigme*, 74–76; Vast, 41–43.
(20) Vast, 62, 67–69, 72; Aimond, *Enigme*, 76–78; AN D XXIX bis 36 (1), dos. 370.
(21) Tourzel, 195–197; Valory, 270; Vast, 97–99; Aimond, *Enigme*, 79.
(22) Bouillé, 256–257; Damas, 209, 212–213; Bouillé fils, 79, 86, 122–129; Raigecourt, 187–195; Bimbenet, 238–239; Aimond, *Enigme*, 106–110.
(23) Bimbenet, 177–178.
(24) Damas, 107, 210, 214, 218; Vast, 175; Aimond, *Enigme*, 96.
(25) Bimbenet, 183–185; Lagache, 449–453; Buirette, 546–550; Vast, 101–107; Aimond, *Enigme*, 33, 84–86.
(26) Choiseul-Stainville, 80–84; Damas, 233–234; Aimond, *Enigme*, 80–81.
(27) Fersen, 138; Choiseul-Stainville, 80–84, 109–110; Damas, 233–234; Bouillé fils, 95–98; Aimond, *Enigme*, 80–81.
(28) Damas, 218–221; Bimbenet, 183–185; Raigecourt, 187–195; Aimond, *Enigme*, 108–110.
(29) Tourzel, 197; Valory, 270–274; Moustier, 13; Lagache, 451; Fournel, 340–341; Buirette, 547–548; Vast, 107, 111–118; Aimond, *Enigme*, 84–87.
(30) Laurent, 248–249.
(31) *AP* 27: 508; Buirette, 547–548; Vast, 111–119; Aimond, *Enigme*, 87–91.
(32) Bimbenet, 183–185; Lagache, 452–453; AN D XXIX bis 37, dos. 386: report of municipality of Sainte-Menehould, July 28, 1791; Buirette, 547–553.
(33) Damas, 221–229; Valory, 276–277; Tourzel, 196; Weber, 316; Bimbenet, 187–193; Lagache, 453–454; Aimond, *Enigme*, 103.
(34) Weber, 316.
(35) Valory, 258, 279–285; Moustier, 15–18; Weber, 316; *AP* 27: 508–509; Aimond, *Histoire de Varennes*, 317–318.
(36) Tourzel, 198.
(37) Choiseul-Stainville, 105–108; Damas, 239; Tourzel, 202; Campan, 298–299; AD Ardennes, L 12 and 78; AN D XXIX bis, dos. 385; Fournel, 326; Aimond, *Histoire de Varennes*, 328; Aimond, *Enigme*, 156–159.
(38) Bouillé, 241–246; Bouillé fils, 122–135; Bimbenet, 238–239; Planta de Wildenberg, 444–446; Aimond, *Histoire de Varennes*, 328–329; Aimond, *Enigme*, 161–166.
(39) Fischbach, 209.
(40) Valory, 312; Pétion, 197; Tourzel, 209–210. 天気については、次を参照。Guittard de Floriban, 64–66.
(41) Moustier, 26; Pétion, 191–192; Buirette, 555–556.
(42) Tourzel, 203; Aimond, *Enigme*, 167–168; Buirette, 555–556.
(43) Buirette, 561–562; Nicolas, 60–61. 本書第六章も参照。
(44) Valory, 295–296; Pétion, 194; Dumas, 1: 497–499; Nicolas, 61–62.
(45) Fischbach, 87; Valory, 298–299; Buirette, 556–559; Lefebvre, "Le meurtre du comte de Dampierre," 393–405.

(46) AD Marne, 1 L 329: letter of municipality of Neuf-Bellay.
(47) Tourzel, 204–205; Valory, 300–306; Nicolas, 60–62; Aimond, *Enigme*, 171–173.
(48) Tourzel, 205–206; Gillet, 37–42; Aimond, *Enigme*, 173–175.
(49) Dumas, 1: 489–490; Pétion, 192; *AP* 27: 428; Aimond, *Enigme*, 175–176.
(50) Dumas, 1: 490–493; Pétion, 193, 201; Tourzel, 206–211; Aimond, *Enigme*, 177–179.
(51) Dumas, 1: 500–502; Tourzel, 211; Pétion, 202.
(52) Pétion, 202–203; Tourzel, 211; Valory, 312; Roger, 71; Rabaut Saint-Etienne, *Précis*, 248.
(53) Valory, 315–323; Moustier, 52; Pétion, 203–204; Dumas, 1: 503; Tourzel, 212–215; *AP* 27: 527–528; Aimond, *Enigme*, 179–180.
(54) Bouillé, 220–222, 225–226.

第四章　われらが良き都パリ

(1) Mercier, 34, 108, 328. 以下の記述の大半は、この文献にもとづいている。
(2) Mercier, 34; Tulard, 33–35, 44–49; Roche, chap. 1; Godechot, 67–70, 83.
(3) Thompson, 100–101, 118–119.
(4) とりわけ次を参照。Censer, chap. 2.
(5) Mercier, 70.
(6) Short, 20: 585; Mercier, 402; Andress, 177.
(7) Boutier and Boutry, 40.
(8) Mathiez, 4–10.
(9) とりわけ次を参照。Mathiez; Bourdin; Monnier, 4–6.
(10) とりわけ次を参照。Burstin, "Une Révolution à l'oeuvre," parts 2 and 3; and Kaplan, *La fin des corporations*, chaps. 13–15.
(11) Burstin, "La loi Le Chapelier"; Andress, 122–135.
(12) Burstin, "Une Révolution à l'oeuvre"; Andress, chaps. 2–4; Pisani, 1: 191–199; Tackett, *Religion, Revolution, and Regional Culture*, 354.
(13) Godechot, 245–48; Burstin, "La Révolution à l'oeuvre," 287–289, 293–295; Carrot, 1: 41, 69–71.
(14) Andress, 110–111; Burstin, "Une Révolution à l'oeuvre," 254; Gower, 82.
(15) Miles, 1: 209; Gower, 80; Short, 20: 348; Guittard de Floriban, 45.
(16) Gaultier de Biauzat, letter of January 29; *Ami du peuple*, February 14 and March 10（ジェレミー・ポプキンによってご教示いただいた）。さらに参照、Legendre, letter of February 2; Ruault, 221, 233–234; Vernier, letter of May 1; Colson, 192.
(17) *AP* 27: 370–372; Aimond, *Enigme*, 52–53; *L'orateur du peuple*, vol. 6, no. 45 (ca. June 20); *L'ami du peuple*, June 21（国王の逃亡が知られる前に掲載された）。
(18) AN D XXIX bis 38, dos. 389; Bimbenet, 14–15, 17, 35–36, 44.
(19) Lacroix, 1–2; Leclercq, 582–583.
(20) Leclercq, 581; Faulcon, 421; Thibaudeau, 139–140; Colson, 194; Ferrières, 360.

(21) Bimbenet, 14, 35–36; Ruault, 246; Panon Desbassayns, 186; Leclercq, 581.
(22) Lacroix, 4; Oelsner, 18; *Chronique de Paris*, no. 173, June 22; *Le babillard*, no. 18, June 22; Leclercq, 585.
(23) Mousset, 273; Short, 20: 562; *Le babillard*, no. 18, June 22; Oelsner, 38.
(24) Lacroix, 1–2, 5, 11.
(25) Lacroix, 3, 14–15, 22, 25, 179; Bourdin, 241; Panon Desbassayns, 186.
(26) Lacroix, 1–2, 5, 7, 13, 22, 53, 141–142, 185; Charavay, ix; Burstin, "La Révolution à l'oeuvre," 256–257; Genty, 105; Bourdin, 241–244; *Le patriote français*, no. 683, June 22; Mathiez, 51, 64.
(27) Bourdin, 235–237; Guittard de Floriban, 34; Short, 19: 635; Gower, 71; Censer, 111–115.
(28) Oelsner, 21.
(29) *Chronique de Paris*, no. 173, June 22; *Journal de Perlet*, no. 692, June 28.
(30) Leclercq, 672–676; *Chronique de Paris*, no. 173, June 22; Roland, 2: 316; Ruault, 246–247; Dumont, 222.
(31) AN D XXIX bis 35, dos. 365; *Le patriote français*, no. 683, June 22; Short, 20: 585; *Chronique de Paris*, no. 173, June 22; Mathiez, 51; Mousset, 273.
(32) Oelsner, 21; *Chronique de Paris*, no. 173, June 22.
(33) Leclercq, 675–76; Duprat, 146–188; Hunt, *Family Romance*, 50–51.
(34) *AP* 27: 24–26; Panon Desbassayns, 188; *Chronique de Paris*, no. 174, June 23; Rabaut Saint-Etienne, "Correspondance," 265; Gaultier de Biauzat, 2: 370–371.
(35) Lacroix, 49–50, 100; Burstin, 257–258; Panon Desbassayns, 189; McManners, 2: 122–123.
(36) Lindet, 286; *Chronique de Paris*, no. 175, June 24; *AP* 27: 444; Thibaudeau, 150–151.
(37) *AP* 27: 448, 453–454; Reinhard, 119–120.
(38) *AP* 27: 453–454; Lindet, 286; Faulcon, 433; Thibaudeau, 149–151; Roland, 2: 309; Guittard de Floriban, 65; *Journal de Perlet*, no. 689, June 25; Oelsner, 21–22.
(39) Roland, 2: 309.
(40) Burstin, "Une révolution à l'oeuvre," 257.
(41) Ruault, 248.
(42) Aulard, *Histoire politique*, 84–89, 105–111; Mathiez, 34–41; Morris, 2: 168; Hesse, 83–98; Pegg, 435; Louis-Philippe, 16.
(43) Roland, 2: 316; Ruault, 246–247; Panon Desbassayns, 186; Oelsner, 21; Lombard-Taradeau, 361; Lindet, 293; Lacroix, 46; *Chronique de Paris*, no. 173, June 22.
(44) Roland, 2: 302.
(45) *Le patriote français*, no. 683, June 22; Mathiez, 85–86; Pegg, 435–445; Whaley, 35–37; Bourdin, 245–248; Kates, 157–164; Baker, 304–305.
(46) Mathiez, 47.
(47) Mathiez, 48–50; *Le babillard*, nos. 19 and 21, June 23 and 25; Lacroix, 96–97, 117; Bourdin, 241–242.
(48) Guittard de Floriban, 65; Bourdin, 259–260; Mathiez, 51, 53–54, 123–125; *Le*

babillard, no. 21, June 25.
(49) Mathiez, 87; Roland, 2: 322, 325; Braesch, 193–195.
(50) Rudé, 83; Mathiez, 86, 233, 328; *Chronique de Paris*, no. 180, June 29; *Le babillard*, nos. 23 and 25–26, July 5 and 8–9; *Journal de Perlet*, no. 700, July 6; Guittard de Floriban, 68.
(51) Mathiez, 86–87; Bourdin, 260.
(52) Short, 20: 585; Bourdin, 260; Ruault, 250; Mathiez, 88; Roland, 2: 329; *Chronique de Paris*, no. 197, July 16; Gower, 109.
(53) Mathiez, 95, 96–97, 100, 108.
(54) Ibid., 109.
(55) *Le babillard*, no. 32, July 15; *AP* 27: 589–595; Lacroix, 285; Panon Desbassayns, 201; *Journal de Perlet*, no. 710, July 16.
(56) Lacroix, 309–310; *Chronique de Paris*, no. 195, July 14; *Les Révolutions de Paris*, July 13–14, 1791.
(57) Lacroix, 324–328, 344–345; Guittard de Floriban, 72; Panon Desbassayns, 201.
(58) Ruault, 251; Guittard de Floriban, 72; Gower, 106.
(59) Mathiez, 110; Lacroix, 345–348; Roland, 2: 327n.
(60) Lacroix, 350; Mathiez, 112–115.

第五章　国民の父たち

(1) この段落およびそれ以降の段落については、次を参照。Tackett, *Becoming a Revolutionary*, chaps. 1–4.
(2) Maupetit, 21 (1905): 213–214; Geoffroy, letter of June 19, 1791; Périsse Du Luc, letter of September 12, 1790; Vernier, letter of December 6, 1790; Tackett, "The Constituent Assembly," 162–169.
(3) Campmas, letter of August 24, 1790; Lafayette, 3: 175.
(4) Tackett, "The Constituent Assembly," 164; Michon, chap. 8.
(5) Basquiat de Mugriet, letter of May 31, 1791.
(6) Mousset, 255–256; Feuillet de Conches, 2: 48–49; Gower, 79; Michon, chap. 8.
(7) Thibaudeau, 143; Gaultier de Biauzat, 2: 367; *AP* 27: 358; Lombard-Taradeau, 360; Toulongeon, 2: 2n.
(8) *AP* 27: 369–372; Maupetit, 22 (1906): 475; Faulcon, 423. さらに参照、Carrot, 1: 73.
(9) Lafayette, 3: 75–76.
(10) *AP* 27: 359 における、とりわけカミュによる演説。Camus; Faulcon, 429–430; Lévis, 5 (1929): 273.
(11) *AP* 27: 410–412; Geoffroy, letter of June 22; Toulongeon, 2: 2n and 8n; Thibaudeau, 146–147; Roland, 2: 307.
(12) Thibaudeau, 153; *AP* 27: 359.
(13) *AP* 27: 363, 365–366, 369, 386, 521; Gower, 96.

(14) *AP* 27: 360, 423.
(15) *AP* 27: 478; Faulcon, 422; Maupetit, 22 (1906): 475; Rochambeau, 1: 380; Dumas, 1: 486–487; Geoffroy, letter of June 22; Basquiat de Mugriet, letter of June 24; Thibaudeau, 141.
(16) *AP* 27: 394–395, 400.
(17) *AP* 27: 362; Faulcon, 427; *AP* 27: 370; Fricaud, letter of June 24; Thibaudeau, 153; Lévis, 5 (1929): 272; Ferrières, 362.
(18) *AP* 27: 365, 386; Faulcon, 424.
(19) Basquiat de Mugriet, letter of June 24; Fricaud, letter of June 24; Lepoutre, 431, 487; Ménard de La Groye, 395; Durand, letter of June 26; Gantheret, letter of June 24; Faulcon, 440–442; Pétion, 191; Bouchette, 600–601.
(20) Lafayette, 3: 99; Ferrières, 368; Lindet, 287; Durand, letter of July 3; Lafayette, 3: 110.
(21) Ferrières, 361; Gaultier de Biauzat, 2: 370; Rabaut Saint-Etienne, "Correspondance," 265; *AP* 27: 24–26.
(22) Legendre, 70–71.
(23) Gaultier de Biauzat, 2: 384; Gantheret, undated letter (July 1791); Thibaudeau, 161–162.
(24) *AP* 27: 517, 538.
(25) *AP* 27: 520–521, 536–543, 617–618.
(26) Lindet, 289; *AP* 27: 543–544, 552–553; Lafayette, 3: 95.
(27) 憲法委員会、調査委員会、報告委員会、軍事委員会、外務委員会、刑事委員会、憲法修正委員会である。*AP* 32: 545–570. これらの委員会には国民議会の穏健派の指導者たちのほとんどが入っていたが、急進派は比較的少なかった。
(28) Legendre, letter of July 2; Morris, 2: 211; Roger, 74. 司法手続きにのっとった正式な査問が始まったのは、7月11日になってからであった。Bimbenet, 3.
(29) Lindet, 293.
(30) *AP* 27: 602–660; Bouillé, 252–253.
(31) *AP* 27: 565; AD Aisnes, L 12 and L 78.
(32) Irland de Bazôges, letter of June 29; Lévis, 5 (1929): 276; Vaudreuil, letter to his constituency: AN D XXIX bis 36 (1), dos. 368; *AP* 28: 91–98.
(33) Walter, 97; Tackett, "Conspiracy Obsession," 704–706.
(34) *Les révolutions de France et de Brabant*, no. 82.
(35) Aulard, *Jacobins*, 2: 533–538; Bouchette, 599; Lafayette, 3: 84; Gaultier de Biauzat, 2: 369.; さらに参照、Faulcon, 430; and Roland, 2: 304.
(36) Aulard, *Jacobins*, 2: 554–626.
(37) 次を参照。*AP* 28: 231–336.
(38) この頁およびそれ以降の頁は、7月13日から16日にかけての*AP*の記述にもとづいている。*AP* 28: 231– 247, 255–271, 316–336, 377–378.
(39) 次を参照。*AP* 8: 642.
(40) *AP* 28: 245, 258; Arnaud, 241. ヴァディエは、それまでに6回しか演説したことがなかった。

(41) *AP* 28: 326, 362.
(42) *AP* 28: 260–261, 317–318.
(43) *AP* 28: 330.
(44) Aulard, *Jacobins*, 3: 15 におけるゴチエの演説を参照。
(45) Thibaudeau, 167. マリ＝ジャンヌ・ロランは、約40人の議員たちが7月15日に7委員会の原案に反対したと考えた。Roland, 2: 328.
(46) たとえば次を参照。Gaultier de Biauzat, 2: 381–382; Basquiat de Mugriet, letters of July 9 and 10; Roger, 75–76; Thibaudeau, 161–162; Dubois, 373–375; Maupetit, 22 (1906): 480–482.
(47) Arriveur in Dubois, 373; Faulcon, 443–444.
(48) Faulcon, 443–444; Gantheret, undated letter (July 1791). さらに参照、Durand, letter of July 17.
(49) Gantheret, undated letter (July 1791); Durand, letter of July 17; Lindet, 297–298.
(50) *Le babillard*, no. 34, July 17; Panon Desbassayns, 202; Ruault, 249. さらに参照、*Journal de Perler*, no. 711, July 17; Roland, 2: 331–332; Morris, 2: 219–220.
(51) Mathiez, 116–120; Lacroix, 386–387, 391; Aulard, *Jacobins*, 3: 16; Roland, 2: 331–332; *Chronique de Paris*, no. 197, July 15.
(52) Aulard, *Jacobins*, 3: 15–18; Mathiez, 122–128, 340–343; Lacroix, 392, 394–395; Bourdin, 277; Braesch, 142 (1923): 201–202, 143 (1923): 10–13; Roland, 2: 333–334; *Révolutions de Paris*, no. 113.
(53) Thibaudeau, 162; Gaultier de Biauzat, 2: 386; Legendre, letters of July 16 and 18; Gouvion to Bailly, July 15: BN Ms. Fr. 11697.
(54) *AP*, 28: 363–364, 372; Lacroix, 367.
(55) Mathiez, 125–127, 129–130, 344–345; *Le babillard*, no. 35, July 18; Roland, 2: 334.
(56) Lacroix, 399; *Le babillard*, no. 35, July 18; Roland, 2: 334.
(57) Mathiez, 136–144, 269–270, 345–347; Guittard de Floriban, 73–74; Ruault, 258; *Chronique de Paris*, no. 199, July 17; AN F^7 3688^1 (Seine).
(58) Mathiez, 131–136; Lacroix, 431–432.
(59) Braesch, 143 (1923): 36–39; Lacroix, 432; Mathiez, 136–138; Rudé, 90–91.
(60) *AP*, 28: 380; Lacroix, 402; Mathiez, 138.
(61) *AP*, 28: 399–401.
(62) Lacroix, 403–407; *AP*, 28: 399–401; Mathiez, 274, 279–281, 350.
(63) Guittard de Floriban, 73–74; Alexandre, 140–141; Ruault, 253–54; *AP* 28: 399–401; Lacroix, 407; Mathiez, 144–148, 274–282.
(64) Guittard de Floriban, 74; *AP* 28: 401; Lacroix, 432; Ruault, 253–254; Roland, 2: 337, 339; Carrot, 1: 82; Mathiez, 148, 269–270; Burstin, “Une Révolution à l’oeuvre,” 258.
(65) Guittard de Floriban, 74.

第六章　地方における恐怖と弾圧

（1） Lindet, 290.
（2） *AP* 27: 359. さらに参照。AD Marne, 1 L 329.
（3） AD Ardennes, L 78; AD Aube, L 315; AD Aisne, L 605; AN D XXIX bis 36 (2), dos. 378.
（4） AD Meuse, L 2188*; AD Aisne, L 605; AD Ardennes, L 12; AD Vosges, L 479; Fischbach, 110–111; *AP* 27: 662–663; David, 25.
（5） 続く記述の大半は、AN C 124–131, AN D XXIX bis 33–38 およびさまざまな郷土史研究書にもとづいている。さらに参照、Reinhard, 81–82, 432; and Arbellot and Lepetit, 71.
（6） AN C 126 (2) (Huningues). 一報は、パリからリヨンまでの 312 マイルを約 58 時間で、あるいは時速 5.4 マイルで伝わった。
（7） AN C 124 (2), dos. 404B (Aumont).
（8） たとえば、ドルという町。AN D XXIX bis 35, dos. 366.
（9） AN C 124 (2), dos. 404B (Auxerre); Gaugain, 1: 239–240; Roux, 443–445.
（10） Brégail, 97–98; Baumont, 74; AN D XXIX bis 36 (1), dos. 368 and 370; Bruneau, 160–161.
（11） Schneider, 19. さらに参照、Wahl, 381–382; AN D XXIX bis 36 (1), dos. 369 (Beauvais); D XXIX bis 35, dos. 361 (Argentan).
（12） 次を参照。Legendre, letter of June 13, 1791; and Bouchette, 632.
（13） AN D XXIX bis 35, dos. 366; D XXIX bis 36, dos. 374.
（14） AC Saint-Quentin, ID 3; Baumont, 74–75; Lecesne, 1: 160; Fischbach, 67.
（15） AN C 126 (2).
（16） AN D XXIX bis 36 (2), dos. 378; C 130 (1) (Tours), C 126 (2) (Grèves-de Tallon); Sol, 2: 82–83.
（17） Tackett, *Becoming a Revolutionary*, 147–148, 152–154, 277; Hunt, *Politics, Culture, and Class*, 21, 27; Langlois, 2: 389–393.
（18） *AP* 27: 359.
（19） AC Mézières, BB 23, deliberations of June 22; AN D XXIX bis 35, dos. 366.
（20） Fischbach, 124; Vidal, 1: 204–205, 214; Rouvière, 360–361; AD Gironde, 3 L 10; AN D XXIX bis 35, dos. 366; D XXIX bis 36, dos. 377; F^7 3682^{18} (Morbihan).
（21） For example, Biernawski, 146; AN D XXIX bis 36 (2), dos. 373.
（22） 国境の砦を視察するためにムーズ県から派遣された委員、ドゥレーシュとランファンの報告を参照。AD Meuse, L 386.
（23） AN C 130 (Sedan). さらに参照、*AP* 27: 662; AD Meuse, L 386; AD Meurthe-et-Moselle, L 212; AD Ardennes, L 78.
（24） とりわけ、ヴァレンヌの町そのもので生じた恐怖を参照。Lesort, 12.
（25） Bimbenet, 240–248. さらに参照、Bouillé, 258; Bouillé fils, 122–129.
（26） AD Meuse, L 385–386 and E Dépôt 407, 1 B 1; Fournel, 336–337; Pionnier, 111–112.
（27） AD Meuse, L 385–386; Lesort, 15, 17; AN D XXIX bis 36 (1), dos. 368

(Baudonvilliers).
(28) AD Marne, 1 L 329; Buirette, 552–554.
(29) AD Marne, 1 L 329. 騒乱に関する査問については、次を参照。AD Marne, 10 L 220.
(30) AD Marne, 1 L 329; AD Haute-Marne, L 274; AD Ardennes, L 78; AD Aube, L 315; AD Aisne, L 605; Pionnier, 110; Fischbach, 113–114.
(31) Letter from deputies Le Carlier and L'Eleu, June 25: AD Aisne, L 605.
(32) Gower, 104; AD Gironde, 12 L 13; *AP* 27: 686; AN C 127 (1) (Mont-de-Marsans), C 128 (2) (Orthez and Pau), C 129 (2) (Saint-Sever).
(33) AN C 128 (2), dos. 433 (Noirmoutier); Biernawski, 148; AN F^7 3682^{18} (Morbihan).
(34) Binet, 119–120; Gower, 103; *AP* 27: 663; AN F^7 3682^{18} (Morbihan); Panon Desbassayns, 195; AD Gironde, 12 L 13; AN D XXIX bis 35, dos. 366 (Mayenne).
(35) AD Aisne, L 605; AD Meuse, L 385. トロワとナンシーでの反応についても参照、AD Aube, L 315; and AD Meurthe-et-Moselle, L 1239.
(36) Kaplan, *The Famine Plot Persuasion*, 1–2, 62; Tackett, "Conspiracy Obsession," 695–699.
(37) Gauville, 46.
(38) とりわけ次を参照。AN D XXIX bis 37, dos. 382.
(39) とりわけ次を参照。AN D XXIX bis 33, dos. 345.
(40) AD Aisne, L 604 and L 198; Tackett, *Religion, Revolution, and Regional Culture*, 276–279.
(41) AN C 130 (2), dos. 455 (Vienne).
(42) Brégail, 97–98. さらに参照、Millot, 200; and AN D XXIX bis 36 (1), dos. 369 (Beauvais).
(43) *AP* 27: 362.
(44) たとえば、次を参照。Bouvier, 100–101; Gaugain, 2: 239–240; AN D XXIX bis 35, dos. 361 (Argentan).
(45) Sol, 2: 80–81; Fischbach, 200–204.
(46) AN F^7 3682^{18} (Morbihan); Binet, 116.
(47) Pastoors, 1: 91. さらに参照、Fischbach, 67, 73–74, 121–122; AD Meuse, L 385; AD Ardennes, L 78; Rochambeau, 1: 383; Fougeray Du Coudrey, 111; David, 25.
(48) Wahl, 395; David, 25; AN C 125 (2) (Cuxac).
(49) たとえば、セザンヌにおける審議。AD Marne, 1 L 329.
(50) たとえば、次を参照。AN D XXIX bis 35, dos. 365.
(51) Dupuy, 200–205. さらに参照、AN D XXIX bis 36 (1), dos. 367 (Landerneau) and dos. 369–370 (Rochefort).
(52) AN D XXIX bis 34, dos. 349 (Cahors).
(53) *AP* 8: 273–275, 278–279; 17: 695–696. さらに参照、Shapiro, 48–55.
(54) 6月25日の審議。AC Pont-à-Mousson, 1 D 4.
(55) AN D XXIX bis 35, dos. 366 (Boiscommun). さらに参照、D XXIX bis 35, dos. 365 (Longwy); D XXIX bis 38, dos. 389 (Geneva); D XXIX bis 35, dos. 361 (Auxonne) and dos. 362 (Boulogne-sur-Mer).

(56) AN D XXIX bis 35, dos. 364 and 367 (Cahors); AD Aisne, L 605; AN D XXIX bis 36 (2), dos. 376 (Senlis) and 373 (Painbeuf).

(57) Rouvière, 367–369; AD Aisne, L 604 (Soissons, June 24); AN D XXIX bis 36 (1), dos. 367; AD Meuse, L 386; Louis-Philippe, 43–47; Henwood and Monange, 102.

(58) AN D XXIX bis 36 (2), dos. 375 (Neufchâtel); D XXIX bis 33, dos. 344 (Neuf-Brisach).

(59) AN D XXIX bis 35, dos. 363; and D XXIX bis 36 (2), dos. 373 (Saint-Cyr-sur-Char). さらに、フェリニー近くの城館の探索については、次を参照。AD Aube, L 315.

(60) AN F^7 3682^7 (Marne); and *AP* 29: 587.

(61) Wahl, 387–392; AN D XXIX bis 36 (2), dos. 374; *AP* 29: 422; and Viola, 129–148.

(62) 他にも、ブレストでドゥ・パトリ、ブルターニュでトゥラロン伯爵、サント＝ムヌーの外れでダンピエール伯爵が殺害された。ダンピエール伯爵については、次を参照。Lefebvre, "Le meurtre du comte de Dampierre."

(63) AN D XXIX 81 (Varennes).

(64) AN C 125 (2) (Chalonne); D XXIX bis 35, dos. 361 (Argentan); D XXIX bis 36 (1), dos. 367 (Landerneau); Binet, 106–107.

(65) Tackett, *Religion, Revolution, and Regional Culture*, 276–279; AD Gironde, 12 L 13 (July 2).

(66) Bruneau, 161–163; Wahl, 385–386.

(67) Dupuy, 200–205; Binet, 116–118; AN D XXIX bis 35, dos. 365 (La Roche-Derrien); F^7 3682^{18} (Morbihan).

(68) Dupuy, 201–205; Binet, 116–17; AN D XXIX bis 36 (1), dos. 369–370; F^7 3682^{18} (Morbihan); and D XXIX bis 35, dos. 365.

(69) AN D XXIX bis 36 (1), dos. 367.

第七章　国王を裁く

(1) たとえば、次を参照。Legendre, 71; Geoffroy, letter of June 22.

(2) Thelander, 472–475; Goubert, 27–30; Bloch, 224–226.

(3) Gaubert, 30; Hunt, *Family Romance*, chap. 2.

(4) Markoff, 370–375; and *AP* vols. 1–8.

(5) Egret, 390–395; Gottschalk and Maddox, 114, 205–206.

(6) AN C 104 (1) (Troyes). この1件書類には同様の言明が多く見られる。

(7) Kennedy, 260–261, 266–267; AN C 125 (2) (Coudray).

(8) AN C 125 (1) (Châteaurenard); Bruneau, 164; Dubois, 330; Gaugain, 1: 239; Gower, 69. ルイの回復を感謝する祝いの儀式については、フランス革命期に関するほぼすべての郷土史研究で言及されている。

(9) 私が分析したのは、組織体の名前のもとに作成された文書のみであり、個人によって書かれた手紙は対象としなかった。声明文は、少ないものでは3人か4人、

多いものでは数百人の署名があった。そのような声明文のほとんどは、AN C 124–130（町か県ごとにアルファベット順にファイルされている）に収められていた。このコーパス（資料体）に加えて、特定の県の文書館や郷土史研究に関する刊行物の中で発見した文書を用いた。コーパスには、392 の共同体から送られた総数 662 点の声明文が含まれている。国立公文書館のこの史料系列 C は、ポール・ジロー・ドゥ・クルサークによる君主寄りの視点が濃厚な論考 “L'opinion publique après Varennes” においても調査されている。ジロー・ドゥ・クルサークの数字と結論は、私のものとは異なっている。

(10) この時期に送られた 72 通の声明文のなかで、22 通（31%）はおおむね国王に同情的であり、21 通（29%）はおおむね国王に批判的であり、26 通（36%）は国王にまったく言及せず、3 通（4%）は立場を明確にしていない。

(11) AN C 124–130, letters of Privas, Montrichard, Châteauroux, Arras, and Limoges; *Ville de Rauen*, 33. さらに参照、AD Haute-Marne, L 274 (Saint-Dizier).

(12) AN C 130 (2), dos. 454 (Vendôme).

(13) AN C 130 (2) (Toulon); Labroue, 147.

(14) Boutier and Boutry, 16 and passim.

(15) Miles, 1: 250; Labroue, 152; AD Meuse, L 2188*; AD Gironde, 12 L 13.

(16) Connac, 64–65; AN C 130 (1), dos. 449 (Tours).

(17) 全部で 265 通の手紙がこの時期に届いたが、そのうち 116 通（44%）はジャコバン・クラブから送られていた。265 通のうち、44 通（17%）はルイに対して同情を示していた。3 通（1%）は立場を明確にしていない。

(18) Labroue, 27–28; AN C 125 (1), dos. 406 (Brioude).

(19) 265 通のうち総数 155 通（58.5%）。そのうち 88 通（56%）は、ジャコバン派からのものであった。

(20) AN C 124–130, letters of Lauzun, Vesoul, Condom, Nevers, Dole, Mirambeau, Fécamp, and Le Puy.

(21) AN C 124–130, letters of Montfort-l'Amaury, Alès, Toulouse, Niort; Pommeret, 140–141.

(22) AN C 129 (2) (Saint-Paul-les-Trois-Châteaux) and C 128 (2) (Nantes).

(23) 265 通のうち総数 63 通（24%）で、そのうち 18 通（29%）は、ジャコバン・クラブからのものであった。

(24) AN C 124–130, letters of Aix-en-Provence, Marennes, Colmar, Collongues, Castelnaudary, and Crévy.

(25) AN C 124–130, letters of La Bassée, Besançon, Mirambeau, ibid.; Millot, 205.

(26) Kennedy, 274; AN C 124–130, letters of Le Puy and Alès.

(27) 265 通の手紙のうち総数 62 通（23.5%）。そのように急進的な主張をしている手紙を、本書はすべて網羅しているわけではない。マイケル・ケネディは、地方のジャコバン派に関する文書を全国くまなく調査し、国王を廃位せよと求める 60 通以上の手紙を発見した。Kennedy, 273. だが、著者は発信地のほとんどを示していないので、本書では数に入れなかった。

(28) 62 通のうち総数 32 通（52%）。

(29) AN C 128 (1), dos. 431 (Montauban); Fray-Fournier, 39–40; AN C 128 (2), dos.

433 (Nantes).

(30) Legendre, letter of July 10; Wahl, 397–398; Mathiez, 93; Hugueney, 137.

(31) AN C 126 (1) (Dole).

(32) AN C 129 (2) (Saint-Claud); C 128 (2) (Niort); Lecesne, 1: 158.

(33) Roland, 2: 305, 319.

(34) *AP* 4: 44–58.

(35) Chobaut, 548–551; Duval-Jouve, 1: 177; Peronnet, 142.

(36) AN C 128 (1) (Montpellier).

(37) Those of Béziers, Pézenas, Perpignan, Bar-le-Duc, and Strasbourg.

(38) Chobaut, 554–556; AD Gironde, 12 L 13; AD Meuse, L 2188*; Roux, 364; Fray-Fournier, 39–40; Thibaudeau, 138.

(39) AN C 124–130, letters of Belleville and Châteauroux.

(40) この時期に寄せられた325通の手紙のうち、国王に同情を示していたのは22通（7%）のみであった。67通（20.5%）は国王を糾弾し、236通（72.5%）は、国王にまったく言及しなかった。王権を「聖なるもの」と表現した唯一の町は、ブルボン＝ランシであった。AN C 125 (1).

(41) AN C 124–130, letters of Etain, Aire, and Alès; Pommeret, 141.

(42) AN C 124–130, letters of Abbeville, Montreuil-sur-Mer, and Fontenay-le-Comte.

(43) AN C 124–130, letters of Caen, Grenoble, Etampes, and Péronne.

(44) AN C 124–130, letters of Castres, Josselin, Pons, and Bourges.

(45) 325通の手紙のうち、全部で39通 (12%)。

(46) AN C 124–130, letters of Besançon, Troyes, Argentan, and La Teste.

(47) たとえば、次を参照。Legendre, letter of July 19; AN C 124–130, letters of Lamballe, Montpellier, Quimper, Mâcon, Périgueux, Charolles, and Saintes.

第八章　その後の数ヶ月と数年間

(1) *AP* 28: 402–405; Lacroix, 441–443; Mathiez, 193–194; Gower, 110.

(2) Gower, 108. ここに言及された人々はすべて、警察から逃れるか隠れるかすることができた。調査委員会と報告委員会が正式に合同したのは7月半ばであった。

(3) AN D XXIX bis 31 B, dos. 321; D XXIX bis 33, dos. 348; D XXIX bis 34, dos. 349–350; *AP* 28: 543; Mathiez, 201–205; Reinhard, 153.

(4) Gaultier de Biauzat, letter of December 23; Basquiat de Mugriet, letter of July 19. さらに参照、*AP* 28: 365; Bouchette, 614; Durand, letter of July 24; Maupetit, 22 (1906): 480; Thibaudeau, 166–167; Lepoutre, 494; Faulcon, 445; Legendre, 73–76; Dubois, 373.

(5) Roland, 2: 335; Short, 20: 654–655, 674.

(6) Burstin, “Une Révolution à l’oeuvre,” 262; Ruault, 254.

(7) Burstin, “Une Révolution à l’oeuvre,” 258–262; Aulard, *Jacobins*, 3: 25 and following; Reinhard, 283, 301; Tackett, “Les députés de l’Assemblée législative,” 142.

(8) Rabaut Saint-Etienne, “Correspondance,” 269–270; Gaultier de Biauzat, 2: 389; Vernier, letters of August 6 and 23; Bouchette, 623.
(9) Sagnac, “Marie-Antoinette et Barnave,” 209–213.
(10) Thibaudeau, 183–184; Maupetit, 23 (1907): 92. さらに参照、Lindet, 310–311; Vernier, letters of August 3 and 15; Legendre, letter of September 3. 9月までには60人から70人しかフイヤン・クラブの会合に参加していなかったとされた。Périsse Du Luc, letter of September 2.
(11) Bouchette, 632; Thibaudeau, 200.
(12) *AP* 30: 620–621, 635; Sagnac, “Marie-Antoinette et Barnave,” 223.
(13) *AP* 30: 621, 632–633, 646.
(14) Campan, 291–292; Lafayette, 3: 94; Gaultier de Biauzat, 2: 399–400; Roger, 79; Maupetit, 23 (1907): 114–115; Lévis, 5: 284; Colson, 203; Faulcon, 261–263; Short, 21: 106.
(15) Legendre, letter of August 31; Vernier, letter of September 19; Thibaudeau, 182–183; Faulcon, 455, 461–463; Lindet, 318; also Gaultier de Biauzat, letter of September 27.
(16) Sagnac, “Marie-Antoinette et Barnave,” 212–241.
(17) Arneth, 185.
(18) Girault de Coursac and Girault de Coursac, 263–270. しかしながら、断っておくが、ルイは自分の弟たちのことは信用しておらず、心の内をどの程度まで彼らにさらけ出しただろうかということは定かではない。
(19) Sagnac, *La Révolution*, 337; also Price, 445–447.
(20) Legendre, letter of September 5, 1791; Lepoutre, 501.
(21) Goetz-Bernstein, 29–30, 154–158; Kaiser, 263–270.
(22) とりわけ参照。Jordan, 72–73, 108–114, 126–136.
(23) *AP* 55: 3–5. 起訴状には33の項目があった。
(24) Lenôtre, 327–349.
(25) Lenôtre, 302–307.
(26) Söderhjelm, *Fersen et Marie-Antoinette*, 320–322.